하버드에서 배우는

영업 혁신

Aligning Strategy and Sales : The Choices, Systems, and Behaviors that Drive Effective Selling by Frank V.
Cespedes

Original work copyright © 2014 Frank V. Cespedes

All rights reserved.

This Korean edition was published by Ollim in 2016 by arrangement with Harvard Business Review Press
through KCC(Korea Copyright Center Inc.), Seoul.

이 책은 (주)한국저작권센터(KCC)를 통한 저작권자와의 독점계약으로 올림에서 출간되었습니다. 저
작권법에 의해 한국 내에서 보호를 받는 저작물이므로 무단전재와 복제를 금합니다.

Aligning Strategy and Sales

하버드에서 배우는

영업
혁신

프랭크 세스페데스 지음 | 최용주 옮김

올림

하버드에서 배우는 영업 혁신

초판 1쇄 발행_ 2016년 2월 5일
초판 8쇄 발행_ 2019년 10월 30일

지은이_ 프랭크 세스페데스
옮긴이_ 최용주
펴낸이_ 이성수
편집_ 황영선, 이경은, 이홍우, 이효주
디자인_ 고희민

펴낸곳_ 올림
주소_ 03186 서울시 종로구 새문안로 92 광화문오피시아 1810호
등록_ 2000년 3월 30일 제300-2000-192호(구:제20-183호)
전화_ 02-720-3131
팩스_ 02-6499-0898
이메일_ pom4u@naver.com
홈페이지_ http://cafe.naver.com/ollimbooks

값_ 15,000원
ISBN 978-89-93027-79-2 03320

/

지속적 성공 영업의 열쇠

이 책(Aligning Strategy and Sales)을 한국에서 출간하게 된 것을 기쁘게 생각합니다. 책의 주제와 분석, 사례가 한국 기업들에 시의 적절한 시사점을 제공할 것이라고 생각합니다.

한국 기업들은 지난 수십 년간 글로벌 무대에서 '긍정의 힘'을 발휘해왔고, 우리는 모두 소비자로서, 거래 파트너로서 그 혜택을 보았습니다. 그러나 글로벌 경쟁이 가속화하면서 '상대적 이점'이 비즈니스에서의 승리를 좌우하는 시대가 되었습니다. 한국에서뿐만 아니라 전 세계적으로 생산성에 대한 요구의 초점이 생산량에서 영업과 GTM(go-to-market)으로 이동하고 있습니다. 아울러 이에 따른 기술과 사고방식, 관리, 기준이 지속적 성공의 열쇠로 떠오르게 되었습니다.

이 책은 영업이 기업의 목표와 전략, 경쟁력 있는 선택과 연결되지 않으면 어떤 노력도 효과를 거둘 수 없다는 점을 강조합니다. 매끄럽고 지속가능한 연결을 위해서는 프로세스 로드맵이 있어야 하는데, 그에 관한 구체적인 지침을 이 책에서 만날 수 있을 것입니다.

기업은 영업조직 내부의 3가지 요인(관계자들, 그들의 행동에 영향을 미치는 관리시스템, 관리시스템이 돌아가는 기업 환경)과 영업조직 외부의 요인들(기업의 비즈니스 전략과 전략적 선택에 따른 핵심고객의 특성 등)을 하나로 통합해야만 합니다. 전자는 영업 과제들이 전략과 일치하는 방식으로 수행될 수 있도록 현장의 영업 행위에 영향을 줍니다. 후자는 영업 과제들 중에서 무엇이 더 중요한가를 결정합니다. 모든 비즈니스의 가치는 궁극적으로 외부 시장에 의해 창조되기도 하고 파괴되기도 하기 때문입니다. 이러한 내적·외적 요인들 사이의 통합이 일관되게 이루어질 때 영업 성과와 전략의 관계가 개선될 수 있습니다.

비즈니스에서 고객의 역할이 커지고 영업에 대한 요구가 변화하면서 오늘날의 기업들은 더 많은 조직적 고민을 안게 되었습니다. 한국 기업들 역시 이 같은 변화에 따른 도전과 기회에 직면해 있습니다.

빅데이터 기술을 어떻게 활용할 것인가? 구매 프로세스를 바꾸어놓고 있는 인터넷과 온라인 채널에 어떻게 대응할 것인가? 갈수록 짧아지는 상품의 라이프사이클, 더 복잡해지는 영업 과제들을 어떻게 해결할 것인가? 어떻게 하면 기능적 전문성과 책임성을 약화시키지 않으면서 교차기능적인 활동들을 강화할 수 있는가?

전략과 영업의 일치는 이렇듯 만만치 않은 도전 과제들에 잘 대처하기 위한 핵심 요건입니다. 이 책이 바로 당신의 그러한 노력에 도움을 줄 것입니다.

메사추세츠 보스턴에서
프랭크 세스페데스

/

전략을 어떻게 영업화할 것인가

20년 가까이 사업체를 운영하고, 글로벌 기업들에 컨설팅을 제공하고, 일류 비즈니스스쿨에서 기업 임원들과 MBA과정 학생들을 가르치면서 깨달은 사실이 하나 있다. 대부분의 경우 영업과 GTM(go-to-market, '시장 또는 소비자에게 가자'는 뜻으로 기업이 총체적 마케팅 전략을 실행하기 위해 자원, 조직, 프로세스 등을 효과적으로 활용하여 시장에 침투하는 것. 옮긴이) 활동을 기업의 전략이나 목표에 일치시키는 일이 가장 큰 문제라는 것이다. 이것은 전략을 실행에 옮기는 모든 과정들 중에서도 가장 크고, 가장 어려우며, 가장 비용이 많이 드는 부분이다. 최근에 기업 임원 1,800명 이상을 대상으로 실시한 조사에서도 절반 이상인 56%가 현장에서 매일 내리는 결정을 전략과 일치시키고 전략에 적합하도록 자원을 할당하는 것이 가장 큰 난제라고 말했다.

영업과 전략의 일치는 시장에서의 성공과 기업의 가치 평가에서 매우 중요한 요소다. 영업과 전략이 일치하지 않으면 직접비(direct cost)와 기회비용(opportunity cost)이 늘어난다. 전략을 실행할 때 가장 많은 비용이 드는 부문이 영업이다. 미국 기업들의 손익계산서를 보라. 영업조직에 투자하는 금액이 연간 약 9,000억 달러에 이른다. 물론 여기엔 영업사원의 급여와 수당 외에 관리비가 포함된다. 이는 2012년 전체 미디어광고에 지출된 1,700억 달러의 5배 이상, 2013년 전체 온라인광고와 마케팅에 지출된 400억 달러의 20배를 넘어서는 금액이다.

전략과 영업의 일치가 가장 어려운 까닭이 뭘까? 다양한 요인들이 개입되기 때문이다. 일관된 전략, 적절한 인센티브, 채용, 실적 위주의 조직문화, 그리고 통제하기 힘든 시장 환경의 변화에서 영업 행위를 유지하는 것은 결코 쉬운 일이 아니다. 나 같은 경영학 교수들의 소망(어떤 사람은 그것을 허세라고 한다)에도 불구하고 비즈니스는 지금도, 앞으로도 물리학과 다를 수밖에 없다. 수학이나 힉스 입자(Higgs boson. 물질을 구성하는 입자에 질량을 부여한다고 하여 '신의 입자'로도 불린다. 옮긴이) 개념, 끈이론(string theory. 만물이 끈으로 이루어져 있다는 이론. 옮긴이) 등과 달리 비즈니스에서는 가장 중요한 것을 말로 하기는 쉽지만 실제로 행하기는 어렵다. 포춘쿠키(fortune cookie. 점괘과자. 운수를 적은 쪽지가 들어 있는 과자. 옮긴이)에 들어 있는 조언처럼 고객에 초점을 맞추고, 전략에 따라 조직을 구성하고, 하나의 팀으로 일하라는 등의 '공자님 말씀'은 누구나 할 수 있다. 하지만 영업조직은 사람들로 구성된다. 게다가 그들은 다양한 편차를 보인다. 능력도 제각각이고 동기요인도 가지각색이다. 그들을 온도조절장치처럼 컴퓨터 프로그램 명령어로 조절할 수도 없다. 또 하룻밤 사이에 영업사원의 발이 넓어지거나 없던 능력이 생기는 것도 아니다. 그런데 업무는 지속적이고 비용은 증가한다.

생산과 관리 기능은 지난 수십 년 동안 지속적인 개선이 이루어졌다. 경영진의 지배적인 관심 속에서 기업들은 '6시그마' 품질 개선과 공정시간 10배 단축에 초점을 맞추었고 상당한 성과를 거두었다. 그러나 상대적 우위를 확보한 모든 경쟁적 활동이 그러하듯 기업들의 초점은 생산성 제고에서 다른 쪽으로 옮겨가게 되었다. S&P 500 기업들은 21세기의 첫 10년 동안 꾸준한 생산성 개선으로 판매 상품에 들어가는 비용을 약 2.5% 줄이는 데는 성공했으나, 매출에서 차지하는 영업과 일반관리비의 비율은 줄이지 못했다. 당신이라면 어디서 경쟁우위 요소를 찾겠는가?

효과가 없는데 아무도 그 이유를 모른다?

전략을 영업과 일치시키는 것이 비즈니스 성공에 필수적이니 비즈니스 스쿨과 기업들은 당연히 이 주제를 최우선시할 것이다. 그런데 과연 그럴까? 천만에 말씀이다. 학문적인 측면에서 전략과 현장 실행의 핵심을 일치시키는 방법에 대해서는 연구된 바가 거의 없다. 물론 전략 수립과 전략적 기획에 관한 책이나 보고서는 많다. 그중 일부는 산업 분석을 바탕으로 하고, 일부는 산업의 조건과 상관없이 차별화 요소를 찾는 것(이른바

'블루오션' 전략)을 기초로 한다. 그렇지만 전략을 실행하기 위해 한 기업의 영업채널이 맡는 역할에 대해서는 거의 다루지 않는다. 영업을 다루는 경우에도 주로 '조직 개편'과 '인센티브'의 혼합이 처방으로 제시된다. 그러나 조직을 최적화하는 최선의 방법은 없고(8장 참조), 조직 개편도 비용이 많이 들고 위험이 따른다. 기존의 판매 방식과 고객관계에 혼란을 초래하기 때문이다. 또 노련한 영업 담당 임원은 적절한 인센티브가 필요하기는 하지만, 현장의 행동을 목표와 일치시키도록 하기에는 충분하지 않다는 것을 알고 있다.

지금까지의 전략 관련 연구는 영업 부문에 관한 한 천당에 가는 방법을 조언하는 목사의 설교와 다르지 않다고 해도 무방하다. "언제나 선을 행하고 악을 피하라"는 식의 이야기 말이다. 개종한 사람들에게는 효과가 있을지 모르지만 교인이 아닌 사람에게는 너무나 추상적인 조언일 뿐이다. 이 같은 상황은 전략이라는 높고 거대한 산에서 마케팅이라는 작은 숲으로 내려와도 크게 다르지 않다. 여기에서도 영업은 의붓자식처럼 완전히 푸대접을 받고 있다.

비즈니스는 비즈니스모델을 구성하는 모든 활동, 즉 전략, 운영, 마케팅, 영업, 인사 등을 포괄한다. 그러나 이름 있는 학술지에서 각 활동 간의 상호작용에 대한 연구 결과를 확인하기는 어렵다. 출세를 바라는 학자들은 그런 연구를 기피하는 경향이 있다. 물론 상업적 보고서들은 적지 않다. 충실한 조사에 기반한 것도 있지만 대부분은 일화 중심으로, 특수한 영업 방법의 효과를 신봉하는 컨설턴트나 강사가 쓴 글들이다. 그런데 이들 역시 영업을 전략과 분리해서 다룬다. 이들이 말하는 대로 영업 훈련만 중시하게 되면 왜곡된 효과가 나타날 수 있다. 영업사원들이 더 열심히 일하게끔 채근할 수는 있어도 좀 더 전략적인 사고를 하도록 유도하지는 못한다. 결국 영업관리자를 위한 조언들은 스킬이나 전략 중 어느 하나에만 초점이 맞춰진다.

어느 영업관리자의 사무실에서 풍자적인 포스터를 본 적이 있다. 거기에는 이렇게 쓰여 있었다.

"모르는 게 없지만 효과가 없는 게 이론이다. 반면에 모든 게 잘 돌아가지만 왜 그런지 아무도 모르는 게 실천이다. 이곳에서는 이론과 실천이 붙어 다닌다. 아무런 효과도 없는데 아무도 그 이유를 모른다."

포스터와 파워포인트 자료가 아닌 실천의 영역에서 영업과 전략의 실질적 일치가 일어난다면 이 모든 이야기가 그리 문제되지는 않을 것이다. 하지만 실제로는 그렇지 않다. 이러한 불일치의 문제를 실천적, 학문적으로 다루는 것이 이 책을 쓰게 된 목적이다.

/

영업의 미래를 열어줄 책!

영업 현장에서 일하던 시절이 있었다. 각종 영업 정책에 대한 설명을 듣고 이를 실행하는 과정의 하루하루는 전략을 생각할 수 없는 날들이었다. 본사에서는 각종 세미나와 교육을 통해 회사의 전략을 전파하려 했지만, 현장의 반응과 활동은 완전히 별개였다. 그 후로 여러 기업을 상대로 컨설팅하고 현장을 경험하면서 지켜본 현실 또한 기업의 전략과 영업의 실행이 따로 움직이는 모습이었다. 지금도 마찬가지다.

이처럼 전략과 영업의 간극은 좀처럼 좁혀지지 않는, 풀기 어려운 과제로 남아 있다. 좀 더 정확히 말하면, 풀기 어려웠다기보다 왜 그런지 설명하기 어려웠다는 표현이 적절할 것이다.

그동안 기업들은 전략의 '실행'보다는 '수립'에 높은 가치를 부여해왔다. 그러다 보니 실행 여부를 확인하고 과제를 조정하는 일에 상대적으로 소홀할 수밖에 없었다. 학계도 별반 다르지 않았다. 전략 수립과 실행의 간극을 풀어내기 위한 학문적 연구가 부족했다. 그나마 실행의 한 축인 마케팅에 관한 연구는 적지 않은 성과를 내기도 했다. 하지만 또 하나의 축인 영업은 영 아니었다. 세계 유수의 비즈니스스쿨에서도 마케팅은 가르치는데 영업에는 신경을 쓰지 않았다. 마케팅이 완벽하면 영업은 따로 할 필요가 없다는 이론을 내세워 마케팅만 강조하고 영업은 등한시해온 것이다. 이 때문에 영업은 기업 경영의 여러 분야 중에서 가장 뒤떨어지게 되었다.

여기에는 영업에 대한 오랜 고정관념도 적잖이 작용했을 것이다. 경영자든 학자든 마케팅에 대해서는 조사와 분석을 누누이 강조하면서도 유독 영업에 대해서만큼은 경험이나 감, 관계 등으로 풀어가면 된다고 여기는 경우가 많은 것만 봐도 그렇다. 또한 기업 내에서 영업부서는 다른 부서들에 비해 저평가되는 것이 현실이다. 영업 담당 임원의 주장에 겉으로는 수긍하면서도 실제로는 수용하지 않는 경우를 흔히 볼 수 있다. 부서 간 알력에 의한 것일 수도 있지만, 영업부서의 가치를 상대적으로 낮게 보는 인식에 따른 현상이라고 할 수 있다. 이뿐만이 아니다. 영업부서는 기업에서 이익을 창출하는 핵심 조직임에도 불구하고 선호도가 낮은 편이다. 신입이든 경력이든 영업보다는 마케팅이나 전략기획, 인사, 재무 같은 부서에서 일하기를 희망한다. 말로는 기업을 먹여 살리는 곳이라고 하면서도(실제로 그렇다) 정작 자신은 가고 싶어 하지 않는다.

이 때문에 기업들은 전통적으로 영업부서를 다른 부서들과 달리 관리해왔다. 마치 기동타격대나 별동부대처럼 별개의 부서로 간주하고 매출 끌어올리기에만 골몰하게 만들었다. 이것이 부서들 간의 갭을 만들고, 실행의 중심축인 영업부서를 기업의 전략과 멀어지게 하는 결과를 낳고 말았다. 이 책의 저자인 세스페데스는 "모르는 게 없지만 효과가 없는 게 이론이다. 반면에 모든 게 잘 돌아가지만 왜 그런지 아무도 모르는 게 실천이다. 이곳에서는 이론과 실천이 붙어 다닌다. 아무런 효과도 없는데 아무도 그 이유를 모른다"라는 표현으로 이 같은 문제점을 지적하고 있다.

이 책은 기업의 생명을 좌우하는 고객 가치를 실질적으로 실현하는 영업 활동과 고객 가치의 구현을 목적으로 하는 기업의 전략을 일치시키지 못하는 현실의 문제점을 통찰하고 그에 대한 해법을 제시한다. 영업에 대한 잘못된 고정관념을 깨려는 어떤 시도도 없었고, 전략의 실행에서 가장 중요한 이슈임에도 불구하고 어렵다는 이유로 방치되어온 상황에서 저자인 세스페데스 교수는 수년간에 걸친 연구와 경험을 바탕으로 전략과 영업의 일치를 위해 우리가 무엇을 어떻게 해야 하는지를 체계적으로 설명한다.

한국에서는 서울과학종합대학원(aSSIST)이 영업혁신연구센터를 설립하여 영업을 실증적으로 연구해왔다. 그 결과의 하나로, 영업은 전략적(Strategic), 체계적(Systematic), 과학적(Scientific)이어야 한다는 '3S 모델'을 통해 영업의 혁신과 선진화의 길을 제시했다. 그리고 이 책을 만나게 되었는데, 주제와 내용 모든 면에서 3S 모델의 파트너 같은 느낌을 받았다. 새로운 영업의 미래를 여는 데 든든한 길잡이가 되어줄 것이라 믿는다.

영업이 중요하다는 사실을 모르는 사람은 없을 것이다. 하지만 영업을 알려고 하는 사람은 많지 않다. 현장의 영업인들도 예외가 아니다. 그래서 영업의 어려움이 계속되고 있는 것인지 모른다. 다른 한편으로, 영업은 알려고 해도 알기가 쉽지 않았다. 제대로 된 연구 성과물이 거의 없었기 때문이다. 이 책을 통해 영업에 대한 이해를 높이고, 당면 과제인 영업 혁신의 방향과 실마리를 찾을 수 있기를 바란다.

서울과학종합대학원 교수
최용주

차례

1부 ; 영업, 무엇이 문제인가

1장 연결이 안 되는 이유는?
전략과 영업이 결과를 낳게 하는 방법

2장 문제를 진단하라
전략과 실행, 무엇이 문제인가

3장 문제를 어떻게 해결할 것인가
영업의 상호작용을 이해하는 프레임워크

2부 ; 전략과 영업을 어떻게 연결할 것인가

전략이란 무엇인가
4장 경영자가 전략과 프로세스를 혼동하는 이유

전략이 전파되게 하라
5장 전략적 선택과 전달 방법

저쪽에서는 되는데 이쪽에서는 안 된다?
6장 영업 과제와 전략의 관계

3부 ; 성과를 어떻게 관리할 것인가

4부 ; 새로운 시작을 위하여

PART 1

영업, 무엇이 문제인가

시간은 위대한 스승이다.
그러나 불행히도 시간은 자신의 모든 학생을 죽인다.

—엑토르 베를리오즈(Hector Berlioz), 프랑스 작곡가

PART 5

1장 연결이 안 되는 이유는?

이 책은 어떻게 영업을 전략과 연계하여 결과를 얻을 수 있는지를 다룬다. 1장에서는 연결될 필요가 있는 관련 주체들, 많은 조직에서 그런 연결이 단절되는 이유, 단절에 따른 금전적·인적 손실, 이 문제를 해결하기 위해 시간과 노력을 투자할 가치가 있는가를 알아본다.

2장 문제를 진단하라

비즈니스에서 인과관계를 이해하지 못하면 엉뚱한 일에 시간과 노력을 낭비할 가능성이 크다. 더 나은 실행에 초점을 맞춰야 할 시점에 문제 있는 전략의 실행 방식을 개선하거나 전략의 방향을 바꾸려고 노력하게 되기 때문이다. 2장에서는 3가지 상황을 분석하면서 무엇이 문제인지 살펴본다. 기업의 전략과 그것을 실행하는 영업채널 모두가 문제인지, 아니면 그중 하나가 문제인지 따져본다.

3장 문제를 어떻게 해결할 것인가

    3장에서는 시장의 특성, 영업 행동, 영업조직의 환경 등 판매 노력을 효과적으로 만드는 다양한 상호작용 과정을 개선할 수 있는 프레임워크(기본틀)를 제시한다. 이러한 상호작용은 전략과 영업을 일치시키는 것과 밀접한 관련이 있다. 이 장에서는 매일 많은 고객들과 만나는 상황에서 이 프레임워크가 당신 회사에 어떻게 도움이 되는지를 설명한다. 아울러 이 책의 나머지 부분에서 다룰 내용들을 개략적으로 보여준다.

Chapter 01

연결이 안 되는 이유는?

전략과 영업이 결과를 낳게 하는 방법

　짐 코크(Jim Koch)는 샘 애덤스(Sam Adams) 등 인기 있는 크래프트비어(수제맥주)를 생산하는 보스턴비어컴퍼니(BBC)의 창업자이자 최고경영자다. 내가 만난 기업가들 중 가장 명석하고 분석력이 뛰어난 사람 가운데 한 명이다. 그는 하버드에서 학위를 3개나 받았지만 자신의 그러한 '핸디캡'을 잘 극복해낸 사람이다.

　짐은 비즈니스스쿨과 로스쿨을 졸업한 뒤 7년 동안 보스턴컨설팅그룹(BCG)에서 전략 컨설턴트로 일하다가 1984년 맥주회사 BBC를 창업했다. 한동안은 BBC의 영업조직에서 일했고, 지금도 종종 고객을 직접 만나 영업을 하곤 한다. 외판영업에서는 난생 처음 보는 바텐더나 도매상 외에도 성질 급한 고객들을 상대해야 한다. 《세일즈맨의 죽음》에서 주인공 윌리 로먼이 잘나가던 시절에 자신이 개척한 뉴잉글랜드시장을 회고할 때나 호

메로스의 《오디세이아》에서 오디세우스가 외눈박이 거인 키클롭스와 조우하던 순간을 상기할 때처럼 그도 전성기 때의 경험을 이렇게 자랑한다.

"술집을 찾아가면 바텐더는 무조건 지배인이 오늘 나오지 않았다고 말한다. 지배인이 바로 곁에 서 있는데도 말이다. 한번은 뉴욕의 한 식료품점에서 우리 회사의 '샘 애덤스' 상표를 가리고 있는 경쟁사의 스티커를 떼어내다가 주인에게 들켜 쫓겨난 적도 있다. 총으로 나를 위협한 고객도 있었다. 영업은 아무나 하는 게 아니다. 배짱이 두둑하지 않으면 감당할 수 없는 일이다."

30년 동안 그런 일을 한 그도 영업과 전략에 대해 이렇게 강조한다.

"외판영업은 무엇보다 어려운 지적 활동 중 하나다. BCG에서 내가 했던 어떤 일보다 더 많은 생각과 신경을 써야 했다. 술집에 들어가면 30초 안에 그곳의 경제학을 이해해야 한다. 술집의 전략은 무엇인가? 고객은 어떤 사람들인가? 어떻게 수익을 올리는가? 제일 인기 없는 생맥주는 무엇이고, 그것을 우리 제품으로 바꾸면 술집의 매상이 올라갈 것인가? 누가 최종 결정권자인가? 그다음에는 그에게 개인적으로 다가가 설득해야 한다."

의약품 판매에서는 그런 기회의 시간이 약 5분 정도다. 기업용 소프트웨어의 경우에는 판매주기가 몇 개월까지 늘어날 수 있고, 큰 고객일 경우 판매에 몇 년이 걸릴 수도 있다. 그러나 여기서 짐 코크가 말하는 것은 어떤 업종이나 회사, 전략을 막론하고 공통으로 적용되는 '결정적인 순간'이다. 다시 말해서 잠재고객을 눈앞에 둔 상황에서 분석, 비전, 기획, 전략(전략이 진정 존재한다면 말이다)이 어떤 식으로 실행되는지에 관한 문제다. 1차 세계대전 당시 연합군이 갈리폴리 전투에서 패한 뒤 처칠이 해군

제독에게 한 말이 있다.

"전략이 아무리 아름답다고 해도 가끔은 결과에도 신경 써야 하지 않나요?"

이 책은 어떻게 전략과 영업을 일치시켜 결과를 얻을 수 있는지 그 방법을 찾아간다. 그 과정은 경영 이론과 시장의 현실 사이에 존재하는 갭을 해소하는 데도 도움이 될 것이다. 더구나 그 갭은 신기술과 시시때때로 변하는 고객 행동으로 더 벌어진다. 그 갭을 유용한 방향으로 해소하려면 제일 먼저 관련된 당사자들, 서로 연결되어야 할 것들, 또 그런 갭을 해소하기 위한 시간과 노력이 어떤 가치가 있는지를 알아야 한다.

고매한 전략 성직자들

조르주 브라크(Georges Braque. 피카소와 함께 입체파를 창시하고 발전시킨 프랑스 화가)는 만년에 옛 친구 파블로 피카소에 대해 어떻게 생각하느냐는 질문을 받자 이렇게 대답했다.

"파블로 말인가? 그는 과거엔 훌륭한 화가였지만 지금은 그냥 천재일 뿐일세."

피카소의 후반기에 대한 브라크의 평가에 동의하든 하지 않든 거의 모든 조직에는 브라크가 묘사한 부류의 사람이 얼마든지 있다. 비전은 원대하지만 기술과 전술은 부족하고, 추상적인 구상에 관해서는 청산유수 같지만 실행의 현실과 요건에 관해서는 말문이 막히는 사람들 말이다.

언젠가 GE에서 교차영업(cross-selling) 전략 제안과 관련한 한 임원의 프레젠테이션에 참석했다. 도중에 내 곁에 앉아 있던 영업 부문 책임자가 이렇게 귓속말을 했다.

"이 친구는 우리의 전략 성직자 중 한 명이죠. 현실과 비현실이 교차하는 곳이 그의 무대이니까요."

기존의 틀을 벗어난 창의적 발상을 한다는 칭찬이 아니었다. 결국 그 임원의 제안은 채택되지 않았다.

경영자, 컨설턴트, 학자로서 나는 어느 누구보다 전략회의에 많이 참석했다. 그런데 현장에서 고객 접촉을 위한 전략의 의미를 제대로 설명하는 사람을 거의 보지 못했다. 전략계획이 재정 목표나 브랜드 파워, 경쟁우위와 관련한 영업 활동을 언급하는 경우도 거의 없었다. 게다가 이런 계획을 도입하거나 검토하는 과정이 '전략 전문가'와 현장의 '행동 전문가'를 더 멀어지게 만들기도 했다. 영업은 보통 회의 후에 본부의 지침이 담긴 이메일이 연이어 전달되고 영업 실적이 정기적으로 본부에 보고되는 과정으로 이루어진다. 커뮤니케이션은 일방적이고 내용도 부실하다. 그 결과, 저조한 영업 실적의 근본 원인이 양쪽 모두에서 감춰지는 경우가 많다.

학계의 연구도 나의 경험이 보편적이라는 점을 보여준다. 21세기 들어 기업들은 경영 컨설팅과 교육훈련에 연간 1,000억 달러를 지출하는 것으로 나타났다. 대부분은 전략 구축과 수정을 목적으로 한다. 이러한 추세에 따라 비즈니스스쿨들도 전략가나 거시적 사상가를 지망하는 졸업생을 매년 수만 명씩 배출한다. 그러나 전략 컨설팅업체들 자체 조사에 따르면, 현장 직원들 중 회사의 전략을 확실히 안다고 답한 비율은 50%도 안 된다. 고객들은 더 모른다. 회사의 간부 80%는 자신의 회사가 차별화된 전략과 제품을 갖고 있다고 말하지만 고객들 중에서 그렇게 생각하는 비율은 10%에도 미치지 못한다. 따라서 효과적으로 구축된 전략이라 해도 실행에 성공하는 비율은 매우 낮다는 사실을 보여주는 연구 결과가 몇 년에 한 번씩 나오는 것도 전혀 이상한 일이 아니다. 몇몇 연구는 성공률이 10% 미만이라고 밝힌다. 평균적으로 기업들은 전략이 예상한 재정 목표의 50~60%만 달성한다. 이는 기업의 약 90%가 전략 실행에 실패하며, 경영진이 전략의 잠재력을 제대로 실현한다면 직원과 주주 그리고 사회에 돌아가는 가치를 훨씬 더 끌어올릴 수 있다는 뜻이다.

그렇다면 도대체 무엇이 문제일까? 가장 큰 문제는 '위'에 있다. 모두가 목소리를 낮추는 임원실 복도와 임원들의 머릿속에서 문제가 시작된다는 것이다.

나의 동료 신시아 몽고메리(Cynthia Montgomery)는 하버드대 비즈니스스쿨의 고위 임원 프로그램에서 이 문제를 잘 보여주는 실습을 진행한다. 그녀는 전략을 가르치는 교수이고, 참여자는 CEO를 비롯해서 직함에 C(최고책임자라는 뜻)자가 들어가는 임원들이다. 프로그램이 시작되면 그녀는 임원들에게 전략이라는 말을 들을 때 떠오르는 단어 3가지를 말해보라고 요구한다. 임원들은 과연 어떤 단어를 떠올렸을까?

모두 109가지 단어가 제시되었는데, '계획', '방향', '경쟁우위'가 가장 많이 나왔다. 그런데 2,000명 이상의 임원 중에서 사람과 관련 있는 단어를 말한 사람은 단 2명이었다. 한 임원은 '리더십'이라고 말했고, 다른 한 임원은 '비저너리(visionary. 선견지명이 있는 사람)'라고 말했다. '전략가'를 말한 임원은 아무도 없었다. '영업'을 언급한 사람도 없었다. 아무도 회사에서 실제로 중요한 곳, 다시 말해서 현재의 고객이나 잠재고객을 만나는 그곳을 말하지 않았다는 이야기다. 이처럼 임원들이 영업 현장에 관심이 없다는 점을 감안하면, "나는 회사에서 당신을 도와주러 나왔습니다"라는 말이 대다수 기업들에서 오래된 농담처럼 받아들여지는 이유가 뭔지를 짐작할 수 있을 것이다. 현장의 영업관리자들도 멋진 차트나 프레젠테이션 또는 번드르르한 비전으로 기업의 전략을 설명하지만, 정작 자금과 시간, 인력을 영업에 어떻게 할당할지에 대해서는 아무런 언급이 없다. 누군가가 비평가를 두고 "길은 잘 알지만 운전은 못하는 사람"이라고 정의한 것과 같다.

많은 기업들이 고객 접촉의 현실을 잘 모르는 채로 일선 현장에서 매일매일 맞닥뜨리는 경쟁적 상황과 전략적 집중을 아무렇지도 않게 무시한다. 그러나 짐 코크가 강조했듯이, 현장의 영업 활동을 이해하려면 전략 구축에 못지않은 노력이 필요하며, 그런 노력을 기울일 만한 가치 역시 충분하다.

영업의 죄인들

전략 성직자들이 현장 상황과 유리된 언급을 하는 경우가 많다면, 영업에 종사하는 사람들은 어떨까? 그들 역시 눈앞의 현실만 중시하는 고집불통인 경우가 대부분이다.

앤드리스 졸트너스(Andris Zoltners)는 노스웨스턴대를 비롯한 여러 대학에서 25년 이상 영업관리자들에게 임원 과정을 가르쳤다. 그는 참석한 영업관리자들에게 매번 이렇게 물었다.

"훌륭한 영업조직을 갖췄다고 어떻게 확신할 수 있는가?"

"현재 직면한 문제는 무엇인가?"

그는 영업관리자 850명 이상으로부터 2,400건 이상의 답변을 모아 데이터베이스를 만들었다. 그에 따르면, 영업관리자들은 전략적 목표와 상관없이 영업조직 내부의 실적과 운영 개선에 과도하게 초점을 맞추었다. 응답자의 약 84%는 당면한 영업 효율성 관련 문제에 대해 다음과 같이 표현했다.

- 영업사원들은 마무리 기술이 없다. 잠재고객을 찾는 데도 충분한 노력을 기울이지 않는다.
- 우리는 계속 할당량에 미달하고 있다. (…) 목표 수립 과정에서 타깃 설정이 불공정하다.
- 영업지역 할당이 바뀌어야 한다. 지역의 잠재성 차이가 영업조직의 불공정성을 야기한다.
- 영업 정보가 부족하다. IT 문제 때문에 세일즈 대시보드(dashboard, 현황판)의 정확성과 시의 적절성이 떨어진다.

그에 비해 영업조직 외부의 문제를 언급한 비율은 13%에 불과했다. 그들은 주로 "변하는 고객의 요구사항과 신기술에 적응해야 한다"와 같은 시장의 문제나 "회사의 제품라인이 달라지고 있다"와 같은 회사 내부의 문제를 언급했다.

영업의 효과 문제에 초점을 맞춘 비율은 단 3%였다. 그런데 이 경우에도 외부 기준보다는 내부 기준에 맞추어졌다. 예를 들어 "영업조직의 실적 개선을 목표로 영업의 효과와 성장을 위한 계획에 들어갔다"거나 "경영진이 영업 효율화 제고에 깊은 관심을 갖는다" 등이었다.

전술이나 당면 과제에 몰두한 나머지 전략적으로 사고하거나 행동하지 못하는 경향은 비단 영업에만 국한된 현상이 아니다. 그렇지만 이런 경향은 영업에서 더 큰 문제가 된다. 몇 가지 이유가 있다.

그 이유 중 하나는 영업의 사업적 특성 때문이다. 영업은 회사의 시간이 아니라 시장의 시간에 따르는 수많은 결정들로 이루어진다. 어느 영업 조직이나 마감시간, 거래처 방문, 주기적 위기, 실적 달성 등에 따른 압박감이 심하지만, 경영진은 영업의 경우 다른 사업 부문과 달리 분기별 판매 실적, 직원별 판매 실적, 할당량 목표 달성 여부 등 실적을 평가할 수 있는 기준이 간단하면서도 분명하다고 가정한다. 한 영업관리자가 내게 한 말이 있다.

"우리 일에선 모든 것이 단기적으로 결판난다. 단기적으로 살아남기 어려우면 장기적 생존은 걱정할 필요조차 없다."

또 다른 이유는 계획 수립의 과정과 의사결정의 조건이 서로 따로 논다는 것이다. 조사에 따르면, 기업의 약 3분의 2는 전략계획을 주기적인 행사로 취급한다. 1년에 한 번 예산 편성과 자본 지출 승인에 앞서서 하는 일로 간주한다는 것이다. 그리고 여러 사업 단위를 아우르는 GTM(go-to-market) 접근법을 무시하고 사업 단위별로 전략계획을 짜는 경향이 있다. 전 세계 150여 개 기업을 대상으로 조사한 내용을 바탕으로 구성한 전형적인 전략계획 수립 과정을 보자.

전통적인 전략계획모델을 따르는 기업들은 연중 어느 시점에서 각 사업 단위별로 전략계획을 짠다. 특정 사업의 계획을 짜는 데는 여러 부서에서 차출된 교차기능적 (cross-functional) 팀이 9주 정도 매달린다. 그리고 집행위원회가 각 계획을 검토하는 데, 주로 현장회의로 하루 만에 끝낸다. 각 계획은 전사적인 전략계획으로 통합되어 이

사회에 보고, 검토된다.

전략계획주기가 끝나면 각 사업 단위는 8~9주를 할애해 예산과 자본 지출 계획을 수립한다(대다수 기업들에서 이 과정이 전략계획에 명시되어 있지 않다). 그다음 집행위원회가 각 사업 단위별로 다시 회의를 열어 실적 목표, 자원 할당, 실무 책임자들의 수당 등을 논의한다.

9주에다 또 9주를 더하고 다시 사업 단위별로 한 차례씩 회의를 하는 시간을 합치면 전략계획에 4~5개월이라는 긴 세월이 걸리는 셈이다. 이런 과정이 진행되는 동안 시장은 기다려주지 않고 계속해서 자체적으로 돌아간다. 이 때문에 영업 담당 임원은 그 전략을 무시하게 된다. 설사 아주 훌륭한 전략이 도출되었다고 해도(그럴 가능성은 거의 없지만) 말이다. 왜냐하면 영업은 이슈별로, 계정별로 달리 대응해야 하고, 시장의 구매 패턴과 판매주기에 따라 연중 내내 중요한 결정을 내려야 하기 때문이다.

이 조사에서 전략계획 수립이 노력할 만한 가치가 있다며 만족하는 임원은 11%에 불과했다. 기업 임원 1,800여 명을 대상으로 한 다른 조사에서도 절반 이상(53%)이 자신들의 전략을 직원이나 고객이 알지 못한다고 말했다.

'전략 성직자'들과 '영업의 죄인'들이라는 표현이 좀 황당해 보일지도 모르지만 둘 사이의 갭은 실재하며 그 때문에 드는 비용도 많다. 현재 대다수 기업들에서 나타나는 전략과 영업 사이의 관계는 간디가 서양 문명을 어떻게 생각하느냐는 질문을 받았을 때 내놓은 대답을 떠올리게 한다.

"아이디어는 좋은 것 같네요."

경쟁력의 함정

상황은 얼마든지 더 나빠질 수 있다. 조직생활에서는 '좋은 일을 하다가 벌을 받기 십상'이기 때문이다. 영업 효과의 개선에 초점을 맞추었는데 엉뚱하게 부정적인 결과가 나타나는 경우가 종종 있다.

교육을 보면 술책이나 근거 없는 가정, 그리고 아예 적용할 수 없는 '영업'에 대한 그럴듯한 일반화로 이루어진 내용이 적지 않다. 물론 의견 청취와 문제 확인, 고객의 관점에서 바라본 가치의 이해 등에 관한 건전한 기초지식에 바탕을 둔다. 문제는 전략과 단절되었을 때 아무리 좋은 교육도 역효과를 낼 수 있다는 점이다. 영업사원이 갈수록 숙련되는 일에 고객은 갈수록 흥미를 잃어가기 때문이다. 그런 일이 반복되면 단절은 더 심해진다.

인기 있는 영업교육과정을 보면 영업의 죄인들에게 공통적으로 다음과 같은 메시지를 설파한다.

"영업사원이 상품을 팔지 못하는 데는 '매진'이라는 한 가지 이유만이 있을 뿐이다. 매진되지만 않으면 얼마든지 팔 수 있어야 한다. (…) 경쟁력을 유지하는 것은 개인의 책임이다. (…) 길거리 싸움과 비슷하다."

하지만 실상은 그렇지 않다. 영업사원이 상품을 팔지 못하는 이유는 수없이 많다. 여기에서 인과관계를 정확히 분리해내는 것이 중요하다. 그렇게 하지 않으면 모든 투자와 노력, 열정이 '경쟁력의 함정(competency traps)'에 빠지는 불행한 일이 반복될 수 있다. 고도의 전문성과 성과 중심 경영에 따라 특정 분야의 지식과 능력을 가진 사람이 넘쳐나는 조직은 정작 변화가 필요한 위기나 과도기적 상황에서 위험해진다. 또 영업을 포함한 기업의 각 부문은 자기 영역의 일상적인 업무에 갈수록 능숙해지지만, 그런 일상적인 업무 때문에 변화하는 시장 여건에 부합하는 절차를 경험할 기회를 차단당한다.

경쟁력의 함정의 실상을 이해하는 데 도움이 되는 예가 있다.

1961년 소련공산당 서기장 겸 총리인 니키타 흐루쇼프는 철강, 석탄, 시멘트, 비료를 20년 안에 미국보다 더 많이 생산하겠다고 공약했다. 또 유엔총회에서는 구두를 벗어 단상을 내려치며 미국을 매장시켜버리겠다고 난리를 피웠다. 영업교육에서 동기유발 강사들이 사용하는 전형적인 사기 진작 술책과 비슷했다. 그런데 그는 실제로 자신의 공약을 이행했다. 1981년 소련은 그 제품들을 미국보다 더 많이 생산했다. 물론 그것은 시대에 뒤떨어진 것이었다. 소련이 그러는 사이 미국은 변화하는 세계에 적응하면서 플라스틱, 실리콘, 트랜지스터, 생명과학 등 혁신적인 경제를 개척했다. 반면 소련은 어떤 기업들처럼 '공룡 같은 거대한 구식체제를 느릿느릿 만들었다.'

한 기업을 이끄는 리더라면 '파괴적 혁신(disruptive innovation. '왜 위대한 기업들조차 실패하는가?'란 물음에 미국 하버드대 경영대학원 교수인 클레이튼 크리스텐슨Clayton M. Christensen이 내놓은 답. 선두 기업의 자리에 오르게 해준 경영 방식이 파괴적 기술disruptive technology 개발을 어렵게 한다는 것이 그의 진단이다. 옮긴이)'을 위해 모든 것을 신중하고 집요하게 고민해야 한다. 그러나 궁극적으로 실질적인 조치를 취하려면 전략과 일치된 노력이 필요하다.

시간이 흐르면서 전략과 영업 사이의 단절은 기업문화 전반에 악영향을 미친다. 소련을 비롯한 공산국가들에서 확인할 수 있는 것처럼 말이다. 비현실적인 전략계획은 그것에 부응할 수 없을 것이라는 기대감을 높일 뿐이다. 기업의 간부들과 현장 직원들은 "그러게 내가 뭐랬어?"라는 비판에 익숙해지고, 실적 목표는 달성될 수 없다는 회의적 시각이 조직 내에 표준으로 자리 잡게 된다. 이럴 경우 실적 평가(10장에서 다룬다)에서 '워비곤호수 효과(Lake Wobegon Effect. 자신이 평균보다 더 낫다고 착각하는 경향을 말한다. 미국 작가 게리슨 케일러가 1970년대 진행했던 라디오쇼 〈프레리 홈 컴패니언(A Prairie Home Companion)〉은 워비곤호수라는 가상의 마을을 무대로 설정했다. 이 마을은 '여자는 모두 강인하고, 남자는 모두 잘 생겼으며, 아이들은 모두 평균 이상인' 허구의 세계로, 현실의 사람들도 이런 착각에 빠져 산다. 자신의 능력과 재능을 과대평가하는 반면 약점에는 그럴듯한 해석을 붙여 실제보다 나아 보이게 만든다. 옮긴이)'가 나타나게 된다. 즉, 실적 미달 문화가 기대치를 낮추어 모두가 평균 이상으로 간주된다는 뜻이다. 그런 조직에서 관리자는 예상 목표를 달성할 수 없다고 생각하기 때문에 결과를 정당화하고 자신을 보호하는 데 더 많은 시간을 할애하게 된다. 책임 전가나 보신주의(CYA, Cover Your Ass)가 팽배하게 되는 것이다. 그 결과 영업조직은 현재와 미래의 시장에서 발휘할 수 있는 역량에 대해 덜 정직해지며, 전략 논의 역시 신뢰성이 떨어지는 정보를 바탕으로 이루어지게 된다. 그런 악순환이 나선형 하강곡선을 그리게 된다. 이러한 현상은 폴란드에서 공산당 지배 시절 레흐 바웬사가 이끈 자유노조연대 소속 근로자들이 그다니스크조선소에서 태업을 벌일 때 사용한 슬로건을 떠올리게 한다.

"그들이 우리에게 임금을 지불하는 체하기 때문에 우리도 일하는 체할 것이다!"

함정 피하기

영업을 전략과 연계하는 것은 비즈니스 실행과 수익성 높은 성장에 필수적이다. 하지만 매일매일의 영업 실천이 전략과 선택에 영향을 미치게 된다. 그것이 성공이든 실패든, 집중적이든 확산적이든, 현명하든 우둔하든, 다양한 형태로, 대개는 의도치 않게, 전략을 제한하거나 방향을 수정하게 만든다. 이처럼 갖가지 변수들이 상호작용하는 상황에서는 그것을 직시하고 문제점을 진단해야 한다. 영업과 전략의 관계를 개선하려면 그런 노력이 반드시 필요하다.

Chapter 02

문제를 진단하라

전략과 실행, 무엇이 문제인가

　　루이스 토머스(Lewis Thomas)는 예일대와 뉴욕대 메디컬스쿨 학장과 메모리얼 슬론-케터링연구소 소장을 지냈으며 '현대 면역학의 아버지'로 인정받았다. 그는 20세기 전에는 병원에 가는 것이 오히려 생존 확률을 낮추었다고 추정했다. 당시의 기술 수준으로는 진단이 불확실했고, 위생 조건이 좋지 않아 전염이 확산되었으며, 그에 따라 미리 정해진 의료 지침이 의도치 않은 결과들을 낳는 경우가 잦았다. 20세기 들어서도 소독약과 페니실린 사용이 보편화되기 전 몇십 년 동안은 상황이 똑같았을 것으로 추정된다. 그래서 20세기 프랑스 작가 니콜라 드 샹포르(Nicolas de Chamfort)는 당시의 의학과 철학에 대해 이렇게 말했다.

　　"약은 많지만 치료책은 거의 없고, 완치는 전혀 없다."

　　현재 영업 부문의 전략 제시와 실행 또한 한 세기 전의 의료 수준과 크게 다를 것이 없다. 진단부터 시작해보자. 비즈니스 상황에서 인과관계를 이해하지 못하면 어떤 문제를 해결하려다가 엉뚱한 결과를 가져올 가능성이 크다. 그 결과로 20세기 이전의 병원처럼 생존 확률을 낮추게 되는 것이다. 다음의 3가지 상황을 검토하면서 무엇이 문제인지 생각해보자. 전략이 문제일까, 전략을 실행하는 영업 부문이 문제일까? 아니면 둘 다 문제일까?

많은 변수들

문서보안관리주식회사(DSM)라는 업체가 있다(가명이다). 이 회사는 1980년대와 90년대에 일반 기업이나 법률회사 등에서 문서가 가득 든 박스를 수거해 파쇄하거나 특수보안창고에 보관하는 사업으로 승승장구했다. 수년 동안 성장주로 선정되었고, 당연히 자부심도 강했다.

DSM의 경쟁우위는 시장 선점의 이점과 '원스톱숍(one-stop-shop)'이라는 통합서비스에서 나오는 것이었다. DSM은 완전한 통합문서관리서비스를 제공했기 때문에 고객들은 문서와 관련된 모든 일을 DSM에 아웃소싱할 수 있었고, 그에 따라 변호사와 임원 등 전문 인력들은 더 고차원적 업무에 매진할 수 있었다. DSM이 가진 경쟁우위 요소가 또 있었는데, 바로 영업조직이었다. 경쟁사들보다 규모 면에서 우세했을 뿐 아니라 여러 해에 걸쳐 노력한 결과 타깃고객 중에서 구매자와 사용자를 잘 알고 그들과 좋은 관계를 구축할 수 있었다.

그러나 21세기 초가 되면서 상황이 달라졌다. 온라인디지털 기술이 보편화하면서 이 회사의 비즈니스에 부정적인 영향을 미치기 시작했다. CEO는 신기술에 의해 회사가 치명적인 손상을 입지 않게 하려고 애를 썼다. DSM은 세계 최고의 컨설팅업체 중 한 곳에 의뢰해 이 문제를 검토하고 전략을 제안하도록 요청했다.

컨설팅업체는 3가지 일을 수행했다. 첫째, 짐작되는 문제점들을 실제 자료를 통해 다시 정확히 짚어주었다. 이를 통해 DSM은 온라인저장서비스를 이용하는 고객이 늘었으며 서비스 요금이 DSM보다 훨씬 싸다는 사실을 확인할 수 있었다. 둘째, DSM이 머리를 모래에 처박고 못 본 체할 것이 아니라 자체적으로 온라인저장서비스를 도입하고 기존의 고객 기반 이점을 활용해야 한다고 건의했다. 셋째, 기존의 통합문서관리서비스에 디지털서비스를 번들로 끼워 판매할 수 있도록 영업사원들을 교육시킬 필요가 있다고 지적했다.

DSM은 컨설팅업체의 건의를 받아들였지만 결과는 형편없었다. 무엇이 문제였을까? 디지털문서관리서비스를 제공하려면 DSM 영업사원들이 기존과 다른 구매자나 영향력 행사자들을 알아야 하고 그들과 새로운 관계를 구축해야 했다. 쉽지 않은 일이었다. 전과 달리 회사들마다 IT부서가 문서관리의 중심 역할을 맡게 되었는데, 그들은 영업사원들이 대해왔던 관리 임원이나 총무부 직원과 의사표현 방식이나 일의 우선순위가 달랐다. 번들 상품의 가격 책정도 문제였다. 하이터치와 하이테크 문서관리서비스는 드는 비용이 다르기 때문에 가격도 달라야 했다. 그런데 영업사원들은 교육을 받았으면서도 저항이 가장 적은 접근법을 택해 번들을 취급하지 않거나 저가의 디지털서비스만 판매했다. 그 결과 통합문서관리서비스의 계약 연장이나 갱신이 줄어들면서 DSM의 영업이익과 주당순이익이 떨어졌다. 이에 DSM은 영업 보상 정책을 수정했고, 그러면서 통합문서관리서비스의 계약 갱신이 늘어나게 되었다. 하지만 디지털서비스 판매는 줄어들었다. 반면에 신생 경쟁사들은 다년간 계약으로 단단한 발판을 마련했고, 문서 저장이 점차 인터넷 클라우드로 옮겨가면서 DSM은 더욱 뒷전으로 밀려나고 말았다.

얼마 안 가 DSM은 '브랜딩' 문제에 직면했다. 영업사원과 고객 양쪽에서 '이 시장에서 DSM의 정체성은 무엇인가? 통합문서관리서비스 회사인가, 아니면 또 다른 클라우드 서버 회사인가?'라는 의문이 제기된 것이다. 결국 DSM은 디지털부서를 정리했다. 현재 DSM은 여전히 수익은 내지만 예전보다 규모가 작아진 상태다. 더 이상 자본시장에 이런 상황을 어떻게 봐야 할까? DSM의 기본적인 전략 의도를 부정하기는 어렵다. 하버드비즈니스스쿨의 클레이 크리스텐슨(Clay Christensen) 교수가 쓴 '파괴적 혁신'의 교훈을 읽고 습득한 사람이라면 DSM이 '떠오르는 시장의 현실(emerging market reality)'에 대응하지 말았어야 했다고 주장할 수 없을 것이다. 그런 면에서 DSM은 시장 근시안(market myopia)에 관한 또 다른 연구 사례로 주목할 만하다.

그렇다면 남의 시계를 보고 몇 시인지 말해주는 차원이었다는 점에서 컨설팅업체를 탓해야 할까? 그렇지도 않다. 모든 조직에는 누적된 타성이 존재한다. 그 안에 "시계의 큰 바늘은 여기에 있고 작은 바늘은 저기에 있다"고 말해주는 사람이 없다면 외부 컨설턴트들이 의미 있는 부가가치를 제공할 수 있다. DSM의 경우에도 임원들마다 시장을 보는 시각이 각기 다르고 영업사원들도 현장에서 주워들은 것과 '시장'을 하나로 보는 경향이 있기 때문에 컨설턴트들이 정확한 데이터로 문제점을 짚어준 것은 상당한 부가가치가 있었다.

그러면 가격이 다른 2가지 상품을 같은 고객에게 판매하려는 시도는 실패할 게 뻔하다는 면에서 가격 책정이 문제였다고 할 수 있을까? 그것도 아니다. DSM이 서로 다른 서비스를 판매했을 때 가격은 서비스 원가(cost to serve. 10장에서 자세히 다룬다)가 반영된 것이었다. 신경제(new-economy)의 구루(guru)가 뭐라고 하든 원가보다 낮은 가격으로 상품을 팔아서는 돈을 벌 수 없다(게다가 어느 인터뷰에서 피터 드러커가 한 말을 돌이켜보라. "업계 사람들이 그런 사람을 구루로 부르는 이유는 샬러턴(charlatan, 사기꾼)보다 철자가 쉽기 때문이다.")

　문제는 영업조직의 구조와 배치에 있었을지 모른다. 신기술 상품을 도입할 때 많은 사람들이 조언하듯, DSM도 디지털서비스를 별도의 영업조직을 통해 팔아야 했을지 모른다. 하지만 그렇게 했더라면 DSM이 기존에 누리던 이점과 영업비용은 어떻게 되었을까? 영업조직이 2개로 쪼개지면 가격 책정과 브랜딩에서 더 큰 문제가 생기지 않았을까?

　기본적으로 영업사원에 대한 보상과 인센티브에 문제가 있었던 것은 아닐까? 보상시스템이 특정 행동을 유도하는 주요 요인이 아니라고 말하는 사람은 디즈니랜드에서 살고 있다 해도 과언이 아닐 것이다(다음 페이지에 나오는 사례를 보라). 하지만 DSM은 여러 가지 다양한 보상제도를 시행했다. 따라서 여기에 문제가 있었다고 할 수는 없다. 그런데 회사가 제공하는 보상과는 별개로 영업사원이 잠재고객 앞에서 무엇을 어떻게 해야 할지 모르는 상태라면, 또 적절한 구매자에게 접근하지 못한다면, 보상제도가 문제를 해결해줄 수는 없을 것이다.

　그렇다면 결국 DSM의 영업교육이 충분치 않았다는 게 진짜 문제일지 모른다. 경영진이 알았든 몰랐든 DSM이 새로 도입한 전략은 영업조직에 전과는 전혀 다른 과제를 부여했다. 새로운 전략을 실행하려면 그에 맞는 영업 행동이 필요했다. 더불어 인센티브제도도 바꾸고, 가격 책정과 고객관리 접근법도 달리해야 했다. 실적 평가 방법이나 실적 개선 방식을 포함한 영업관리시스템도 고쳐야 했다. 현장의 정보가 경영진에게 보고되는 과정의 문화적인 변화도 필요했다. 또한 전략과 관련하여 영업 부문에서 제공하는 정보를 검토하고 대응하는 경영진의 방식도 달라져야 했다. 그런데 영업교육 프로그램 하나가 그 모든 것들을 해결할 수 있을까? 유감

스럽게도 그런 만능 프로그램은 이 세상에 존재하지 않는다.

요점은 전략 실행과 관련된 문제들을 진단하고 전략과 영업을 일치시키는 데 따르는 변수가 아주 많다는 사실이다. 그중에서도 가장 복잡한 변수가 사람이다. DSM은 이를 간과했다. 새로운 전략을 고객에게 적용해야 하는 영업사원들이 현장에서 실제로 부딪히는 현실을 고려하지 않은 채 전략 실행에 들어간 것이 가장 큰 문제점이었다.

뜻밖의 결과

몇 년 전에 한 사모펀드회사(PE)의 컨설팅을 맡은 적이 있다. 이 회사가 소비재업체인 포장상품회사(PPCo)를 인수한 직후였다. PPCo는 견과류와 감자칩이 핵심 품목이었으며, 전국적으로 시장점유율 1위를 차지하고 있었다. 모기업인 PE의 경영진은 나에게 다음의 상황을 개선하는 방안을 모색해달라고 요청했다. 그들이 묘사한 상황은 이러했다.

"영업 부문이 기대만큼 수익을 내지 못하고 있다. 우리가 사업을 확장하고 투자제안서에서 밝힌 약속을 이행하는 데 필요한 수준의 수익을 내지 못하고 있다."

PPCo는 주로 3가지 채널을 통해 상품을 판매했다. 슈퍼마켓, 대형 할인매장, 편의점이 총매출의 80% 이상을 올리고 있었다. 대형 할인매장과 편의점이 슈퍼마켓보다 더 빨리 성장하고 있는 상황이었고, 그런 매장의 셀프서비스 비즈니스모델 때문에 상품 공급업자의 서비스가 더 많이 필요한 실정이었다. 게다가 새로운 저칼로리, 전자레인지용 상품이 많이 생겨나면서 PPCo는 진열 공간을 두고 갈수록 심해지는 경쟁에 직면했다. 결과적으로 견과류와 감자칩이 해당 품목의 전체 판매량에서 차지하는 비율이 줄어들었고, 가격 경쟁 때문에 수익성도 떨어졌다. 그나마 PPCo는 대형 할인매장과 편의점에서 판매할 수 있는 높은 마진의 다른 상품을 갖고 있었다. 시장조사 결과 소비자 반응도

좋았다. 그러나 좋지 않은 소식도 있었다. 영업조직이 견과류와 감자칩에 계속 매달리면서 다른 상품에는 시간과 노력을 충분히 기울이지 않았던 것이다. 왜 그랬을까?

영업보상시스템이 한 가지 이유였다. 영업사원들은 판매량에 따라 보상을 받았다. 견과류와 감자칩 매출이 가장 컸기 때문에 그들이 여기에 매달리는 것은 당연했다. 그들은 또 판매량을 더 늘리기 위해 도매업체들을 대상으로 선물매입을 유도했다. 특정 시기에 가격을 할인하여 도매업체가 상품을 미리, 대규모로 구매하도록 유도한 것이다. 자연히 그다음에는 판매가 급감하게 된다. 그 결과 제조와 유통에 혼란이 초래되면서 PPCo의 현금흐름과 수익에 피해를 주었다. 그런데도 한 영업사원은 나에게 이렇게 털어놓았다.

"우린 그럴 수밖에 없다. 회사의 다른 부문에 문제를 일으킨다고 해도 어쩔 수 없다."

그래서 우리는 품목과 관계없이 판매량만을 기준으로 상여금을 지급하는 영업보상시스템을 뜯어고쳐 품목마다 포인트를 부여하고 견과류와 칩만이 아니라 고마진 상품을 판매하면 더 많은 인센티브가 제공되도록 했다. 아울러 영업채널 전반에서 고객의 변화를 반영하도록 영업조직을 재배치했다. 그동안 PPCo는 슈퍼마켓에 영업사원들을 과도하게 배치하고 대형 할인매장과 편의점에는 인원을 충분히 두지 않았다. 판매 책임도 재할당했다. 그동안에는 영업사원이 자신이 관리하는 고객에 대해 판매와 서비스 둘 다를 책임졌다. 그런데 대형 할인매장과 편의점은 슈퍼마켓보다 훨씬 더 서비스 집약적이다. 나의 행동 분석에 따르면, 영업사원들은 근무시간의 40%를 판매가 아닌 서비스에 할애했는데, 영업사원 1명의 비용이면 아르바이트 3명을 투입할 수 있었다. 그 분석에 따라 아르바이트도 채용하도록 했다.

좋은 소식은 PPCo의 영업사원들이 고마진 품목을 훨씬 더 많이 팔게 되었다는 점이다. 또 선물매입 판촉이 적어지고 서비스에 아르바이트 요원이 충원되면서 비용은 낮아지고 판매에 할애되는 시간은 늘어났다.

나쁜 소식도 있었다. 견과류와 칩의 판매가 크게 줄면서 사업 전반에 도미노 현상이 나타났다. 먼저 공급업자들에 대한 영향력이 줄어들고 견과류와 칩을 포함한 전체 제품에 사용되는 재료의 단가 할인이 어려워지면서 구매에 영향을 미쳤다. 수송과 유통도 피해를 입었다. 대형 트럭의 적재량이 줄면서 비용이 올라갔고, 수익성 있는 상품이나 없는 상품이나 똑같이 영향을 주었다. 왜냐하면 구매와 유통 비용은 모든 제품에 두루 할당되는데 전체 판매량이 줄면서 고마진 품목의 비용 분담률이 높아져 마진이 낮아졌기 때문이다.

게다가 매장에 외부 서비스 요원이 투입되면서 예상치 못한 결과가 나왔다. 사실 서비스 활동은 영업의 일부분이다. 영업사원은 서비스 활동을 통해 매장의 책임자들과 더 많이 대화할 수 있고, 매장진열도 등 매장 내 주요 판매도구에 관한 정보를 수집하거나, 상품 판촉에 도움을 줄 수 있다. 그런데 영업사원들은 더 이상 이와 같은 활동을 하지 않았고, 새로 채용한 아르바이트 요원들은 그런 직간접적인 영업 과제를 알지도 못하고 할 수도 없는 형편이었다.

결과는 뻔했다. 영업관리시스템 개선 전략을 실행한 지 2년 만에 PPCo의 EBITDA(Earnings Before Interest, Taxes, Depreciation, and Amortization, 법인세 이자 감가상각비 차감 전 영업이익)가 감소했다. 할 수 없이 우리는 다시 원점으로 돌아가야 했다.

다른 사람들과 마찬가지로 나 역시 내가 연관된 나쁜 사례를 소개하는 것이 정말 내키지 않는다. 그보다는 사람들의 잘못된 관행을 사후에 교정해주는 편이 훨씬 낫다. 하지만 누구나 뿌린 대로 거두는 법이다. 자신의 실수를 인정하지 않는 경영 저술가는 그야말로 완벽하거나(그럴 가능성은 희박하다), 경영을 해본 적이 없거나(흔히 그렇다), 아니면 학습이 불가능한 사람이다. 경영이나 영업은 불가피한 실수를 통해 최대한 효과적으로, 효율적으로 교훈을 얻어야 발전이 있다. PPCo의 사례는 전략과 영업 사이

의 중요한 연결고리를 보여주며, 그 연결고리는 모든 비즈니스에 공히 적용된다.

PPCo의 영업시스템에 가해진 인위적인 변화는 정당한 이유가 있었다. 그렇지만 그 변화는 불가피하게 회사의 전체 가치사슬에 두루 영향을 미쳤다. 영업보상시스템은 기능장애를 나타냈고, 영업조직은 변화하는 시장에서 PPCo의 생산 능력을 최대한 활용하지 못했다. 이러한 문제들은 다시 회사가 받는 주문의 양과 종류, 재무부서가 관리하는 현금흐름, 인사부서가 다루는 채용과 교육, 영업과 다른 부서 사이의 조직적 상호작용에 파장을 낳았다.

이와 마찬가지로 PPCo의 모회사인 PE의 경영진이 수익을 올리기 위해 투자설명서의 공약회 이행에 박차를 가한 것 역시 잘못되었거나 탐욕스러운 조치는 아니었다. 미래의 유동성 실현이라는 전략적 목표를 위해 반드시 필요한 조치였다. 그러나 영업을 전략적 목표와 일치시키려면 전략과 리더십, 그리고 영업 등에서 서로 얽혀 있는 문제를 고려해야 한다. 전략과 현장 판매는 분리할 수 없고, 영업 문제에도 한 가지 원인만 있는 게 아니기 때문이다. 영업관리에서도 판매 효과를 전략과 연결시키기 위해 반드시 관리되어야 할 상호작용 차원을 감안하는 것이 중요하다.

PPCo의 영업사원들은 주어진 업무인 판매를 하고 있었다. 하지만 과연 그들이 전략과 시장의 현실이 요구하는 방식으로 제품라인 전반을 판매하고 있었을까? 시간과 노력을 올바른 영업 활동에 올바른 비율로 할당하고 있었을까? 영업사원들이 가격 외에 다른 기준으로 제품을 판매할 기술과 능력, 동기를 갖고 있었을까?

마지막으로 나의 분석이 간과한 내재적 지식 문제를 살펴보자. 이는 재고관리나 진열대 배치 등 일상적으로 보이는 매장의 서비스 활동과 핵심 영업 과제 사이의 연관성을 가리키는 것으로, 본사의 책상머리에만 앉아 있어서는 알 수가 없다. 현장에서 고객을 자주 접할 기회가 없는 임원 또한 현실적으로 중요한 사업적 요소들을 알지 못한다. 보스턴비어의 CEO 짐 코크가 여전히 방문판매에 나서는 이유가 여기에 있다. 경제학자 존 메이너드 케인스(John Maynard Keynes)가 소원을 말하면서 지향한 바도 바로 이것이었다(내가 아는 한 그 소원은 이루어지지 않았다).

"경제학자들이 스스로를 치과의사처럼 겸손하고 유능한 사람으로 생각하게 할 수 있다면 얼마나 좋을까?"

현장에서 무슨 일이 어떻게 일어나는지를 알고 다른 중요한 요소들을 엉망으로 만들지 않으면서 그 지식을 활용할 수 있어야 한다는 것이다.

전략과 영업의 단절

영업에 관한 최고의 책 중 하나는 데이비드 도시(David Dorsey)의 《포스(The Force)》다. 1990년대 중반에 출간된 이 책은 오하이오주 클리블랜드의 제록스 판매지역에서 보낸 1년을 사람, 거래처, 판매주기의 고점과 저점, 할당량 채우기 등에 관한 흥미진진한 드라마로 바꿔놓았다. 저자는 프레드 토머스가 이끄는 대형고객 담당 팀과 지역책임자 프랭크 파세타의 괴상하면서도 효과적인 동기유발 기술에 초점을 맞추었다. 자본재의 B2B 판매에 관한 문화 및 행동 연구서라고 할 수 있다.

그런데 이 멋진 책에는 곳곳에 연민의 정이 배어 있다. 토머스와 파세타가 나름의 판매 실적을 올리는 중에도 제록스는 전략적 목표를 달성하지 못했다. 잠재적 거래처들의 모든 사무실에서 문제점이 뻔히 드러나 보였는데도 말이다. 그들은 복사기가 아니라 개인용 컴퓨터에 연결된 프린터로 문서를 생산하는 경우가 더 많았다. 결국 토머스와 파세타가 복사기시장에서 제록스의 점유율을 유지하기 위해 최선을 다했다. 그럼에도 불구하고 제록스는 신기술이 시장과 고객 행동을 재정의하고 있는 상황에서 그것을 극복할 전략을 갖지 못했다. 영업 노력과 전략 사이의 단절이 이 책의 배경에 깔려 있는 언외의 주제다.

데이비드 도시는 훌륭한 저술가이자 관찰자이지만 전략과 영업 활동의 단절을 올바로 파악하지 못했다. 그는 책의 머리말에서 이렇게 말했다.

"나는 미국의 성공담을 쓰고 싶었다. 최고의 세일즈맨이 자신의 팀과 함께 1년 동안 목표를 달성해가는 과정과 그런 노력이 관련된 사람들의 개인적 삶에 미치는 영향을 생생하게 전달하고 싶었다."

그 점에서 그는 자신이 의도한 바를 멋지게 달성했다. 그러나 그는 제록스가 1990년대에 '문서' 시장에서 경쟁하고 있었던 코닥, 캐논, 리코, 3M, 미놀타, 새빈 등의 경쟁사들을 거론하면서도 HP, 브러더 등 후에 제록스의 아성을 무너뜨린 저가 컴퓨터 프린터 생산업체들은 언급조차 하지 않았다. 그 결과 스스로 잘못된 결론에 도달하고 만다.

"한때 번창하던 미국 기업이 시장점유율을 빼앗기고 겁을 먹었다가 총체적 품질경영(Total Quality Management, TQM) 기법을 채택해 생산성을 제고하고 다시 시장점유율을 끌어올리기 시작했다. 제록스의 클리블랜드 지역에서 복사기를 판매하는 방식이 그러한 사업의 재기를 예시했다."

하지만 그것은 사실이 아니다. 아무리 흥미롭고 효과적이라고 해도 영업이 회사의 전략적 현실과 단절되면 사업의 재기는 있을 수 없다.

다양한 변수의 관리

지금까지 살펴본 3가지 상황 전체를 관통하는 공통의 문제가 있다. '영업' 문제는 대부분 전략적 일치의 문제라는 사실이다. 회사의 GTM 활동을 전략적 목표와 연결시키지 않으면 영업 문제는 해결되지 않는다. DSM, PPCo, 제록스의 예에서 알 수 있듯이 경영자가 현실 상황을 올바로 인식하고 정확히 진단하지 못하면 실제로 필요한 '더 나은 전략'보다 '더 나은 실행'을 밀어붙이게 되거나, 영업의 기본에 초점을 맞춰야 할 시점에서 엉뚱하게도 많은 비용과 혼란을 무릅쓰고 전략 방향을 수정하게 된다. 조직적으로 보면 대화와 소통의 부재 탓이다.

영업이 전략에서 벗어나면 회사 전체가 어려움을 겪게 된다. 둘 사이의 적절한 연결고리를 형성하고 유지하려면 하나의 프레임워크(기본틀)가 필요하다. 이것은 전략가들과 영업인들이 상호작용 요인들을 진단하고 구별하는 데 도움을 주고, 실적 달성을 위한 공통의 언어를 제공하며, 복잡한 문제를 쪼개서 해결할 수 있게 해준다.

이어지는 3장에서는 프레임워크의 예시를 살펴볼 것이다. 좋은 사례와 나쁜 사례를 고루 포함하고 여러 기업들에서 일한 경험을 바탕으로 만들어졌기 때문에 유용한 참고가 될 수 있다. 영업과 전략 수립 모두를 강화하는 데 도움이 될 것이다.

문제를 어떻게 해결할 것인가

영업의 상호작용을 이해하는 프레임워크

프레임워크는 물리적 구조를 말하지만 정신적 모델을 의미하기도 한다. 여기서 정신적 모델은 '현실을 바라보는 방식을 구성하는 가정, 개념, 가치, 관행'을 말한다. 이러한 모델은 특히 전략(불확실한 미래 앞에서 기업의 현재 상황을 어떻게 변화시키느냐는 문제)과 영업(진화하는 선택지와 관련한 고객과 동기유발의 문제)처럼 복잡하고 다변적인 요소의 결합을 다룰 때 필요하다. 복잡성의 핵심적 특징을 분리하여 비즈니스를 관리 가능하도록 만들어주기 때문이다.

금융공학자로 물리학과 금융 분야에서 모델 구축의 달인으로 알려진 이매뉴얼 더먼(Emanuel Derman)은 "좋은 모델은 세련된 동시에 조잡하다"고 말했다. 조잡하다는 것은 캐리커처처럼 다른 요소들은 무시하고 일부 특징만 강조한다는 뜻이다. 모델에는 원하는 어떤 것도 넣을 수 있지만 모든 것을 다 담을 수는 없다. 지도가 실제 지형을 입체적으로 보여주지 못하는 것과 마찬가지로 목표를 달성하려면 모델에서 무엇이 중요한지 선택해야 한다.

더먼은 사람들과 비즈니스를 하는 것은 물질을 다루는 물리학보다 더 복잡하다고 말한다.

"물리학이 더 낫다는 게 아니다. 구체적으로 설명하면 이렇다. 물리학은 조물주를 상대로 게임을 한다. 조물주는 만물의 법칙을 자주 바꾸지 않는다. 반면 비즈니스는 조물주의 피조물(인간)을 상대로 게임을 한다. 인간은 짧은 견해를 바탕으로 자산을 평가한다. 또 언제 잃었는지 모르기 때문에 계속 그렇게 한다."

더먼은 옥스퍼드대, 록펠러대, 벨연구소에서 양자물리학을 연구한 다음 골드먼삭스와 솔로몬브러더스에서 양적연구(quantitatiue research) 책임자로 금융옵션 이론 정립에 창의적 기여를 한 사람이다. 그런 그도 인간 행동의 불가해성을 토로했다. 그런가 하면 아이작 뉴턴은 일반인보다 훨씬 똑똑했지만 1720년 사우스시컴퍼니 주식에 거금을 투자했다가 요즘 돈으로 거의 500만 달러를 잃었다. 그는 "내가 천체의 운동은 계산해낼 수 있지만 인간의 광기는 도저히 추산할 수 없다"며 자신의 약점을 시인했다. 이처럼 비즈니스는 물리학보다 어렵다.

하지만 훌륭한 프레임워크는 수많은 변수들을 설명해주고, 인과관계를 추적할 수 있게 해주며, 모든 일을 관리 가능하게 해주고, 시간과 노력의 초점을 맞추어야 할 요소들을 분리해낸다. 세련된 동시에 조잡한 프레임워크는 활용도가 높은 모델이다. 누구에게나 복잡한 현실에 대한 진단은 '진실을 구하는 전투일 뿐 아니라 그 진실을 사용하는 사람들의 마음을 얻으려는 전투'이기도 하기 때문이다. 따라서 영업관리자는 현실에 대한 지식이 결여되었거나 자신이 활동하는 곳(매일 다양한 고객을 만나는 상황)에 적용할 수 없는 분석이나 처방은 무시할 필요가 있다.

전략과 영업을 연결하는 기본틀

그림 3-1은 활용도가 높은 프레임워크를 예시한 것으로, 이 책의 내용을 한눈에 보여준다고도 할 수 있다.

이 프레임워크의 기본 논리는 이렇게 설명할 수 있다. 전략과 영업을 효과적으로 연결시키려면 그림 3-1의 맨 위에 제시된 것처럼 먼저 비즈니스의 외부 환경을 이해한 뒤 시장의 현실에 내재하는 기회와 위협 요인을 전략으로 해결할 수 있는 방법을 강구해야 한다. 어떤 비즈니스에서나 가

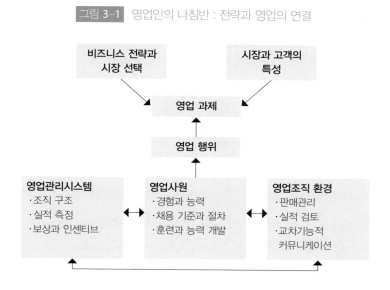

그림 3-1 영업인의 나침반 : 전략과 영업의 연결

치는 회의실이나 기획회의에서가 아니라 고객이 있는 시장에서 창출되거나 손상된다. 주요 외부 환경에는 경쟁하는 업계, 게임을 할 시장과 상품 품목, 의사결정의 성격, 제품과 서비스를 구매하는 고객의 구매 과정이 포함된다. 이러한 요인들이 필요한 영업 과제들, 즉 가치를 전달하고 얻기 위해 GTM 과제가 달성해야 할 사항, 전략을 수행하기 위해 영업사원들이 갖춰야 할 부분을 결정한다.

그다음에는 영업 과제들을 영업 행위로 연결하고, 이를 위해 적합한 수단을 사용한다. 주요 수단은 그림 3-1의 맨 아래에 제시되어 있다.

- 영업사원 : 그들은 누구인가? 무엇을 알고 있는가? 어떻게 그들을 채용해서 장기적으로 그들의 기술과 태도를 개발할 것인가? 이것을 알아야 전략이 요구하는 영업 과제를 순조롭게 수행할 수 있다. 일반적인 영업 방법론이나 다른 전략을 채택한 기업들에서 배운 것은 소용이 없다.
- 영업관리시스템 : 실적관리 방법을 실행하는 시스템. 영업 노력이 조직되고 실행되는 실태, 영업 효과 측정에 필요한 주요 실적 지표, 보상과 인센티브제도가 포함된다.
- 영업조직 환경 : GTM 과제가 개발되고 실행되는 환경. 영업사원이 정보를 충분히 제공받고, 수용되며, 지원받고 있는가? 조직 안에서 의사소통이 잘 이루어지는가? 영업관리자는 어떻게 선발되고 교육되는가? 협력이 필요할 때 영업사원들이 한 팀으로 잘 굴러가는가? 실적 검토와 그에 따른 조치가 잘 이루어지는가?(실적 검토는 조직 행동에 영향을 주는 강력한 수단 중 하나이지만 흔히 간과된다.)

이 프레임워크는 고객을 상대하는 조직에서 전략과 영업을 일치시키는데 필요한 실행 가능한 핵심 요소들을 정의한다. 다시 말해서 사업, 전략, 실행 과제의 연결, 그리고 사람, 관리시스템, 실제 행위가 과제와 일치하는지 확인해주는 관리 실행의 연결을 나타내준다. 또한 이 프레임워크는 전략과 영업의 일치가 '무엇'(전략적 선택과 시장 상황에 대응하는 활동의 통합)과 '어떻게'(실제 행위, 자원 할당, 사람의 행동을 전략적 선택과 영업 과제로 연결시킬 수 있는 관리자의 기술) 둘 다를 포함하고 있는 현실을 반영한다.

연결고리는 어디에 있는가

프레임워크는 체크리스트의 기능도 할 수 있다. 체크리스트가 외과의사, 비행기 조종사, 구조공학자 등의 실수를 줄여주듯 프레임워크는 비즈니스 전략가들과 영업관리자들이 놓칠 수 있는 부분을 확인시켜준다. 다차원적인 문제(전체 전략과 세부 노력 사이의 연결고리를 형성하는 문제)를 관리 가능한 수준으로 분리해주고, 영업의 책임소재를 규명하게 해줄 뿐만 아니라, 효과적인 영업은 실제 노력만이 아니라 전략적 선택과 조직시스템의 산물이기도 하다는 사실을 상기시켜준다.

한 조직 안에서 효과적인 영업이 가능케 하려면 관련 요인들 간의 상호작용을 진단하고 그 결과를 실천계획으로 발전시킬 수 있는 능력이 필요하다. 그 계획은 평가될 수 있고, 관리될 수 있으며, 현장에서 사용될 수 있어야 한다.

'자판기식(coin-operated)' 영업조직에 대해 들어보았을 것이다. 그런 조직에서는 영업사원을 이끄는 주된 방법이 보상제도이며, 관리는 부차적인 활동이 된다. 물론 돈은 중요하다. 그러나 실력이 좋거나 나쁘거나 영업사원들은 본래 가지각색이다. 6장에서 자세히 다루겠지만, 수십 년간의 연구 경험에 비추어봐도 영업이나 영업사원에 대한 포괄적인 일반화는 사실상 불가능하다. 비즈니스 전략에 따른 특정 영업 과제는 주어진 상황에서 판매를 잘하려면 무엇이 필요한지를 알려줄 뿐이다. 8장에서 설명하겠지만 영업조직 또한 다양한 사람들의 집합이다. 이들을 어떻게 관리할 것인가가 영업조직의 큰 과제다. 또 9장에서 살펴보겠지만, 사람들의 다양한 동기를 모두 충족시키는 단 하나의 인센티브제도를 만들어내기란 거의 불가능에 가깝다. 따라서 영업조직을 이끄는 사람이라면 좋든 싫든 그림 3-1의 맨 아래에 있는 3가지 차원을 제대로 관리하는 방법을 터득해야 한다.

기업들은 판매 할당량을 정하는 데 많은 시간과 노력, 자원을 투입한다. 그런데 그것이 최선일까? 10장에서 확인할 수 있듯이, 적절한 목표는 어제가 아니라 오늘과 내일 경쟁해야 하는 시장의 환경과 전략에 달려 있다. 그리고 목표가 동기를 유발할 수 있도록 하려면 피드백이 반드시 필요하다. 실적 검토(영업조직 환경)가 실적 측정(영업관리시스템)과 연결되어야 하고, 다시 이 2가지가 영업사원으로 누구를 어떻게 채용할지에 영향을 미치게 되는 이유가 여기에 있다.

인과관계는 다른 방향으로도 움직인다. 영업에서 전략으로 거꾸로 이어질 수도 있다는 말이다. 6장에서 알려주는 것처럼, 판매 결정은 경영에서 가장 중요한 부분인 현금흐름, 영업으로 확보한 주문, 판매나 인사 등에서의 채용과 교육훈련의 필요성에 직접적인 영향을 준다. 따라서 프레임워크는 전략 논의에서 2가지 목적을 달성하는 데 도움이 된다. 첫째, 4~5장에 나와 있듯이, 프레임워크는 전략적 선택을 명확히 정의하여 일선 현장의 영업 행위로 이어지게 해준다. 그래서 포괄적이긴 하지만 알맹이가 없는 회사의 미션이나 목적 선언을 효과적으로 보완해준다. 둘째, 전략가들이 효과적인 실행의 결정 요인에 집중할 수 있게 해준다. 고객 요인이나 영업 과제, 관리 수단의 선택에 전념하게 해준다는 것이다.

전략과 영업을 일치시키려면 지속적이고도 체계적인 접근이 필요하다. 즉효를 노리는 동기유발 연설이나 현실과 동떨어진 전천후 판매 방법론으로는 불가능하다. 무엇보다 영업조직의 내부에 존재하는 3가지 요인과 다른 외부 요인들을 융합해야 한다. 내부 요인은 사람, 사람의 행동에 영향을 미치는 관리시스템, 그리고 그런 관리가 영업조직 환경에 적용되는 방식이다. 외부 요인은 비즈니스 전략과 전략적 선택에서 나오는 표적시장 또는 고객 특성을 말한다. 여기서 필요한 영업 과제들이 대부분 결정되며, 내부 요인은 그 과제들이 전략과 일치되도록 하는 영업 행위에 영향을 미친다. 이렇게 내부와 외부 요인들이 일관성 있게 융합되면 판매 결과와 전략 수립의 수준이 향상된다.

전략과 영업의 일치에 영향을 미치는 요소들

이후 부분에서는 프레임워크의 요소들을 살펴보고 각 요소가 전략과 영업의 일치에 어떻게 영향을 미치는지 알아본다. 그 논리와 계획은 다음과 같다.

2부 '전략과 영업의 일치'는 전략과 영업 각각의 핵심 요소를 살핀다.

- 4장은 기본적 전제조건인 일관성 있는 전략의 필요성을 논한다. 요즘 에는 MBA과정이나 임원교육 프로그램 등을 통해서 전략 기법들을 배운다. 5F(Five Forces), SWOT, 가치사슬분석(Value Chain Analysis), 게 임이론(Game Theory) 등이 대표적이다. 따라서 여기서는 전략 수립 방 법을 다루는 대신 그 기법들 사이에서 혼동되는 문제들을 살펴볼 것 이다. 비즈니스 전략의 목표, 전략적 선택의 필요성과 방해 요인, 그리 고 전략과 다른 중요한 것들(미션 또는 목적) 사이의 차이점을 살핀다.
- 5장에서는 일선 현장에서 일하는 직원들이 이해하고 습득할 수 있게 전략을 명확히 설명하는 방법을 알아본다.
- 6장은 전략적 선택을 어떻게 실제적인 영업 과제로 발전시키는지에 초점을 맞춘다. 영업관리자에게는 가용한 영업 자원을 선발하고 사 용하는 방법을 효과적으로 수정할 수 있게 해주고, 전략가에게는 사 무실을 떠나 영업사원이나 고객과 대화하도록 동기를 유발할 것이다. CEO와 임원들에게는 직원들로 하여금 먼저 영업 과제를 분석할 수 있게 독려하면서도, '세일즈' 달인들에 관해 번드르하게 일반화하기 를 좋아하는 사람이 되어서는 안 된다는 점을 알려줄 것이다.

3부 '성과관리'는 영업관리의 핵심에 초점을 맞춘다.

- 7장은 실제 영업 행위에 필요한 영업 과제의 구체화에 관한 것들을 살펴본다. 고객의 선택과 관리를 통한 판매 과정을 파악할 수 있다. 8 장부터 10장까지는 그림 3-1의 맨 아래에 제시된 3가지 수단을 관리 하는 데 필요한 내용과 지침을 다룬다.

- 8장은 사람에 관한 내용이다. 채용과 능력 개발, 영업조직 구축 방법, 신기술과 온라인쇼핑 기법이 영업조직과 영업사원의 능력에 미치는 영향을 논한다.
- 9장은 핵심적 영업관리시스템인 보상시스템과 인센티브제도를 고찰한다. 보상과 인센티브는 둘 다 매우 중요하다. 그러나 그 역할과 효과를 잘못 이해하는 경우가 많다. 이 장은 CEO나 CFO(Chief Financial Officer, 최고재무책임자), 임원급 전략가에게 비용을 사용하고 절약하는 방법을 수정하게 해주고, 영업관리자에게는 왜 자신이 현재의 급여를 받는지, 왜 돈이 관리를 대체할 수 없는지 상기시켜줄 것이다.
- 10장은 영업조직 환경에서 중요한 실적 검토를 집중적으로 살피고, 그것이 관리시스템의 한 요소와 어떻게 상호작용하는지 알아본다. 그 요소란 영업관리자와 전략가가 영업의 효과를 측정하기 위해 사용하는 실적 지표를 말한다.

4부 '끝맺음'은 효과적인 영업과 전략 실행을 위한 경영진과 회사의 요구 사항을 검토한다.

- 11장은 대다수 기업들에서 가장 중요하지만 잘 되지 않는 사안, 즉 유능한 영업관리자의 육성을 논한다. 이 장은 현재의 영업관리자나 미래의 영업관리자에게 승진 기준과 자신의 경력을 재고하는 기회가 될 수 있고, 인사부서 사람에게는 영업부서와 더 돈독한 관계를 형성해야 할 필요를 느끼게 해줄 것이다.
- 12장은 인적 네트워크 형성에 대한 내용이다. 영업부서와 다른 부서

들 사이의 협력과 조정에 초점을 맞춘다. 영업의 성공에 필수적인 협력과 조정의 수준을 향상시킬 수 있는 실용적 방법을 제시하고, 영업 관리자와 전략가에게 주는 전략과 영업의 일치에 관한 조언으로 마무리한다.

희곡작가 테런스 맥널리(Terrence McNally)의 작품 《골든 에이지(Golden Age)》에서 주인공은 무대에 오르기 전에 늘 이렇게 속삭인다.

"내가 연기에 도입하려는 미묘함과 겸허함을 나 말고 다른 누군가가 꼭 알아줬으면 좋겠다."

나에게도 그런 은밀한 소망이 있다. 그러나 언제나 그렇듯 판단은 고객의 몫이다.

PART 2

전략과 영업을 어떻게
연결할 것인가

중요한 것은 중요한 것을 계속 중요하게 취급하는 것이다.

집 박스데일(Jim Barksdale), 스티븐 코비(Stephen Covey), 스티브
잡스(Steve Jobs), 라스트 콜 밴드(the band Last Call) 등

4장 전략이란 무엇인가

기업에서는 전략이라는 단어를 다양한 의미로 사용한다. 이 장에서는 전략의 목표를 잘못 이해하거나 전략을 다른 중요하고 특별한 프로세스와 혼동하는 경영자가 많은 이유를 설명한다. 당신이 주어진 테스트에서 어떤 성적을 거두는지도 확인할 수 있다.

5장 전략이 전파되게 하라

전략은 선택이고, 중요한 선택은 필연적으로 기업 전체에 단계적으로 퍼져나간다. 이 장에서는 일선 현장에서 바쁘게 일하는 사람들이 이해하고 활용할 수 있게 전략적 선택이 단계적으로 퍼져나가는 과정을 살펴보고, 전략적 선택을 분명히 밝히고 전달하는 방법을 제시한다.

6장 저쪽에서는 되는데 이쪽에서는 안 된다?

아마도 영업만큼 주변 여건에 따라 결정되는 업무가 많은 분야도 별로 없을 것이다. 저쪽에서는 되는 일이 이쪽에서는 되지 않는 경우가 있다. 이 장에서는 영업의 효과, 전략을 고객 선택 기준으로 전환하는 방법, 영업을 잘하기 위해 갖추어야 할 요건에 관한 연구 결과를 소개한다. 영업관리자라면 활용 가능한 영업 자원을 선발하고 이용하는 방법에 변화를 주게 될 것이고, 영업사원을 평가하는 CEO나 전략가, 임원이라면 영업 과제를 따로 분석하여 영업에 대한 그럴듯한 일반화에 속아 넘어가지 않게 될 것이다.

Chapter 04

전략이란 무엇인가

경영자가 전략과 프로세스를 혼동하는 이유

내가 수백 명의 관리자들을 대상으로 실시했던 테스트를 보자. 2×2 행렬(그림 4-1)을 사용한 테스트가 그리 낯설지는 않을 것이다.

세로축에는 경제적 이윤(economic profit, EP) 또는 경제적 부가가치

그림 4-1 전략의 목표는 수익 증가

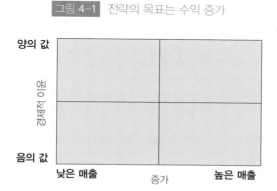

(economic value added, EVA)가 표시되어 있는데, 경제적 이윤은 순영업이익에서 자본비용을 뺀 값을 말한다. 기업이 투자(예를 들어 공장 신설, 영업사원 채용, 직원교육에 투입하는 시간과 비용)를 할 때에는 적어도 기회비용을 포함한 자본비용을 회수할 수 있어야 한다. 여기서 기회비용이란 이미 투입한 자금, 인력, 시간을 다른 곳에 투입했을 때 얻을 수 있는 잠재적 이익을 의미한다. 그림 4-1의 세로축에서 경제적 이윤은 양의 값, 제로, 음의 값을 갖는다. 한편 가로축은 매출 증가를 나타낸다. 오른쪽으로 갈수록 매출이 높아지고, 왼쪽으로 갈수록 매출이 낮아진다. 이제 테스트를 해보자. 이 테스트는 3가지 질문으로 이루어져 있다.

첫 번째 질문 : 위의 행렬에 나오는 4개의 칸 중에서 기업에 가장 적합한 것은?

정답은 경제적 이윤이 양의 값을 갖고 높은 매출을 보이는 오른쪽 상단이다. 이 지점은 경제적 이윤과 매출 상승이 기업의 가치를 더해주므로 당신은 여기를 지향해야 한다. 전설적인 여배우 메이 웨스트(Mae West)는 "좋은 건 많을수록 좋은 게 아닌가"라는 말을 했다고 한다. 내가 조사한 결과에서도 거의 대다수가 첫 번째 질문에서 정답을 제시했다.

두 번째 질문 : 위의 행렬에 나오는 4개의 칸 중에서 기업에 차선이 되는 것은?

정답은 매출이 조금 낮더라도 경제적 이윤이 양의 값을 갖는 왼쪽 상단이다. 정답을 말한 관리자는 약 80~90%였다. 이 지점에서는 재무, 회계, 투자 담당자들이 좋은 실적에 대한 보수를 받는다. 하지만 회사에서 이런 업무들은 그다지 인기 있는 편이 아니다. 우선 연구개발, 마케팅, 생산, 영업, 인사에서 요구하는 시간, 자금, 인력 관련 계획을 검토해야 한다. 또 이런 질문도 해야 한다.

"결과는 아주 좋게 나왔습니다. 하지만 몇 가지 가정을 해보고 손익을 따져 당신이 세운 투자 계획에서 이미 투입한 투자 자금에 대한 회수 가능성을 확인해볼까요?"

결코 즐겁지 않은 일이다. 당신이 이런 업무를 맡고 이 달의 직원상을 받는다 해도 말이다. 숫자만 따지는 인간이라는 말을 들을지도 모른다. '내향적인 회계사는 말을 건네면서 자기 구두를 쳐다보지만, 외향적인 회계사는 상대방의 구두를 쳐다본다'는 농담도 있다. 하지만 기업의 건전성을 위해서는 꼭 필요한 일들이다.

이 같은 사실은 테스트의 마지막 질문을 하게 만든다. 우선 정답을 고를 가능성이 50%밖에 되지 않는다는 것을 생각하고, 질문 내용을 정확히 이해하도록 하라.

세 번째 질문 : 위의 행렬에 나오는 4개의 칸 중에서 기업에 최악인 것은? 경제적 이윤이 음의 값을 갖지만 고객이 많아져 매출이 빠르게 증가하고 있는 오른쪽 하단인가, 경제적 이윤이 음의 값을 갖고 매출이 낮은 왼쪽 하단인가?

정답은 오른쪽 하단이다. 오른쪽 하단이 왼쪽 하단보다 훨씬 더 나쁜 상태다. 경제적 이윤이 마이너스인 상태에서 매출 상승을 위한 추가적 투자는 기업 가치의 하락을 더 촉진하게 마련이다. 이는 영화 〈경기병대의 돌격(Charge of the Light Brigade)〉(크리미아전쟁 당시 발라클라바 전투를 소재로 한 영화. 이 영화에서 영국 기병대는 적의 주력 대포 앞으로 돌격하라는 명령을 받고 군소리 없이 전진하다가 궤멸당한다)에서 그려지는 상황과 흡사하다. 그들의 용감한 행동에 대해서는 경의를 표해야 할 것이다. 하지만 그들은 무시무시한 계곡을 지나는 순간 잘못된 판단이었음을 깨닫게 된다. 이는 마치 '타이타닉'처럼 침몰하는 배에서 생명(또는 기업)을 구하기 위해 활용 가능한 자원을 동원하는 데 필요한 시간을 벌어보겠다는 생각으로 배가 서서히 침몰하기를 바라는 것과도 같다.

관리자들 중에서 세 번째 질문에 오른쪽 하단이라고 대답한 사람은 3분의 1도 되지 않았다. 기술 업종의 관리자들은 3분의 1에도 훨씬 못 미쳤다.

위의 테스트를 임의적인 것으로 생각해서는 안 된다. 경제적 이윤과 매출의 흐름에 대한 잘못된 판단은 기업의 재무 성과와 시장 실적에 직결되기 때문이다.

1990년 컨설팅업체 베인앤컴퍼니(Bain & Company)가 기업들의 경영 실적을 연구한 적이 있었다. 베인앤컴퍼니는 매출액이 최소 5억 달러에 달하는 기업들을 조사하고는 다음과 같은 질문을 던졌다.

전체 기업들 중에서 지난 10년간 자본비용을 회수하고 매출과 영업이익에서 5.5%라는 비교적 괜찮은 증가율을 기록한 기업은 몇 개나 되는가?

여기서 5.5%는 연간보고서와 전략기획서에서 90%가 넘는 기업들이 5.5%의 증가율을 목표로 잡고 있었기 때문이다. 결과는 어땠을까?

실제로 많은 기업들이 목표로 잡은 매출 증가율을 달성했다. 이보다는 덜하지만 역시 많은 기업들이 영업이익에서 목표로 잡은 증가율을 기록했다. 하지만 자본비용을 포함하면 그 결과는 우리를 낙담하게 만든다.

1990~2000년 데이터를 보면, 전체 기업들 중에서 3가지 기준을 충족시킨 기업은 13%에 불과했다. 2001~2010년에는 그 비율이 더 낮아진 9%로 10개 기업 중 1개가 채 안 되었다.

맥킨지의 연구보고서도 비슷한 결과를 보여준다. 2007년부터 2011년까지 약 3,000개에 달하는 비금융 부문 대기업들을 대상으로 경제적 이윤을 분석한 결과에 따르면, 상위 20%에 해당하는 기업들이 전체 경제적 이윤의 90%를 차지했다. 그에 반해 같은 기간 동안 하위 40%에 해당하는 기업들의 경제적 이윤은 4,500억 달러가 넘게 감소했다.

전략의 목표는 수익을 증가시키는 것이고, 경제적 이윤은 이러한 목표의 달성 여부를 측정하는 한 가지 수단이다. 그런데 수익이 지속적으로 증가하는 경우는 드물다.

전략을 수립하지 않는 까닭

다시 내가 실시한 테스트로 돌아가보자. 경험도 많고 교육도 많이 받은 관리자들이 세 번째 질문에서 틀린 답을 내놓은 원인이 뭘까? 원인은 다양하다. 미국의 소설가 솔 벨로(Saul Bellow)는 무지와 무관심의 차이를 통명스러운 말투로 이렇게 설명한다.

"무지는 모른다는 것이고 무관심은 관심이 없다는 것이다."

여기서 '모른다'의 원인으로 다음의 몇 가지를 들 수 있다.

정보 부족

임원을 포함한 관리자들은 기업의 자본비용이 얼마인지 잘 모른다.

여기서 사모펀드회사에 한 가지 좋은 소식이 있다. 대출계약 변경(Debt Covenant. 만기 전이라도 대출금을 조기 상환하도록 대출계약 조건을 변경하는 것. 옮긴이)을 통해 기업의 관리자들에게 자본비용을 신속하게 계산하고 이를 자원 할당에 반영하도록 만들 수 있다는 것이다. 사후에 결과만 기록하는 사람들에게 맡기지 않고 말이다. 관리자가 자본비용을 모르면 경제적 이윤은 감소하는데 회계적 이윤이 증가할 수 있다는 사실을 무시하면서 자신의 입지를 위해 매출을 늘리고 싶은 유혹에 빠져든다. 매출 자체가 기업의 실적이나 가치를 잘못 나타내는 지표가 되기도 하는 것이다.

개념의 무시

바쁘게 살아가는 관리자들에게는 경제적 이윤의 중심에 있는 기회비용(opportunity cost. 지난 100년 동안 경제학의 중심에 있었다)이라는 개념이 쉽게 다가오지 않는다. 기회비용의 개념이 이해하기 어렵다는 사실을 강조하려는 게 아니다. 모두가 잘 알고 있듯이 기회비용은 차선의 대안을 실현할 때 치러야 할 대가를 의미한다. 예를 들어 Y나 Z 대신에 X를 선택할 때 버려야 하는 것을 말한다. 기회비용에는 단지 재무적 개념만이 아니라 자원 할당과 관련하여 잃어버린 시간, 노력, 활동이 포함된다.

경제적 이윤이 음의 값을 가질 때 매출을 늘리는 것(그림 4-1의 오른쪽 하단)이 매출을 줄이거나 전혀 발생시키지 않는 것(그림 4-1의 왼쪽 하단)보다 더 낫다고 생각하는 관리자들이 있다. 그들은 매출을 늘리면 직원들이 의욕을 잃지 않고 고객과의 관계를 계속 유지하여 궁극적으로 사업을 지속할 수 있을 것으로 생각한다. 그러나 사실은 그렇지 않다. 매출 실적이 좋아도 매출 자체가 자본비용을 회수하지 못하면 더 깊은 수렁에 빠져들게 된다. 회계사들은 이를 두고 '매몰비용 오류(Sunk Cost Fallacy)'라고 말하는데, 잘못된 투자를 하고도 계속해서 자금을 쏟아붓는 것을 의미한다. 이렇게 되는 원인은 바로 기회비용을 무시하기 때문이다. 이를 무시하지 않을 수 있어야 더 깊은 수렁에 빠지지 않고 자원을 다른 곳에 투입하여 사업을 지속할 수익을 얻을 수 있게 된다.

실적 지표(performance metrics)에 대한 무관심

이제 많은 관리자들이 세 번째 질문에 틀린 답을 내놓는 원인 중에서 벨로가 말하는 '관심이 없다'는 범주에 속하는 실적 지표를 살펴보자.

영업조직은 시장점유율처럼 경제적 이윤과는 무관한 실적 지표에 따라 움직인다. 그것이 연봉이나 성과급, 승진을 좌우하는 요소로 작용하기 때문이다. 많은 관리자들이 세 번째 질문에 대한 대답을 뒷받침하기 위해 이렇게 말한다.

"시장점유율이 늘어나면 임금도 많이 받습니다. 저는 시장점유율을 확대하기 위해 자원을 할당합니다. 결국 시장점유율이 저의 성과급을 결정합니다."

미국의 유명한 코미디언인 그루초 막스(Groucho Marx)는 "당신은 무엇을 믿습니까? 나를 믿습니까? 아니면 당신의 눈을 믿습니까?"라고 말했는데, 이는 다음과 같이 바꾸어 말할 수도 있다.

"당신은 무엇을 믿습니까? 당신의 눈을 믿습니까? 아니면 당신의 월급 봉투를 믿습니까?"

서브프라임 모기지 사태를 생각해보자. 마이클 루이스(Michael Lewis)가 말했듯이, 당시 은행과 모기지회사 직원들을 포함한 많은 사람들은 모기지 대출이 그림 4-1의 오른쪽 하단에 해당하는 전형적 사례라는 사실을 잘 알고 있었다. 모기지 대출이 기업뿐 아니라 경제 전체의 가치를 파괴하고 있음에도 모기지 중개인들은 2007년부터 모기지 대출 잔치가 끝나는 2008년 9월까지 엄청난 성과급을 챙겼다. 언젠가 PPCo의 영업사원이 이런 말을 한 적이 있다.

"우리는 제품을 판매했습니다. 그것이 사업의 다른 영역에서 문제를 일으키더라도 우리는 그렇게 했습니다."

2008년 금융위기는 바로 이와 같은 일이 세계적인 규모로 일어난 것이었다. 이 같은 현상은 현실에서 자주 벌어진다. 전에 스티브 커(Steve Kerr) 오하이오주립대 교수가 성과를 기대하면서 어떤 행동을 하게 만드는 실적 지표를 분석한 논문을 발표한 적이 있다. 그의 논문 〈B를 바라며 A를 보상하는 어리석음(On the Folly of Rewarding A, While Hoping for B)〉을 보면 실적 지표와 관련한 상황이 아주 잘 드러나 있다.

전략은 왜 필요한가

관리자들의 행동을 결정하는 무시와 무관심 외에 또 다른 요인이 있다. 투자와 투자주기에 대한 그들의 믿음이다.

돈을 벌려면 먼저 돈을 지출해야 한다. 실제로 그렇다. 현재는 경제적 이윤이 마이너스일지라도 투자는 미래의 경제적 이윤을 낳기 위해 반드시 필요한 행위다. 다시 말하면 우리는 시간이 지나면서 오른쪽 하단에서 오른쪽 상단으로 옮겨가기 위한 계획을 갖고 있다. 실제로 대부분의 연간 보고서, 투자발표회, 신제품개발계획, 영업계획에서 이에 대한 믿음을 확인할 수 있다. 그리고 시장 선점을 위한 정책을 시행하거나, 프리미엄 가격(freemium pricing. 기본 서비스는 무료로 제공하고 추가 고급 기능에 대해서는 요금을 받는 것. 옮긴이)을 책정하거나 면도날 영업 전략(razor–and–blade sales approach. 가격 부담이 있는 제품을 원가 이하로 제공하고 이후에 연계 상품의 판매를 통해 이익을 창출하는 전략)을 추진한다. 이러한 전략은 먼저 기반을 구축하고 나중에 수익을 창출하려는 생각에 바탕을 둔다.

　지금까지 나는 자신의 계획이 수익을 창출하지 못할 것이기 때문에 그것을 포기해야 한다고 말하는 기업가나 관리자, 헤지펀드 매니저를 본 적이 없다. 그들은 영화 〈프로듀서(The Producers)〉(영화 속에서 뮤지컬 프로듀서 맥스는 한때는 잘나갔지만, 이후로는 만드는 작품마다 줄줄이 실패한다. 옮긴이)를 제외하면 그런 일이 일어나지 않는다고 생각하는 것 같다.

　여기서의 쟁점은 투자주기의 존재 여부가 아니다. 자금, 시간, 인력을 합리적으로 투입할 수 있는 계획과 돈을 까먹다가 3년이 지나서 갑작스러운 행운을 기대하는 계획을 구분하는 기준은 무엇인가가 쟁점이다. 이것이 계획을 발표하는 사람을 좋아하거나 파워포인트 자료가 근사한가의 문제가 되어서는 곤란하다(웃을 일이 아니다. 나는 이사회 임원으로도 일한 적이 있고 벤처캐피탈회사와 함께 일한 적도 있는데, 실제로 그런 일이 일어나기도 한다). 한 가지 기준은 오른쪽 상단으로 가기 위한 계획(주장이나 열정이 아니라) 그 자체여야 한다. 계획이 타당한가, 시장과 고객의 현실에 부합하는가, 다시 말해서 논리 정연한 전략인가를 살펴야 한다.

　인터넷회사를 생각해보자. 일반적인 사업모델은 인과관계를 알 수 없는 역학, 즉 양면성의 플랫폼을 기반으로 한다. 초기 영업 전략의 핵심은 사이트에 돈을 내고 광고를 게재하려는 사람이나 기업을 모집하기에 앞서 사이트를 무료로 사용할 사용자를 유치하는 것이다. 이 전략은 벤처기업의 현금흐름이 악화될 것임을 시사한다. 하지만 더 많은 사용자와 광고주를 유치하기 위한 고객 기반을 다지는 일이다. 인터넷붐이 일고 거품이 걷히는 동안 많은 기업들이 이 전략에 따라 수십 억 달러의 투자를 단행했다. 물론 우리는 그 결과를 잘 알고 있다. 경제의 기초적 조건을 무시하고 경쟁하는 시장의 여건을 다루는 후속 전략의 미흡으로 대부분 수포로 돌아갔다. 진입 장벽이 낮고, 대체제가 넘쳐나고, 사용자의 선택지가 많고, 구매자의 권력이 강한 상황을 충분히 고려하지 않은 탓이다. 그럼에도 불구하고 아마존이나 이베이를 비롯한 플랫폼기업들은 그 속에서 살아남아 지속적인 성장을 이룩했다.

가격 정책이 전략과 영업에 결정적인 역할을 했다. 초기 인터넷붐 이후 2012년 현재, 애플의 애플리케이션스토어를 들여다보면 최고의 흥행 실적을 올린 100대 모바일애플리케이션 중에서 거의 80%가 프리미엄 가격 정책을 추진했다(불과 2년 전에는 겨우 4%에 불과했다). 그것은 영업 전략의 일환으로서 흥미롭고 괜찮은 방식이었다. 디지털제품의 한계비용은 거의 제로에 가깝기 때문에 먼저 무료 서비스를 제공하여 사용자들을 확보하면 이후에 관성의 법칙과 전환비용이 효과를 발휘하면서 추가 데이터나 프리미엄 서비스에 대해 요금을 부과할 수 있다. 게다가 많은 사람들이 제품과 서비스를 무료로 판매하는 방법을 알고 있으며, 인터넷상에서 영업 조직의 영향력은 무시해도 될 정도다. 이런 방식이 드롭박스(Dropbox), 링크드인(LinkedIn), 스카이프(Skype) 같은 기업들에 정확하게 맞아떨어졌다고 볼 수 있다. 그런데 반대로 연필 1자루를 생산비도 안 되는 가격에 팔고는 판매량에 만족하는 듯 보이는 기업들도 의외로 많다. 왜 그럴까?

대체로 보면 사용자의 1~2%만 유료 서비스로 업그레이드한다. 따라서 전략을 입안할 때 이러한 표적시장(target market)의 규모를 감안하는 것이 중요하다. 1~2%의 고객이 경제적으로 의미를 가지고 고정비용과 규모에 따르는 비용을 뒷받침해줄 수 있는 수준에서 제품과 서비스를 제공해야 한다는 말이다. 무료 서비스를 선정하는 작업도 중요하다. 무료 서비스가 너무 많으면 업그레이드를 원하는 고객이 많지 않고, 무료 서비스가 너무 없으면 초기 수요를 충분히 창출하지 못한다. 다양한 제품라인도 필수다. 유료 고객은 항상 더 나은 서비스, 무료 서비스와 차별화된 서비스를 원한다. 고객의 주변 상황도 면밀히 살펴야 한다. 고객에게 중요한 사람이 서비스를 이용하기 때문에 고객도 그 서비스를 이용하는 경우가 많기 때문이다. 따라서 주변 사람들의 압력과 사회적 전환비용을 반영하여 영업 전략을 입안해야 한다. 이와 관련하여 참고할 만한 사실이 하나 있다. 한때 애플이 자신의 애플리케이션스토어에 10만 개 이상의 애플리케이션이 있다는 것을 자랑스럽게 밝힌 적이 있었다. 그러나 실제로 고객의 98% 이상은 인기가 별로 없는 99,000개의 애플리케이션에 별 관심을 보이지 않았다. 별로 알려지지 않은 사실이지만 말이다.

사업의 성공과 실패는 행운, 타이밍, 노력에만 달려 있는 것이 아니다. 그에 못지않게 중요한 게 전략이다. 일관성 있는 선택을 하게 만들고, 활용 가능한 자원을 효과적으로 할당하고, 일선 현장에서 커뮤니케이션을 효과적으로 하게 만들기 때문이다. 따라서 우리는 전략이 무엇이고, 전략이 아닌 것은 무엇인가를 필히 알아야 한다. 일관되게, 쉽게 전달할 수 있는 영업 전략을 입안하기 전에 염두에 두어야 할 사항을 인지하고 있어야 한다.

전략이 아닌 것은 무엇인가

전략은 경영 용어들 중에서도 대체 가능성이 가장 높은 것에 속한다. 많은 사람들이 저마다 전략이라는 용어를 다르게 사용한다. 심지어 같은 회사의 같은 문서에서 다르게 사용할 때도 있다. 결과적으로 그 의미가 축소되어 크고 위험하고 대담한 목표(Big, Hairy, Audacious Goals)나 저스트 인 타임(just-in-time) 방식의 의사결정 또는 대단한 역량에서 나오는 새롭고도 중요한 계획으로 이해되기도 한다.

경제학자 프리츠 매클럽(Fritz Machlup)이 '위즐워드(weasel word. 일부러 의미를 애매모호하게 하는 말. 옮긴이)'에 관한 글을 쓴 적이 있는데, 공약을 회피하기 위해 의지가 없는 상태를 숨기려는 표현으로 설명했다. 족제비(weasel)가 새의 알을 빨아먹듯 발언이 갖는 영향력을 없애는 것이다. 그는 경제학자들이 원인과 결과를 경험적으로 연결하는 대신 구조(structure)라는 단어를 즐겨 사용하거나 기업 경영회의에서 전략이라는 용어를 쓰는 것의 위험성을 지적한다. 사용하는 사람이 똑똑해 보이거나 리더처럼 보일 수 있지만, 정작 중요하고도 특별한 대상에 대해서는 혼란을 일으키기 때문이다. 이러한 현상이 나타나는 이유를 매클럽은 다음과 같이 이야기한다.

"경제학자가 노동이라는 단어를 사용할 때 출산 전의 고통스러운 근육 수축을 생각하는 사람은 아무도 없을 것이다. 마찬가지로 우리가 자본이라고 말할 때 경제학자는 그 의미를 정확하게 모를 수 있다. 하지만 연방정부나 주정부에서 일할 때는 혼란스러워하지 않을 것이다."

중첩된 의미로 사용되는 단어가 복잡한 현상의 서로 다른 측면을 설명하는 데 쓰일 때는 정확한 의도를 알기 위해 문맥을 따져봐야 한다(때로는 그렇게 해도 의도하는 바를 파악하지 못할 수도 있다). 글을 쓰거나 말을 하는 사람 또한 자신이 의도하는 바를 정확하게 진술해야 할 도덕적 의무가 있다. 나 역시 이런 의무에서 자유롭지 못하다. 그런 차원에서 전략이 아닌 것은 무엇인가부터 분명히 짚고 넘어가려고 한다.

전략은 (크든 작든, 위험하든 자명하든, 대담하든 소심하든) 목표, 열정, 비전이 아니다

물론 나는 짐 콜린스(Jim Collins)가 말하는 크고 위험하고 대담한 목표가 전략의 속성이고 위대한 기업으로 가는 출발점이라는 사실을 인정한다. 그가 자신의 저서에서 조직에 관해 훌륭한 이야기들을 많이 들려준 점도 높이 평가한다. 그러나 그는 지금 내가 제기하는 문제를 반영하기는 했지만, 더 이상 발전시키지는 않았다.

많은 기업들이 '시장에서 1~2위를 다툴 것이다' 또는 '업계에서 세계적인 리더가 된다', '주주들에게 엄청난 보상을 해줄 것이다'라는 식의 선언을 전략과 혼동한다. 이 같은 선언을 바탕으로 전략기획회의에서 장밋빛 전망을 내놓는다(나는 이를 반쯤 비어 있는 유리잔이 아니라 크고 위험하고 대담한 목표라고 부르고 싶다). 그런 다음 원탁의 기사가 등장하여 "1등을 잡기 위해 앞으로 나아가자"는 다짐을 한다. 조직에 동기부여가 될 것이고, 콜린스가 말했듯이 아이디어를 자극하는 데에도 도움이 될 것이다. 이렇듯 목표가 중요하다는 사실을 부정할 수는 없다(다음 장을 보라). 그러나 목표는 전략이 아니며, 일선 현장에 있는 사람들이 전략을 수행하는 데 필요한 스킬, 프로세스, 관계를 개선하는 데도 도움이 되지 않는다.

전략은 미션, 동기와도 다르다

미션과 동기는 기업이 존재하는 이유, 고객과 사회에 기여하는 가치, 그 가치의 중요성을 설명한다. 지금으로부터 40년 전, 케네스 앤드루스(Kenneth Andrews) 하버드 경영대학원 교수는 CEO는 좋든 나쁘든, 고객과 함께 그리고 고객을 초월하여, 사회에서 조직의 미션에 관한 '동기의 설계자(architect of purpose)'임을 강조했다. 분명한 동기가 전략의 기반을 제공하는 것은 사실이다. 하지만 동기와 전략을 혼동하면 전략 입안에 도움이 되지 않는다(기업의 웹사이트나 거기에 나오는 투자자 모집을 위한 공개 자료를 살펴보라). '위대한(great)' 기업 이야기가 나올 때마다 수반되는 핵심 동기에 관한 표현들을 보자.

> 3M : 해결되지 않은 문제를 혁신적으로 해결한다.
> 카길(Cargill) : 전 세계의 생활수준을 개선한다.
> 메리 케이(Mary Kay) : 여성에게 무한한 기회를 준다.
> 머크(Merck) : 인류의 삶을 보호하고 개선한다.
> 나이키(Nike) : 경쟁자를 무너뜨리는 승리의 기분을 맛본다.
> 월트디즈니(Walt Disney) : 인류를 행복하게 한다.

이처럼 고상한 표현들은 직원들에게 자신의 일에 대해 특별한 기분을 느끼게 해준다. 그렇지만 너무도 막연하다. 이 세상 어디에서 사업을 해야 하는가, 사업을 해서는 안 되는 곳은 어디인가, 사업을 하려는 곳에서 승리하려면 어떻게 접근해야 하는가와 관련한 내용을 담고 있는 전략에 비하면 쓸모가 없다. 3M의 동기에는 해결되지 않은 문제를 해결하기 위한 구체적인 내용이 없고, 인류의 생활수준을 개선해주는 요소로 카길의 동물사료만 있는 것도 아니다. 또한 월트디즈니의 자회사인 픽사(Pixar)가 만들어낸 도마뱀의 캐릭터 외에도 인류에게 행복을 전해주는 것들은 많다.

전략은 선택을 요구하지만, 동기는 기업의 역할과 가능성을 확장하는 것을 말한다. 이러한 기업의 동기는 변화하는 세상과 무관할 수 없다. 1930년대에 케인스는 정부 개입에 대한 생각이 바뀐 이유를 묻는 질문에 "사실이 변하면 생각도 변하는 법입니다. 이렇게 묻는 당신은 지금 어떤 일을 하세요?"라고 대답했다고 한다. 동기에만 매달리면 신념이 강한 사람이기보다 고집이 센 사람이 되기 쉽다. 사실이 그렇지 않은데도, 동기는 대마불사와도 같다는 믿음을 갖게 되는 것이다.

동기와 전략을 혼동하는 것은 회사나 개인에게 좋지 않다. P&G의 CEO 밥 맥도널드(Bob McDonald)는 자기 회사가 세상의 더 많은 소비자들에게 감동을 주고 그들의 삶을 개선시키기를 원한다고 말했다. 그러나 실적 부진으로 거의 6,000명의 직원들을 해고해야 하는 상황을 맞이하자 동기에 대한 아름다운 수사를 포기하고 자원을 어디에 어떻게 할당해야 하는가에 대한 전략적 결정을 내려야 했다. 바로 40가지의 국가/제품 조합에 집중하는 것이었다. 맥도널드는 전략과 동기의 차이를 뒤늦게 깨닫고 결국 2013년 CEO 자리에서 물러났다.

전략은 가치와 다르다

가치는 조직에 속한 사람들이 믿고 행동하는 방식을 정한 원칙을 말한다. 뒤에서 설명하겠지만, 가치는 영업부서와 그 밖의 부서 사이에 요구되는 '연대의 원칙(rules of engagement)'을 확립하는 데 도움을 준다. 또한 법의 준수를 넘어 윤리를 상기시켜주는 역할을 한다. 기업은 이러한 원칙을 기반으로 움직여야 하고, 이는 영업에서 특히 중요하다.

2014년 초까지 애플의 핵심 가치 중 하나는 세계에서 가장 소중한 기업이 되는 것이었다. 이러한 가치가 불과 10년 전만 해도 거의 죽은 것이나 다름없다고 여겨지던 기업을 소생시키는 힘으로 작용했다.

"우리는 우리가 위대한 제품을 만들기 위해 지구상에 존재한다는 것을 믿습니다. (…) 우리는 끊임없이 혁신에 집중할 것입니다. (…) 우리는 끊임없이 탁월함을 추구할 것입니다."

> 노드스트롬(Nordstrom) : 무엇보다도 고객을 위한 서비스 (…) 뛰어난 평판
> 디즈니(Disney) : 냉소주의를 버리고 창의성, 꿈, 상상력을 추구하라.
> 머크(Merck) : 모든 면에서 확실히 뛰어나라. (…) 과학에 기반한 혁신 (…) 정직과 신의
> 나이키(Nike) : 혁신은 우리의 본성이다. 단순하게 생각하고 앞으로 나아가라. 옳은 것을 추구하라.

우리는 성공한 기업이 외치는 가치를 즐겨 인용하지만 실패한 기업들의 가치는 외면한다. 그런데 엔론(Enron), 리먼브라더스(Lehman Brothers), 베어스턴스(Bear Stearns)처럼 지금은 사라졌거나 유명무실해진 기업들이 신봉하던 가치를 확인해보라. 위에서 예로 든 가치와 별반 다르지 않다. 그렇다면 어디에 문제가 있었던 것일까?

가치는 웹사이트나 포스터의 표현이나 CEO의 말이 아니라 실제 행동

에서 참된 의미를 갖는다. "싸게 사서 비싸게 팔라"는 말처럼 가치는 중요한 원칙이지만, 보다 중요한 것은 어디에서 사고, 어떻게 팔고, 언제 팔지 않을 것인가를 결정하는 일이다. 전략과 가치는 이렇게 다르다. 그럼에도 불구하고 관리자들은 "우리의 전략은 뛰어난 제품과 서비스를 제공하는 것입니다"라는 말을 반복하며 매출 신장을 기대하곤 한다. 마찬가지로 "지속적인 혁신"이나 "탁월한 서비스"를 외치지만 전략적 행동은 찾아보기 어렵다. 말로 그치는 말은 다보스회의나 토크쇼에서는 먹혀들지 몰라도 일선 현장에서는 전혀 아니다.

비즈니스 전략은 전쟁이나 교전 계획과 다르다

전략이라는 용어는 원래 고대 그리스어에서 나온 것으로, 군사를 지휘하는 장군이 주로 사용했다. 그래서인지 뛰어난 전략가들은 경쟁사에 대한 우위를 점하기 위해 비즈니스 전략을 교전 계획에 비유하기를 좋아한다. 그러나 비즈니스는 적을 무찌르는 전쟁이나 교전과는 달리 고객에게 가치를 제공하는 일이다. 다른 기업보다 더 낫거나 차별화된 제품과 서비스를 고객에게 제공하기 위한 일련의 영업 활동 또는 그 밖의 활동을 의미한다. 따라서 카이사르(Caesar), 나폴레옹(Napoleon), 손자(孫子), 로버트 에드워드 리(Robert Edward Lee) 같은 사람들에게서 비즈니스 전략에 대해 배울 것은 많지 않다. 단지 선택적으로 써먹어야 한다.

한니발(Hannibal)은 칸나에 전투에서 기병대를 이용하여 수적으로 우위에 있던 로마군의 측면을 공격함으로써 승리를 거두었다. 잘 알려진 이야기다. 그에 비해 로마 장군 파비우스 막시무스(Fabius Maximus)에 관한 이야기는 널리 알려져 있지 않다. 그는 한니발 부대와의 전면전을 피하고 지치게 만드는 방식으로 대응하면서 '굼뜬 사람'이라는 별명을 얻었지만, 결국 전쟁에서 승리를 거둔다. 그런가 하면 독일의 군사이론가 클라우제비츠(Clausewitz)는 "세부 계획은 아주 중요하다. 그러나 일단 총격전이 벌어지면 그 계획을 버려야 한다"고 말했다.

그러면 비즈니스를 전쟁에 비유해서 우리가 실제로 얻을 수 있는 것은 무엇일까? 흔히 발생하는 손실을 정당화하는 데 도움이 된다. 비즈니스의 세계는 불확실하다. 미국 배우 데이먼 런얀(Damon Runyan)이 말했듯이, "세상은 6대 4의 비율"로 돌아간다. 이런 세상에서 비즈니스를 워털루전투 당시의 나폴레옹이나 게티즈버그 전투 당시 리(Lee) 장군의 전술에 비유하여 군사적 지략이 뛰어난 장군들이 전쟁에서 패했을 때 "놀라운 결과가 생길 때까지 기다려보자"고 외치듯 전개하면 기업에서는 연구개발 예산이 2배가 된다. 오른쪽을 선택하면 생산력을 증진시킬 수 있고, 다른 쪽을 선택하면 세계화를 지향할 수 있을 것이다. 그러나 여기서 문제가 생긴다. 연구 결과에 따르면, 기업의 가장 큰 문제는 전략이 사업 단위의 계획을 단조롭게 편집한 결과라는 것이다. 사업 단위의 계획 역시 각 부서의 계획을 (통합한 것이 아니라) 편집한 것이다.

나는 이웃만큼이나 군대를 존중하지만 여기서는 비즈니스를 전쟁에 비유하는 일을 그만두자. 50년 전에 피터 드러커가 지적했듯이, 비즈니스의 목표는 어디까지나 고객을 창출하는 것이지 전쟁을 하자는 것이 아니기 때문이다.

영업과 관련하여 효과적인 전략은 교전 계획이 아니라 애팔래치안 트레일(Appalachian Trail)에 가깝다. 2,000마일에 달하는 이 도보여행 코스는 1921년 밴턴 매카이(Benton MacKaye)가 처음으로 제안하고 수천 명의 자원봉사자들이 힘을 보탠 덕분에 1937년 비로소 개방되었다. 온갖 숲들이 끝없이 펼쳐지고 겨울철의 눈보라와 봄철의 홍수를 그대로 경험할 수 있다. 지금은 개방할 당시의 원래 모습을 1%만 유지하고 있지만, 이 길을 찾는 사람이 매년 약 300만 명에 달한다고 한다.

환경은 변한다. 그러나 변하지 않는 것이 있다. 전략의 방향, 즉 어느 곳으로 가야 할 것인가에 대한 선택이다.

전략인 것은 무엇인가

경영진이 전략의 방향을 분명히 제시하고자 할 때 비즈니스 전략과 다른 것을 혼동하면 페드스피크(Fed-speak. 정책 당국자 특유의 무표정한 얼굴에서 나오는 애매모호한 어법. 옮긴이)의 무기력한 모습을 보일 수 있다. 미연방준비은행 이사장을 지낸 앨런 그린스펀(Alan Greenspan)은 왜 그런 일이 생기는지, 자신은 왜 그렇게 했는지에 대해 다음과 같이 설명한다.

"저는 연방준비은행 이사장을 지내면서 저의 견해를 발표할 때마다 금융시장에 대해 0.1%를 더하거나 뺐습니다. 그것은 아무런 도움이 되지 않았습니다. 그럼에도 불구하고 저는 의회에 출석하여 증언해야 했습니다. (…) 그리고 사람들은 제가 하는 말을 페드스피크라고 부르게 되었습니다. 저는 제 눈앞에 〈워싱턴 포스트(Washington Post)〉가 있다고 생각했습니다. 다음 날 아침 신문을 장식할 헤드라인을 떠올리며 저 자신을 기사의 한가운데로 밀어 넣었어요. 이해할 수 없는 애매모호한 방식으로 문장을 계속 채워 넣었죠. 하지만 제가 깊이 있는 식견을 내놓지 않아도 누구하나 이런 사실을 지적하지 않았습니다."

분명 그린스펀은 애매모호하고 이해할 수 없는 발언을 하는 데 대한 합당한 동기를 가지고 있었을 것이다. 그러나 경영진이 영업부서를 비롯하여 여러 부서의 직원들이 이해하고 행동으로 받아들일 만한 전략을 분명히 말해야 할 때 이런 발언은 도움이 되지 않는다.

　전략은 조직을 현재의 상황에서 바람직하면서도 본질적으로는 불확실한 미래의 상황으로 옮겨놓는 것을 말한다. 그것을 가능하게 하는 것은 분석과 실천이다. 분석을 통해 목표에 대한 일련의 가설(어디에서 어떻게 활동할 것인가, 이렇게 하는 것이 고객의 가치 제안, 영업 과제, 그 밖의 활동에 의미하는 바는 무엇인가)을 설정하고, 실천을 통해 서로 다른 부서의 사람들이 효과적인 영업 활동을 위해 통합된 노력을 기울이도록 해야 한다. 그 시작은 일관성 있는 전략에서 나오는 핵심적 선택을 공유하는 것이다.

Chapter 05

전략이 전파되게 하라

전략적 선택과 전달 방법

스콧 애덤스(Scott Adams)는 《사무용품을 훔쳐서 더 나은 삶을 추구하라(Build a Better Life by Stealing Office Supplies)》라는 멋진 제목의 만화책에서 딜버트라는 인물의 입을 통해 전략의 중요성을 일깨워준다(그림 5–1).

그림 5–1 전략의 중요성

출처 : 스콧 애덤스(Scott Adams), 1991, 《사무용품을 훔쳐서 더 나은 삶을 추구하라(Build a Better Life by Stealing Office Supplies)》

만화책에 나오는 독버트라는 인물은 첫 번째 장면에서 "모든 회사는 전략을 가져야 한다"고 말한다. 전략이 없으면 앞으로 가야 할 길이 보이지 않기 때문이다. 두 번째 장면에서는 전략이 없는 회사에서 전화벨이 울리는 상황이 나온다. 아마도 고객, 납품업자, 협력업체의 전화일 것이다. 그러나 관리자인 딜버트는 어찌할 바를 모른다. 회사에 전략이 없다 보니 "이런, 어떻게 해야 하지?"라고밖에 할 수 없는 것이다. 세 번째 장면은 전략을 수립한 후의 모습이다. 전화벨이 울리자 딜버트는 주저하지 않고 "아닙니다. 저희는 그렇게 하지 않습니다"라고 분명한 대답을 내놓는다.

딜버트의 대답처럼 전략은 '예'만큼이나 '아니오'에도 적용된다. "아니오"라고 답할 수 없다면 전략이 없는 것과 같다. 회의가 끝난 이후에 어떤 고객에게 서비스를 제공하지 말아야 하는지, 어떤 서비스를 제공하지 말아야 하는지, 어떤 영업 활동을 하지 말아야 하는지가 분명하지 않다면 그 회의는 전략회의가 아닐 가능성이 높다. "아니오"라고 말할 수 있는 분명한 기준을 공유하지 못하고 단순히 동기부여를 위한 회의로 끝난다면 회사에 전략이 없는 것이다.

전략 그리고 선택

비즈니스 전략은 어떤 기업이 시장에서 경쟁우위를 점하기 위한 선택에 관한 것이다. 그런 만큼 선택이 분명해야 한다. 그런데도 불분명한 선택들이 적지 않다. 비즈니스를 추진하는 과정에서, 프로젝트 단위로만 접근하는 과정에서, 전략적인 고려 없이 내려지는 수많은 결정 속에서 그러한 일들이 발생한다. 분명하지 않은 선택에는 자본 요청을 평가하기 위한 절사율(hurdle rate. 투자 프로젝트의 결정에 사용되는 최저의 필요투자이익률. 옮긴이), 자본비용을 계산하는 과정에서 위험과 보상에 대한 암묵적 가정, 그리고 연구개발이나 마케팅, 영업 계획을 추진할 때 제기되는 의문이 포함된다.

기업은 항상 보유한 시간, 인력, 자금으로 무엇을 생산하여 판매할 것인가, 무엇을 생산하지 말고 판매하지 말 것인가에 대한 선택을 하게 된다. 분명한 선택이 더 나은 결과를 낳는다. 단기적 이슈에 집중하는 것은 잘못이라고 할 수 없지만, 중요한 선택에서 명료성이 부족한 것은 잘못이다. 그러면 직원들이 마구잡이식의 일관성 없는 생각을 가질 수 있고, 결국 전략과 영업의 일치가 방향성을 상실하고 만다.

전략의 존재 이유는 조직 전체가 함께 논의하는 주제, 즉 고객의 가치 증진에서 경쟁사를 능가하는 역량을 확대하는 것이다. 따라서 전략은 차별성에서 뛰어나야 한다. 대형 소매점인 타깃(Target)은 월마트(Wal-Mart)보다 높은 가격으로 상품을 판매한다. 타깃의 회장은 "우리가 월마트가 파는 상품과 똑같은 상품을 판다면 월마트보다 더 많이 팔 수 없을 것"이라고 말한다. 이처럼 시장에서 승리하는 방식을 선택하여 전략적 차별성을 갖추지 못하면 그저 그런 기업으로 남을 뿐이다. 여러 부분에서 그럭저럭 해나갈 수 있을지는 몰라도 특정 부분에서 아주 잘나갈 수는 없을 것이다.

단계적 선택

중요한 전략적 선택은 기업 전체에 단계적으로 전파된다. 그림 5-2는 그 과정을 보여준다.

　먼저, 고객에게 제공하는 가치(고객 가치)와 고객으로부터 기대하는 가치(금전적 가치)와 관련한 목표를 정한다. 고객 가치의 제안은 성공적인 전략에서 항상 핵심에 위치한다. 그럼에도 불구하고 연구 결과는 리더 그룹의 약 75%가 이에 대한 합의에 이르지 못하는 현실을 보여준다. 그 이유는 고객 가치에 관한 최신 정보를 일선 현장인 영업·고객서비스·마케팅 부서에서 갖고 있는 반면에, 비용에 관한 정보는 구매·생산·재무·회계 부서에서 갖고 있기 때문이다. 정보가 공유되어 있지 않은 것이다. 게다가 가치 제안에 대한 합의만으로는 충분치 않고 고객으로부터 보상을 받아낼 수 있는 방식으로 고객에게 가치를 전달해야만 한다. 따라서 금전적 가치를 얻어내는 방법을 전략적으로 선택해야 한다.

그림 5-2　단계적 선택

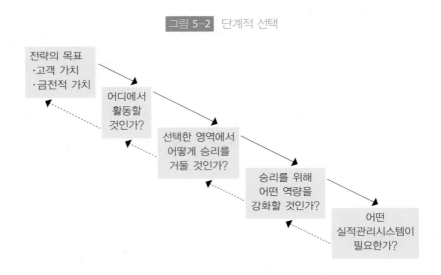

이어서 시장의 어느 곳을 공략할 것인가를 선택한다. 수익을 얻기 위해 어떤 고객, 어느 영역을 파고들 것인가를 결정하는 것이다. 이는 전략의 범위에 관한 문제다. 다음은 거기서 어떻게 승리할 것인가이다. 비즈니스에서 승리하려면 고객에게는 평균 이상의 가치를, 투자자에게는 평균 이상의 수익을 제공할 수 있어야 한다. 그것은 또한 시장에서 생존하고 비즈니스를 계속할 수 있는 기회를 갖는 길이기도 하다.

승리를 위해서는 영업을 비롯한 다른 부서에서 역량을 강화하기 위한 선택을 해야 한다. 뛰어난 역량을 위해 개발해야 하는 과제는 무엇이고, 그것을 어느 정도까지 개발해야 하는지를 구별해야 한다. 다시 말해서 잘해야 하지만 최고로 잘할 필요가 없는 것이 무엇인지 알아야 한다. 경쟁우위의 차원에서 접근할 문제라는 것이다. 일관성 있는 전략을 가진 기업은 모든 기능을 동등하게 취급하지 않는다. 더 중요한 기능에 더 많은 자원을 투입하여 역량을 강화한다.

실적관리는 전략을 수행하는 데 필요한 요소들을 적절히 유지하거나 재배치하기 위한 것이다. 실적관리 없이는 목표, 경쟁 영역과 방법, 역량 강화를 위한 선택이 불가능하다. 일선 현장에서 실적관리를 위한 선택의 핵심은 영업 활동을 조직하고, 영업의 효과를 평가하고, 채용과 인력 개발의 기준을 마련하고, 보상과 인센티브를 위한 평가 지표를 개발하는 것이다.

마지막으로, 그림 5-2를 보면 전략의 목표로 되돌아가는 점선이 표시되어 있는데, 이는 단계적 선택이 반복적인 과정임을 나타낸다. 경쟁 환경은 애팔래치안 트레일의 비와 바람 같은 것이다. 이에 적응하는 것이 당신의 의무다. 전략과 영업의 일치는 단 한 번의 결정이나 행동으로 이루어지지 않는다. 그것은 오랜 시간에 걸친 일련의 선택 과정을 통해 가능하게 된다.

다시 말하지만 위대한 기업을 만드는 것은 가치 제안에 대한 합의나 블루오션 기회 발굴 또는 연구개발, 엔지니어링, 마케팅, 영업, 소셜미디어의 역량 강화에 있지 않다. 방금 열거한 사항들이 조화를 이루게 하는 방법에 있다. 전략과 영업의 일치는 이러한 조화가 현재와 미래에도 적절하게 유지될 수 있도록 필요한 정보를 제공한다.

전략을 분명하게 표현하라

앞에서 말했듯이, 단계적 선택은 다양한 차원에서 이루어진다. 당신의 제품을 인식하고 관심을 가져줄 고객을 선정하고, 인력과 시간, 자금을 어디에 투입해야 하는지도 결정한다. 궁극적으로는 무엇이 우선하는 기회인지, 위협인지, 가치 있는 행동인지를 결정한다. 결국 비전, 미션, 동기보다 더 많은 것을 결정하게 된다. 따라서 전략에서 나오는 선택을 영업이나 다른 부서에서 일하는 사람들이 쉽게 이해하고 활용할 수 있도록 표현하는 것이 중요하다.

딜버트 만화가 시사하는 것처럼, 자신이 이해하지 못하는 계획을 실천하는 것은 아주 어려운 일이다. 한 연구 결과에 따르면, 일선 현장에서 이루어지는 우선순위에 대한 커뮤니케이션이 기업의 실적과 아주 높은 상관관계를 보이는 것으로 나타났다. 또 다른 연구에서는 직원들이 자신들의 일상적 선택이 기업 전체의 전략과 수익에 미치는 영향을 알아볼 수 있는 정보를 요구하는 것으로 밝혀졌다. 전략을 제대로 인식하기 위한 커뮤니케이션이 필요하고, '전략 지도'나 그 밖의 시각적 장치가 중요한 역할을 한다는 것을 알 수 있다. 그럼에도 불구하고 관리자들은 능동적이든 수동적이든 전략을 명료하게 표현하기를 꺼린다. 이와 관련하여 케네스 앤드루스 교수가 관리자들의 말을 인용하여 그들이 전략을 명료하게 표현하지 않는 몇 가지 이유를 제시했다.

경쟁사에 대한 우려

앤드루스가 제시한 첫 번째 이유는 보안상 전략을 비밀로 유지하는 것이 바람직하다는 생각이다. 경쟁사들에 대한 우려 때문이다. 그러나 성공한 기업의 전략은 널리 알려져 있다. 애플, 이케아, 나이키, 사우스웨스트항공의 경우만 봐도 성공 사례를 연구한 수많은 문헌들을 통해 전략이 비교적 소상히 공개되었다. 토요타의 경우에는 지난 수십 년간 외부 사람들의 공장 견학을 허가하여 그들이 최선의 생산 방법을 찾아내는 데 도움을 주었다. 생산 방법을 전략이라고 말할 수는 없지만, 토요타의 전략 또한 모두가 아는 사실이 되었다. 재미있는 점은 토요타의 공장을 둘러본 외부 사람들이 토요타의 생산 도구와 방법을 생산시스템 자체와 혼동한다는 것이다.

경쟁사에 관한 정보 입수가 어렵지 않은 상황에서 비밀 유지를 위해 전략을 밝히지 않는 것은 근시안적인 생각이다. 또 직원들이 회사의 전략을 알지 못해 일을 제대로 처리하지 못하는 것이 경쟁사에 전략이 알려지는 것보다 더 심각한 문제임을 감안하면 어리석은 생각이라고 할 수 있다.

점진주의와 직관

앤드루스는 "주어진 상황에 맞추어 그럭저럭 해나가려는 관리자들은 결코 전략을 분명하게 표현하지 않는다"고 지적했다. 전략이 아니라 상황이 허락하는 범위 안에서 조금씩 해나가는 것이다. 그러나 관리자는 직원들에게 어떤 업무가 왜 중요한지를 설명하는 동안에도 시장의 변화를 예의주시해야 한다. 그렇게 하지 않으면 로르샤흐 테스트(Rorschach Test. 스위스의 정신의학자 헤르만 로르샤흐Hermann Rorschach가 발표한 인격진단검사. 좌우 대칭의 잉크 얼룩이 있는 10장의 카드를 보여주면서 무엇처럼 보이는지, 무슨 생각이 나는지 등을 자유롭게 말하게 하여 피험자의 성격을 테스트한다. 옮긴이)에서처럼 직원들(특히 영업사원들)이 전략이 아닌, 자신의 생각과 방식대로 일을 처리할 것이다. 결과적으로 그럭저럭 해나가면서 프로세스를 뒤집어버리는 가상의 전략들에 이끌려 이런저런 행동을 하게 된다. 그리고 전략이 리더의 직관 안에 머물러 있는 경우가 있는데, 이렇게 되면 리더와 가까운 사람들만 알고 조직 전체에까지 미치지 않기 때문에 효과가 반감된다.

'우리는 전략을 알고 있고 분명하게 표현할 필요가 없다'는 믿음

앤드루스에 따르면, 어떤 관리자들은 "전략을 내면화한 기업은 그것이 무엇인지를 이야기할 필요를 느끼지 않는다"고 주장한다. 최근에는 성공의 비밀 처방으로 전략 대신 문화나 원칙을 거론하기도 한다. 물론 기업에서 문화와 원칙은 중요하다. 그러나 고객과의 상호작용을 위한 전략적 선택과는 거리가 있다. 분명하게 표현되지 않은 모호한 전략은 시장의 변화를 반영할 수 없다. 검증이나 경쟁이 안 되기 때문이다. 이와 관련하여 앤드루스는 다음과 같이 말했다.

"공허한 표현으로 분석의 부재를 감추는 것은 조용히 있는 것보다 더 나쁘다. 아무도 하지 않은 약속에 대한 환상을 실어나르기 때문이다. (…) 전략이 조직에 효과적으로 영향을 미치려면 분명하게 표현되어야 한다."

정보와 변화

정보의 흐름과 사업상의 변화가 매우 빨라 전략을 분명하게 표현할 필요가 없다는 주장도 있다. 그런데 실제로 얼마나 달라졌을까? '정보 과잉(information overload)'은 1970년에 출간된 앨빈 토플러(Alvin Toffler)의 책 《미래의 충격(Future Shock)》에서 기본 개념이었다. 조지프 슘페터(Joseph Schumpeter)가 강조한 '창조적 파괴'는 증기기관의 발명 이후 결실을 보기 위한 규범으로 작용해왔다. GM의 사장인 알프레드 슬론(Alfred Sloan) 등은 변화의 속도가 빠른 시대에는 조직 전체의 커뮤니케이션이 중요하다고 주장했다. 변화가 많으면 더 많은 변화가 일어나게 마련이다. 정보가 많아지면 정보를 분석하는 '빅데이터' 기법이 더 많아지는 법이다. 하지만 변한다는 사실 그 자체는 변하지 않는다. 변화에 대한 적응이 중요하지만, 전략을 표현할 필요가 없다는 주장이 조직에서 갖는 의미를 생각해볼 필요가 있다. 그것은 전략을 분명하게 표현하지 않기 위해 근거를 가지고 벌이는 논쟁인가, 아니면 자료를 구하는 데 게으르거나 전략적 선택을 원치 않는 사람들이 즐겨 쓰는 표현인가? 알고 보면 전략을 분명하게 표현하지 않은 기업들은 빠른 변화에 적응하는 데도 성공하지 못했다. 19세기에 웨스턴 유니온(Western Union)이 그랬고, 21세기에는 새로운 기술과 비즈니스모델에 의해 커다란 타격을 받은 기업들이 그랬다.

전략적 선택은 임원들끼리만 알고 소통하거나 직원들까지도 그렇게 하거나에 관계없이 중요하다. 전략적 선택을 하지 않으면 결국 당신의 경쟁사나 고객이 당신을 대신하여 전략적 선택을 하게 될 것이다. 그들이 당신회사를 위해 움직여야 할 의무는 없으니까 말이다.

전략을 표현하는 목표, 범위, 경쟁우위

나의 동료인 데이비드 콜리스(David Collis)와 지금은 고인이 된 마이클 럭스타드(Michael Rukstad)는 전략을 분명하게 표현할 수 있는 유용한 방법을 제시했다. 그들은 목표, 범위, 경쟁우위라는 3가지 요소를 구체적으로 서술할 것을 강조했다. 이를 통해 관리자들은 제품의 포지셔닝(market positioning. 어떤 제품이 소비자의 마음에 인식되고 있는 모습. 옮긴이)을 분명히 할 수 있고 해당 전략에 따르는 실행 과제를 명시할 수 있다. 특히 전략의 방향을 현장으로 전달할 때 유용하다.

목표

목표는 전략이 성취하고자 하는 최종 결과를 의미한다. 이것은 양적으로 표시될 수도 있고 질적으로 표시될 수도 있다. 또 일정 기간 동안 가능한 결과 중에서 선택될 수도 있다. 예를 들면 기업의 수익성이나 시장점유율, 병원에서는 환자의 만족이 될 수 있다. 페더럴익스프레스(Federal Express)의 설립자 프레드 스미스(Fred Smith)는 언젠가 이런 말을 했다.

"모든 성공 기업은 내부적으로 비즈니스 이론(일련의 기본 목표)을 가지고 있다. (…) 이것이 직원들에게 일을 하는 근거를 제시한다. 직원들은 이

안에서 일을 하면서 우리가 그들에게 무엇을 하기를 원하는가, 우선순위를 어디에 두어야 하는가에 대한 아이디어를 얻는다."

만일 목표가 여럿이라면 우선순위를 분명하게 정해주어야 한다. 목표의 선택과 재정의가 조직에 큰 영향을 미치기 때문이다. 주요 목표가 수익이 아닌 시장점유율이라면, 프리미엄 서비스가 아닌 생산 규모와 처리량이라면, 그에 따른 결과가 조직 전체(특히 영업부서)로 퍼져나간다. 시장점유율 증가에 목표를 둔 전략을 추진한다고 가정하자. 이를 위해 설계한 영업 프로그램의 경우 대개는 대량 구매에 따른 할인과 애플리케이션 기술 지원, 주문 설계 서비스, 신속한 배송 업무를 지원하도록 짜여 있다. 문제는 비용인데, 결국 마진에 마이너스 영향을 미치게 된다. 때로는 판매량 증가가 영업이익의 감소를 상쇄하지 못하여 영업부서를 재편하거나 전략 자체를 변경해야 할 필요성이 제기되기도 한다. 그러나 일선 현장을 향해 전략을 분명하게 표현하려면 목표가 무엇인가에 대한 대답으로 시작해야 한다.

범위

범위는 전략이 실행되는 곳을 의미한다. 다시 말하지만 선택할 수 있는 범위는 시장 분할, 지리적 시장, 제품과 서비스 카테고리 등 여러 차원이 있다. 그중에서 선택을 해야 한다. 가장 어렵고도 중요한 차원은 6장에서 설명할 고객 선택이다.

범위를 결정하는 일을 영업부서로 넘기려고 해서는 안 된다. 영업부서에는 범위를 제대로 결정하는 데 필수적인 준거 기준(frame of reference)이 결여되어 있는 경우가 많다. 그래서 영업사원들이 그때그때의 상황이나 고객의 요구에 쉽게 "예"라고 답하게 된다. 계약을 체결할 때 사용하는 약관을 영업부서가 아닌 다른 부서에서 취급하는 기업들도 상당수다. 연구 결과에 따르면, 기업이 궁지에 몰리고 전략이 실패하는 주된 원인은 '집중의 상실'이다. 영업에만 집중하게 되면 고객이 분할되고 서비스가 증가하며, 비용이 상승하고, 범위 결정이 무의미해진다.

범위를 결정할 때는 현재의 전략에서 넘지 말아야 할 경계부터 정해야 한다. 고객, 제품, 서비스 등의 유형을 한정해야 한다. 이렇게 하면 고객, 경쟁사, 공급업자, 신기술을 비롯한 시장 요인들이 시간, 인력, 자본을 경쟁적으로 요구하는 상태에서 불가피한 상충관계를 논의하고 처리하기 위한 기준을 마련할 수 있다. 다음의 사례를 보자.

전에 어떤 의료장비 제조회사와 함께 일한 적이 있었다. 한 사업부가 일을 제대로 수행하지 못하고 있었고, 매출과 수익이 감소하면서 공장 가동률은 60%를 밑돌았고, 가격 인하 압박이 날로 커지고 있었다. 그런데 최소의 자본 투자로 공장을 가동하여 늘어나는 레저 활동에 맞는 서바이벌게임장비를 생산할 수도 있었다. 회사는 그것을 생산해야 할까? 참고로 당시에 서바이벌게임장비 시장은 무주공산인 상태에서 빠른 속도로 커지고 있었고 마진도 의료장비보다 30%나 더 높을 것으로 추정되었다. 여기에 유통과 브랜드에 해박한 관리자들이 동조하고 나섰다. 그들은 다른 상표를 부착해서 대행사를 통해 서바이벌게임장비를 유통할 것을 제안했다. 그렇게 하면 현재의 유통채널뿐만 아니라 회사와 브랜드에 대한 고객들의 인식에 별 영향을 주지 않으면서 활로를 개척할 수 있다는 것이었다. 과연 그들의 생각대로 일이 진행되었을까?

이사회는 처음에 양분되었다가 결국 표결에 부쳐 포기하는 쪽으로 결론을 냈다. 물론 이유가 있었다. 그것은 범위를 재정의하는 것의 위험성이었다. 서바이벌게임장비의 생산을 지지했던 사람들이 가정한 대로 상황이 전개된다 해도, 그 시장은 의료장비 시장과는 달리 새로운 제품의 등장이나 유행에 민감하다. 그리고 주인이 없고 마진이 높은 시장에는 경쟁자들이 금세 몰려들어 경쟁이 심화된다. 이런 변수들을 다룰 만한 경험이나 능력을 가진 부서도 없다. 또한 범위가 확대되면서 서바이벌게임장비 시장에 많은 시간과 인력, 자금을 투입하다 보면 의료장비 시장에서 발생하는 문제를 처리할 자원이 부족해진다.

이처럼 범위 결정 문제는 모든 기업에서 끊임없이 나타난다. 침체기에도 그렇다. 2011년 3월 어떤 기관에서 북아메리카, 유럽, 아시아의 관리자 400명을 대상으로 조사를 실시한 적이 있었다. 당시는 아직 대침체(Great Recession)의 여파가 가시지 않은 상태였고 유럽연합(EU)이나 중국 경제의 지속적 성장, 세계 금융시장에 대한 두려움이 고조되던 시기였다. 이처럼 어려운 시기에도 응답자의 15%만이 기업의 성장은 매력적인 기회가 부족하여 제한받는다고 대답했다. 물론 영업부서가 택할 수 있는 기회는 항상 있을 것이다. 그러나 시장에서의 성공이나 경험이 들려주는 이야기는 전략에서 "아니오"가 아주 중요하다는 것이다.

신생 기업이나 중소기업은 범위를 정확하게 지킴으로써 성공을 거둔다. 그들은 특정 고객이나 상품에만 집중한다. 뮤추얼펀드회사인 뱅가드(Vanguard)는 전략을 분명하게 표현하기 위한 원칙으로 범위 선택을 꼽았다. 뱅가드의 CEO가 이런 말을 한 적이 있다.

"우리는 우리 상품의 확산을 위해 돈을 쓰지는 않을 것입니다."

또 다음과 같이 말하기도 했다.

"이런 선택이 결과적으로 무엇을 하지 않을 것인가에 대한 어려운 결정을 하는 데 도움이 됩니다. 때로는 '아니오'라고 말하는 것이 가장 중요한 선택일 수 있습니다."

오래전에 스티브 잡스도 자신이 기업가의 길을 가면서 배웠던 가장 큰 교훈을 말해달라는 요청에 이렇게 답했다.

"집중력이란 100가지의 좋은 아이디어에 '아니오'라고 대답하는 것을 의미합니다. 당신은 신중하게 선별해야 합니다. 사실 저는 우리가 하지 않은 것을 우리가 한 것만큼이나 자랑스럽게 생각합니다."

경쟁우위

경쟁우위는 기업이 경쟁하는 분야에서 가장 높은 가치를 전달하기 위해 다른 기업보다 더욱 뛰어나게 하는 것을 의미한다. 그것은 2가지 요소로 나누어볼 수 있다. 외부고객을 대상으로 하는 가치 제안과 이를 지원하는 내부 활동이다.

옛날부터 전해오는 금언에 따르면, '고객이 발길을 돌리면 웬만해서는 그들을 되돌아오게 할 수 없다.' 이러한 고객에게 가치를 제안하기 위해 기업들은 적절한 유형에 관한 조언을 수시로 구한다. 가격, 품질, 서비스, 속도, 혁신 등을 포함하여 고객을 유치하는 방법은 다양하기 때문이다. 그러나 전략을 이야기할 때의 경쟁우위는 무엇에 무게중심을 두는가의 문제다. 라이언에어(Ryanair)나 월마트처럼 저비용 구조를 바탕으로 경쟁할 것인지, 아니면 싱가포르항공이나 노드스트롬처럼 타깃고객에게 높은 가격을 지불하도록 유인하는 방식으로 경쟁할 것인지를 선택해야 한다. 그 선택에 따라 자원을 조정하고 할당하여 경쟁우위를 확보해야 한다.

제약회사 화이자(Pfizer)는 일반 대중을 타깃으로 잡고 고지혈증 치료제 리피토(Lipitor)를 개발하여 엄청난 판매고를 올렸다. 그에 반해 레너드 벨 (Leonard Bell)이 설립한 알렉시온(Alexion)은 솔리리스(Soliris)라는 약품만을 판매한다. 이 약품은 전 세계적으로 2만 명만 앓고 있는 발작성야간혈색뇨증(PHN) 치료제로, 최고가의 약으로 통한다. 환자 1명이 연간 약값으로 지불하는 돈이 40만 달러에 이른다고 한다. 알렉시온은 2007년 매출 2,500만 달러에서 2013년에는 거의 10억 달러의 매출을 기록했으며, 회사의 시가총액은 180억 달러에 이르렀다.

높은 가격에 판매한다

이런 형태의 경쟁우위를 가진 회사라면 고객이 원하는 가치를 충분히 제공하고 있다고 볼 수 있다. 고객 또한 높은 가격을 지불하는 게 당연하다는 믿음을 보인다. 그러나 이와 같은 방식으로 꾸준한 경쟁우위를 확보하려면 다음과 같은 함정에 주의해야 한다.

- 의미가 없거나 잘못된 차별화 : 탁월함이 고객에게 중요하지 않거나 탁월함에 대한 잘못된 전제에 기반하는 경우
- 수익으로 직결되지 않거나 눈에 띄지 않는 차별화 : 고객이 더 나은 기능에 대해 더 높은 가격을 지불하지 않거나 그런 차이를 인식하지 못하는 경우
- 지속될 수 없는 차별화 : 제품의 특징이나 서비스의 구성 요소가 쉽게 모방되는 경우

낮은 비용으로 만든다

경쟁사들이 따라올 수 없는 가격으로 수익을 올리는 경쟁우위 방식이다. 많은 기업들이 경쟁에서 승리하기 위해 취하는 방식이기도 하다. 그러나 현실을 보면 소수의 기업들만 지속 가능한 비용우위를 갖고 있다. 이러한 비용우위가 진정한 경쟁우위로 이어지려면 다음과 같은 함정을 피해야 한다.

- 가격 전쟁 : 가격 전쟁이 일어나면 비용우위는 사라진다. 그러면 어떤 기업도 수익을 올릴 수 없게 된다.
- 대체재 : 현재의 경쟁사에 대해서는 계속해서 비용우위를 누릴 수 있을지 몰라도, 고객이 이용할 수 있는 대체재에 대해서는 그렇게 할 수 없다.
- 비용 감축과 최저 비용 : 비용을 감축해도 당신 회사의 비용이 경쟁사보다 더 낮다고 단언할 수는 없다. 그리고 어떠한 시장에서도 최저 비용에 생산하는 회사는 하나뿐이다. 이처럼 비용과 관련한 서로 다른 입장을 혼동해서는 안 된다.

아래의 배열에서 당신 회사는 어디에 위치하고 있는가? 다른 사람들도 당신 생각에 동의하는가? 영업부서에서도 이 사실을 잘 알고 있는가?

1	2	3	4	5	6	7

낮은 비용으로 제작　　　　　　　　　　　　　　　　　　　높은 가격에 판매

경쟁우위에 관한 사실을 전사적으로 분명히 알려야 한다. 그렇지 않으면 여러 가지 문제에 부딪힌다. 외부적으로는 누군가가 가격이나 비용 경쟁에서 당신을 쓰러뜨리거나 해당 고객층에 대해 당신보다 더 많이 파악하여 그들이 요구하는 제품 성능이나 구매 기준을 더 잘 충족시키도록 생산과 영업 활동을 전개할 수 있다. 내부적으로는 경쟁우위에 대한 분명한 기준이 없어 인사 문제와 관련한 논란이 생길 수 있다. 오전에 고급 서비스를 판매하고 오후에 회사에 손실을 초래하는 일이 벌어지게 해서는 안 된다. 그런 식으로 해서는 되는 일이 없다.

전략 선언에서 영업 활동으로

목표, 범위, 경쟁우위에 근거한 전략적 접근 방식은 직원들이 회사의 선택을 이해하고, 이를 시장에서 검증하여 피드백을 제공하고, 그림 5-3에 나오는 것처럼 효과적인 영업 활동을 전개할 수 있게 해준다.

영업사원들은 목표와 경쟁우위에 입각하여 다양한 고객과 영업 과제를 상대한다. 또한 가치 제안을 전달하기 위한 다른 실적관리시스템을 요구한다. 그래서 회사 내부적으로 전략의 목표에 맞게 효과적으로 영업할 수 있게 해주는 교차기능적인 활동이 필요하며, 이를 뒷받침할 수 있는 시스템을 갖춰야 한다. 다른 한편으로 전략에서 도출된 가치 제안을 분명히 표현해야 한다. 그래야 영업사원들이 명확성을 가지고 영업 활동에 집중하고, 고객의 요구를 충족시키고, 전략에 맞게 자원을 할당할 수 있다(이에 대해서는 7장에서 자세히 다룰 것이다).

전략에 따라 고객과 기회 선택을 분명히 표현하면 일선 현장의 관리자

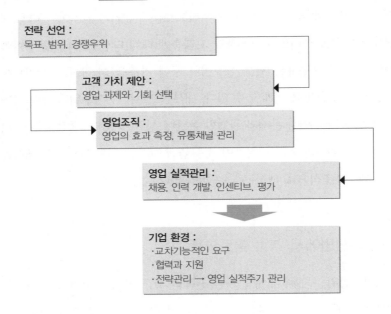

그림 5-3 전략 선언에서 영업 활동으로

전략 선언 :
목표, 범위, 경쟁우위

고객 가치 제안 :
영업 과제와 기회 선택

영업조직 :
영업의 효과 측정, 유통채널 관리

영업 실적관리 :
채용, 인력 개발, 인센티브, 평가

기업 환경 :
·교차기능적인 요구
·협력과 지원
·전략관리 → 영업 실적주기 관리

들이 영업조직을 더욱 효율적으로 편제하고, 고객 영입과 유지 부문에서 영업부서의 역할을 명확히 설명하고, 영업의 효과를 측정하기 위한 적절한 지표를 정하는 데 도움이 된다. 또한 영업채널 파트너와 더불어 자원을 효과적으로 활용하는 방법을 공유하고, 영업 파이프라인 관리(sales pipeline management)에 적합한 신기술을 수용하는 데도 기여한다. 이 밖에도 채용, 인력 개발, 보상시스템, 실적관리를 위한 적절한 지침으로 작용한다(이에 대해서는 8~10장에서 자세히 다룰 것이다).

현장에서의 실적관리는 영업 생산성을 높이는 데는 물론 조직의 구성원들이 효과적인 영업 활동에 필요한 협력의 종류를 이해하는 데 도움이 된다. 결과적으로 경영진과 영업 현장 모두가 전략주기와 영업 실적의 관리에 도움을 받게 된다(이에 대해서는 11장과 12장에서 자세히 다룰 것이다).

당신도 경험을 통해 알고 있겠지만, 정확하게 표현된 전략이라도 제대로 이행되지 않는 경우가 태반이다. 정성 들여 만든 배너가 사무실 벽면만 차지하고 있는 경우도 적지 않다. 하지만 전략의 실행은 하나의 프로세스이지 한 번에 끝나는 거래가 아니다.

또 하나 밝혀두고 싶은 것이 있다. 직원들이 무엇을 잘하건 간에 사람의 마음을 정확히 읽지는 못한다는 사실이다. 그것이 가능하려면 확실한 표현과 상호 커뮤니케이션이 있어야 한다. 전략도 그렇다. 분명하고도 간결하게 표현해야 직원들이 전략을 이해하고 실행의 기준으로 삼을 수 있다. 다음 장에서는 전략을 실행으로 이어주는 프로세스의 핵심이라 할 수 있는 영업 과제에 대해 알아볼 것이다.

저쪽에서는 되는데
이쪽에서는 안 된다?

영업 과제와 전략의 관계

'영원사원은 무엇을 하는 사람인가? 영업을 잘하기 위해 갖추어야 할 요건은 무엇인가?'

여러 세대에 걸쳐 연구자와 관리자들이 이런 질문을 했다. 하지만 유능한 영업사원의 일반적 특징을 찾으려는 노력은 코믹하고 결론 없는 상태를 왔다 갔다 했다. 이제는 그 이유를 이해하는 것이 중요하다. 또한 일관성 있는 전략에서 나오는 선택을 어떻게 고객 선별과 기회관리를 위한 기준으로 전환하며, 이러한 전환이 영업 과제와 영업을 잘하기 위한 요건에 어떻게 영향을 미치는지를 이해하는 것도 중요하다.

효과적인 영업에 관한 연구 결과가
말해주는 것과 말해주지 않는 것

영업에 관한 연구는 오랫동안 개인의 성격과 실적의 관계를 밝히는 데만 집중해왔다. 20세기에는 '정신 각성도 테스트'가 이러한 관계를 밝히는 도구로 널리 인정받았다. 1916년 카네기기술연구소(Carnegie Institute of Technology, 지금은 카네기멜론대학교Carnegie Mellon University가 되었다)는 영업사원에 대한 심리검사 기법을 개발할 목적으로 영업기법연구국을 설립하기도 했다. 한편으로 심리학자들은 고객이 영업사원의 말을 들을 때 그들의 뇌 속 신경세포에서 일어나는 변화를 설명하려고 했다.

이 두 방향의 연구는 20세기 내내 계속되었다. 한 예로 행동주의심리학을 창시한 존 왓슨(John Watson)은 광고회사인 월터톰프슨(J. Walter Thompson)에 들어가려고 학계를 떠나기도 했다. 그가 처음 맡은 업무는 영업이었고, 그다음에는 메이시스(Macy's)백화점의 점원으로 지내기도 했다. 이러한 연구의 뒤를 이어 구매 행위가 이성이나 논리가 아닌, 편도체에서 일어나는 반응에 근거한다는 결과를 발표한 학자도 있다. 두개골의 형상으로 인간의 성격과 영업 능력을 추정하는 골상학도 수십 년간 영향을 미쳤다. 1916년 7월, 디트로이트에 세계영업인대회에 3,000명이 넘는 사람들이 모였을 때 우드로 윌슨(Woodrow Wilson) 미국 대통령이 기조연설을 하고 나서 저명한 골상학자 그랜트 네이블로(Grant Nablo)가 나와 이마가 넓은 사람(상상력이 뛰어난 사람)을 뽑고 뒤통수가 평평한 사람(일을 빨리 시작하고는 늦게 끝내는 사람)은 뽑지 말라는 이야기를 전했다. "주변을 살펴보세요. 머리가 그렇게 생긴 사람이 있을 것입니다"라고 하면서 말이다. 지금도 이와 유사한 연구들을 어렵지 않게 만날 수 있다. 보편화된 평가시험, 거의 모든 상황에 적용된다고 말해지는 영업 유형(골상학자가 어리석었던 것일까?), 구매와 판매의 법칙을 설명하는 브레인스캔(brain-scan), 뉴로마케팅(neuro-marketing) 등을 말이다. 《세일즈맨의 탄생(Birth of a Salesman)》을 쓴 월터 프리드먼(Walter Friedman)은 이렇게 말한다.

"영업에 필요한 요소를 파악하기 위한 골상학자와 관상학자의 연구는 그들의 과학이 신빙성을 잃고 나서도 계속되었다. (…) 무엇보다도 그들은 영업에 적용 가능한 법칙을 찾으려는 강한 욕구를 드러냈다."

영업의 법칙에 대한 탐구는 더 신중하고 덜 유행하는 연구로 지속되었다. 감정에 호소하는 적극적인 영업 방식과 합리적으로 호소하는 부드러운 영업 방식, 준비된 발표와 즉흥적인 발표, 제품을 우선하는 영업 방식(제품의 특징에 집중)과 개인의 성향을 우선하는 영업 방식(미래의 고객에게 자기 자신을 호소)의 효과를 비교하는가 하면, 개인의 성향(고집이 세거나 사교적인 성향 등), 개인의 배경(연령, 교육 수준, 영업 경력 등), 개인의 자질(감성 지능 등)과 영업 실적의 상관관계를 연구하기도 했다. 이러한 연구 결과들을 두고 최근에 어느 비평가는 다음과 같이 지적했다.

"이 연구 결과는 영업사원의 실적에서 나타나는 큰 격차를 설명할 만한 행동 성향이나 적성을 찾아내지 못했다. 게다가 연구 결과에 일관성이 없고, 때로는 모순되기도 한다."

그렇다면 위와 같은 연구들에서 취할 수 있는 것은 무엇일까?

첫째, 연구 결론이 온전하지 않다는 것이 연결고리가 없음을 뜻하지는 않는다는 것이다. 영업 상황에 따라서는 개인적 성향이 결정적으로 작용하기도 하고, 잘못 뽑은 사람을 뛰어난 실적을 올리는 사람으로 훈련하고 동기부여하기가 어려운 것도 사실이다. 경험 많은 관리자들이 판매로 이어지게 만드는 것은 무엇인가에 대해 "척 보면 압니다"라고 말하는 것에도 일리가 있다.

둘째, 일관성이 부족한 결과는 보편적인 영업 법칙에 대한 연구가 잘못되었다는 사실을 말해준다는 것이다. 영업은 많은 상황들에 의존하므로 그러한 맥락들을 포함시켜 이른바 '상황적응적 접근(contingency approach)' 방식으로 분석할 필요가 있다. 그런 면에서 우리는 기존의 연구가 뛰어난 영업사원에 대한 정형화(성격이 활달하고 화젯거리가 풍부하여 사교성이 좋은 사람)로 틀에 박히고 형식적이고 지나치게 단순화한 관념 또는 이미지를 형성하여 실제 상황을 이해하기 어렵게 만들었다는 사실을 알 수 있다.

훌륭한 영업사원을 만드는 것에 대한 의견과 이야기들은 계속해서 나오고 있다. 하지만 사람들은 이를 보이스카우트 수첩에 나오는 내용같이 여긴다. 겸손, 성실, 성취 지향, 호기심, 용기 등 일반화된 특징들을 표현한 단어들을 보면서 기껏해야 사람은 자신이 좋아하는 사람과 함께 비즈니스를 하려는 경향이 있다는 정도의 생각만 떠올릴 뿐이다. 영업을 교육하는 사람들이 말하는 대로 현실과 맞지 않기 때문이다. 심지어 최악의 경우에는 옛날부터 내려오는 영업사원에 대한 냉소적 인식, 즉 영업사원들은 사람을 오랫동안 붙잡아두고 결국에는 돈을 뽑아내는 일을 하는 사람이라는 생각까지 한다.

여기서 〈아이엔시매거진(Inc. Magazine)〉에 소개된 '역사상 최고의 10대 영업인'의 면면을 살펴보자.

- 우선 데일 카네기(Dale Carnegie). 그는 영업은 효과적인 커뮤니케이션, 팀의 활력, 일과 인생의 균형을 요한다고 믿었다. 반면에 또 다

른 10대 영업인 중 한 사람으로 내셔널 캐시 레지스터사(National Cash Register Company)의 설립자이자 CEO인 존 패터슨(John H. Patterson)은 이상하리만치 엄격한 관리자로 알려졌다. 내부금융(internal financing. 외부로부터의 자금 조달이 아닌 자체적인 영업 활동으로 자금을 일으키는 것. 옮긴이)에 의존하는 가족기업에서 패터슨의 영업관리시스템은 상당히 까다로웠을 뿐만 아니라, 레버리지 보상시스템에 따라 일을 하는 영업사원들은 고객들로부터 수금이 제때 이루어지도록 모든 책임을 져야 했다.

- 전설적인 광고인 데이비드 오길비(David Ogilvy). 영업과 관련하여 그는 "다른 주제를 가지고 대화를 나누라. 잠재고객과 함께 있는 시간이 길수록 그에 대해 더 많은 것을 알게 되고 그에게 신뢰를 줄 수 있다"는 흥미로운 말을 전한다. 그에 반해 2차 세계대전 직후 자동차 판매왕으로 떠오른 조 지라드(Joe Girard)는 "영업은 평균의 법칙에 따라 움직인다"는 믿음을 가지고 일종의 영업 파이프라인 관리를 설파하며 이를 실천에 옮겼다. 그가 전하는 말은 고객이 될 것 같지 않은 사람에게는 시간을 허비하지 말라는 것이었다. 서로 다른 두 영업인의 말은 광고를 발주하는 기업의 관리자와 자동차를 구매하는 사람의 차이를 생각하게 한다.

- 베지 오 매틱(Veg-O-Matic), 미스터 마이크로폰(Mr. Microphone), 포켓 피셔맨(Pocket Fisherman) 같은 제품들을 속사포처럼 설명하면서 바이-나우 인포머셜(buy-now infomercial, 해설적 정보광고)이라는 새로운 분야를 개척한 론 포페일(Ron Popeil)은 영업은 발명가와 행상인의 역할을 모두 수행할 수 있는 사람을 요구한다고 믿었다. 그러나 평

생 동안 스타인웨이(Steinway) 피아노를 4,000만 달러어치 이상 판매했던 에리카 파이드너(Erica Feidner) 같은 사람도 있었다. 그녀의 고객 중 한 사람인 저널리스트 제임스 스튜어트(James B. Stewart)는 〈뉴요커(The New Yorker)〉에 파이드너의 프로필을 소개하면서 "파이드너의 고객들이 그녀의 능력을 두고 자연의 힘이라고 했던 것은 전혀 이상한 일이 아니다. 이는 그들이 피아노를 구매해야 한다는 압박을 받아서가 아니라 그녀를 만나고 나면 자신들이 전혀 깨닫지 못했던 음악적 열정에 이끌렸기 때문이다. 그 열정이 고가인 데다 공간마저 차지하는 피아노를 꼭 구매하고 싶은 마음이 들도록 만들었다"고 썼다.

- 테크놀로지 판매의 대가 래리 엘리슨(Larry Ellison). 그가 활동하는 무대는 승리를 거두면 장기에 걸친 소프트웨어 계약을 체결하고 특허권 사용료를 받을 수 있는 곳이고, 패배하면 그 고객과는 오랫동안 관계를 맺지 못하는 곳이다. 이런 상황에서는 공격적인 영업을 해야 한다. 그리고 화장품회사 창업주 메리 케이 애시(Mary Kay Ash)가 등장한다. 그녀는 영업사원들을 상대로 가시적인 인센티브(핑크 캐딜락 제공)와 내적 보상을 제공하고, (업적을 내기 위한 판로가 막혀 있을 때) 업적에 대한 축하행사를 지속적으로 개최하고, 그들이 사회적 네트워크가 지닌 힘을 이용하는 데 집중했다. 아마도 당신은 친구의 거실에 있을 때 또는 친구의 친구에게 제품을 팔 때 지나치게 공격적인 모습을 보여서는 안 될 것이다.

- 마지막으로 세일즈 트레이너이자 동기부여 강사인 지그 지글러(Zig Ziglar). 그는 모든 영업사원에게 평생 자기계발에 힘쓰고, 목표와 할당을 정할 때는 최대한 빠른 판단으로 초과 달성할 수 있게 해야 한

다고 말했다. 여기서 우리는 행동경제학자들이 관심을 가질 만한 문제를 생각해볼 수 있다. 바로 '왜 관리자는 낮은 판매 예측치를 내놓은 사람을 영업회의에 초대하는가?'이다.

모든 성격에 영업적 재능이 들어 있다. 이는 모든 영업 상황에 들어맞는 단 한 가지의 성격은 없다는 뜻이기도 하다. 영업적 재능은 상황에 따라 달리 발휘된다. 엘리슨이나 패터슨의 공격적 말투, 파이드너의 섬세한 조화, 포페일의 적극적 영업 방식, 메리 케이 애시의 사교적 영업 방식에 이르기까지 다양하다. 필립 델브스 브러턴(Philip Delves Broughton)은 모로코의 카펫 판매상, 화랑 소유자, 인포머셜(해설식 광고) 전문가 등 서로 다른 문화와 영업 현장에서 일하는 사람들을 인터뷰한 적이 있었다. 그는 그들이 무엇을 하고 어떻게 하는지를 알고 싶었다. 그리고 자신의 연구에 근거하여 다음과 같은 결론을 내렸다.

"영업인에게 성공을 가져다주는 요인은 자신의 성격과 자신이 하는 일이 잘 맞아떨어지도록 하는 것이다. 누구한테서나 금방 마음을 얻을 수 있는 사람이 있다고 하자. 이런 사람은 매일같이 거래를 성사시켜야 하는 분야를 맡는 것이 좋다. (…) 오랫동안 관계를 맺어 네트워크를 형성하기를 좋아하는 사람도 있다. (…) 어떤 사람은 전적으로 수당과 동료와의 경쟁에 자극받는다. (…) 그러나 영업, 영업관리, 영업사원 채용의 첫 단계에서 해야 할 일은 성격, 자기 인식, 역할 간의 역학을 이해하는 것이다."

나는 그의 생각에 전적으로 동의한다.

영업인은 경계인

'영원사원은 무엇을 하는 사람인가? 영업을 잘하기 위해 갖추어야 할 요건은 무엇인가?'에 대한 답은 산업 분야, 제품, 고객 등 여러 요인에 따라 달라진다. 효과적인 영업의 일반적 특징을 설명하기는 어렵다. 그것은 영업 과제와 일종의 함수관계에 있다. 그리고 영업 과제는 기업의 전략과 고객의 구매 프로세스에 따라 변한다.

영업사원은 회사와 회사의 제품과 서비스, 회사가 고객에게 한 약속을 대표하는 사람이다. 학자들은 이러한 영업사원을 일컬어 '경계 역할을 하는 사람(boundary role person)'으로 표현한다. 다시 말해서 회사와 시장의 경계에서 활동하면서 때로 상충되는 원칙, 절차, 요건에 응답해야 하는 존재다. 그림 6–1에서와 같이 영업사원은 영업조직에서는 고객의 입장을 대변하고, 고객에게는 회사의 입장을 대변한다. 내부적으로는 마케팅, 생산, 엔지니어링, 재무부서 사람들과 상호작용해야 하고, 외부적으로는 구매 프로세스에 따라 여러 유형의 고객을 상대해야 한다. 이렇듯 영업의 본질은 조직과 조직, 회사와 고객 간의 경계에서 협상을 진행하는 일이다. 따라서 효과적인 영업 활동을 위해서는 조직 전체에 걸친 조정 업무(12장의 주제)가 매우 중요하다.

영업사원에 대한 이러한 견해는 채용, 배치를 비롯한 조직 운영상의 절차가 경계 역할을 효과적으로 수행하기 위해 요구되는 활동을 제대로 뒷받침하고 있는가에 관심을 집중하게 만든다. 또한 영업 과제에서 나타나는 주요 차이점에 관심을 갖게 하고, 영업에 대한 그럴듯한 일반화를 자제하게 한다. 세계화에도 불구하고 동일한 제품에 대한 영업 과제는 시장과 국가에 따라 다른 것처럼 말이다.

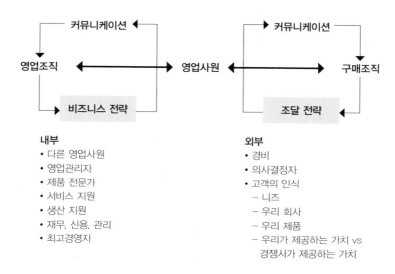

그림 6-1　경계 역할을 하는 사람

커뮤니케이션

영업조직 ←→ 영업사원 ←→ 구매조직

비즈니스 전략　　　　조달 전략

커뮤니케이션

내부
- 다른 영업사원
- 영업관리자
- 제품 전문가
- 서비스 지원
- 생산 지원
- 재무, 신용, 관리
- 최고경영자

외부
- 경비
- 의사결정자
- 고객의 인식
  - 니즈
  - 우리 회사
  - 우리 제품
  - 우리가 제공하는 가치 vs
    경쟁사가 제공하는 가치

출처 : 프랭크 세스페데스(Frank V. Cespedes), 2006, 《영업관리의 면면들(Aspects of Sales Management : An Introduction)》, 하버드비즈니스스쿨(Harvard Business School Publishing), 사례번호(Case) 9-589-061

- 포드자동차의 영업 부사장 제임스 팔리(James Farley)는 "영업사원에게 요구되는 기술은 시장마다 다릅니다. 예를 들어 인도에서는 자동차 구매가 중산층으로 진입하기 위한 중요한 통과의례와도 같습니다. 자동차 구매자는 대체로 부모, 조부모, 숙모, 숙부와 함께 대리점에 옵니다. (…) 그리고 자동차 열쇠를 받기 전에 영업사원에게 자동차를 향해 기도해줄 것을 부탁하는 사람도 있습니다"라고 말한다. 중국을 포함한 다른 나라들에서는 운전을 못하는 구매자도 많다. 그들은 기껏해야 오토바이만 몰아보았기 때문이다. 따라서 이런 나라들에서는 영업 과제에 구매자를 위한 운전교육도 포함된다.

• 화이자의 라틴아메리카 영업을 총괄하는 수전 실버먼(Susan Silberman)은 "이 지역에서의 영업 활동은 미국이나 서유럽 지역과는 다릅니다"라고 말한다. 여기서 활동하는 영업사원들은 의사들과 보내는 시간이 많다. 치료와 임상실험 데이터에 관한 정보를 제공하면서 깊이 있는 대화를 나눌 수 있어야 한다. 실버먼은 이렇게 말한다. "라틴아메리카에서의 영업 활동은 다른 지역과는 조금 다르게 시작하고 끝내야 합니다. 영업사원들은 이 지역에서 오랫동안 근무하면서 의사와 깊은 유대를 맺을 수 있어야 합니다".

이제 소비자에게 직접 판매하는 경우를 생각해보자. 이러한 판매 방식은 전 세계에서 공통적으로 보이지만, 영업 과제는 국가마다, 같은 국가에서도 지역마다 다르다. 개발도상국의 농촌지역에서는 지역공동체와 관계를 맺고 나서 다양한 제품을 가지고 집집을 방문한다. 마치 19세기에 미국의 경제 규모가 급격히 커져가던 시절의 행상인처럼 말이다. 이와 달리 도시지역에서는 영업사원이 한 가지 제품만 취급하는 경향이 있으며, 주로 도로교통에 의존하는 편이다. 버스를 타고 이동하는가 또는 직접 자동차를 운전하여 이동하는가에 따라 잠재고객과 기준 소매가격이 나누어지기도 한다.

직접 판매에서의 영업 과제는 사회문화와도 관련이 있다. 유레카포브스(Eureka Forbes)는 진공청소기와 정수기를 판매하는 회사로, 인도 전역 550개의 도시에서 가정을 일일이 찾아가는 영업사원만 8,000명이 넘는다. 이 회사의 부회장 수레시 고클라니(Suresh Goklaney)는 "서양인(특히 미국인)들은 직접 가정을 찾아다니는 영업 방식을 좋아하지 않을지도 모릅니다.

개인의 사생활을 존중하기 때문이죠. 인도 문화는 다릅니다. 우리는 예고도 없이 친구 집을 찾아갑니다. (…) 방문 자체가 목적이죠. (…) 영업사원들이 가정을 방문할 때에는 가족 전체와 대면합니다. 아이들을 위해 진공청소기로 풍선을 불어주고, 주부에게는 시제품을 써보게 하는 식으로 어울립니다"라고 말한다.

그들은 회사의 전략에 따라 영업 과제를 정하고 사원의 채용과 교육, 실적 지표, 영업 파이프라인을 관리한다. 고클라니 부회장의 말이다.

"우리 회사는 다른 기업의 직접 판매 방식과는 달리 가격을 깎아주지 않습니다. 저희의 영업 활동은 영업사원이 가정의 니즈를 정확하게 파악하고 그것을 해결하기 위해 노력하는 것으로 요약됩니다. 우리 영업사원들은 평균적으로 제품 시연 4번에 진공청소기나 정수기 1대를 판매합니다. 우수한 영업사원은 시연 2번에 1대를 팔기도 합니다. 신입사원의 연령은 대략 18~20세이고, 1달에 보통 8대를 팝니다."

마지막으로 영업 과제는 기업, 제품, 기술의 변화에 따라 달라진다. 유레카포브스는 새로 웹사이트를 개설하게 되었는데, 2011년에 웹사이트를 방문하여 판매 상담을 신청한 고객만 20만 명에 이르렀고 판매대수는 7,000대였다고 한다. 이런 고객들은 이미 제품 관련 정보를 알고 있기 때문에 다른 고객들과는 다른 방식으로 접근해야 한다. 지금 이 회사는 제품 판매와 서비스를 담당하는 1,400개의 프랜차이즈를 보유하고 있다. 판매와 서비스를 결합하면 이렇게 영업 과제와 기회가 달라진다. 또 유레카포브스는 진공청소기에 이어 보안시스템과 그 밖의 가정용제품을 판매하기 시작했다. 이러한 변화는 영업사원이 담당하는 경계 역할의 내용까지도 변화시킨다.

앞의 사례들이 보여주듯 영업 과제의 결정 요인은 고객이 누구인가이다. 따라서 기업이 전략을 구현하는 목표, 범위, 경쟁우위를 실제 영업 활동에서 고객 선택이나 기회관리로 어떻게 전환하는가가 영업 과제를 결정하게 된다.

고객을 어떻게 선택할 것인가

고객이라고 해서 모두가 좋은 고객은 아니다. 그래서 선택을 해야 한다. 고객 선택은 가치 제안뿐만 아니라 영업 과제와 내부 역량에도 영향을 미친다.

고객 선택의 기준은 전략에 따라 다른 요인들을 감안하여 정할 수 있다. 가장 널리 사용되는 기준 중 하나인 주문량은 어떤 고객에게 영업 자원을 집중해야 할지를 알려준다. 어느 기업이건 주문량이 많은 고객들을 통해 매출을 확대하고 현금을 확보한다. 생산과 영업 비용이 주문량에 비례하지 않는 것도 큰 장점이다. 그러나 전략의 목표에 따라서는 주문량을 고객 선택의 기준으로 삼지 않을 수도 있다. 예를 들어 차별화된 제품을 고가에 판매하는 경우 주문량이 많은 고객이 이를 이용하여 가격 교섭력을 행사하거나 회사의 다른 제품이나 서비스 영역에도 영향을 미칠 수 있기 때문이다.

또 다른 고객 선택 기준으로 제품 믹스를 들 수 있다. 유레카포브스의 진화하는 영업 계획에서 볼 수 있듯이, 때로는 전체 제품라인의 판매 가능성이 영업 자원을 배치하고 영업 과제를 정의하는 데 중요한 고려사항이 된다. 특히 웹기반 서비스를 제공하는 벤처기업에서처럼 생산비용은 제품라인마다 별 차이가 없지만 고객의 가격 민감도는 제품이나 서비스에 따라 크게 변하는 경우에는 더욱 그렇다.

고객유지비용도 고객 선택에 영향을 미친다. 어떤 경우에는 고객과의 관계 형성을 위해 제품이나 서비스를 제공하는 기간 동안 특허권 사용료나 신청료가 발생하여 판매자의 현금흐름이 마이너스가 되기도 하는데, 고객의 추가 주문이 있어야 플러스로 전환된다. 이처럼 판매자가 부담해야 할 비용이 고객이나 시기에 따라 달라지므로 장기적인 관점에서 고객을 선택하게 된다.

경제 이론으로는 설명하기 어려운 부분이지만, 질적 기준이 고객 선택에 영향을 미치기도 한다. 다른 고객들을 대상으로 매출을 일으키는 데 도움이 되는 고객이 있다. 질적으로 다른 고객이라고 할 수 있다. 벤처자본가들은 신생 기업에 대한 신뢰를 형성하고 영업에 도움을 줄 수 있는 고객과 그의 역할을 정확히 파악하고 있다. 예를 들어 헬스케어시장의 경우 대학부속병원이 이른바 '영향력 위계(hierarchy of influence)'에서 이러한 역할을 담당한다. 따라서 대학부속병원을 대상으로 제품을 판매하면 의대생들이 사용해보고 다른 곳에도 알려주어 고객 확보와 매출 증대에 기여하게 된다. 애플 역시 이와 유사한 방식을 써서 학교들을 대상으로 한 영업에 집중하기도 했다. 여기서 핵심은 고객이 주문을 상징한다는 것이다. 이런 주문이 이어지면 그 흐름이 판매자의 사업에 도미노 효과를 일으킨다(그림 6-2).

주의할 것은 고객의 주문 처리에는 항상 비용이 발생한다는 사실이다. 비즈니스모델에 따라 처리하기 쉬운 주문도 있고 어려운 주문도 있다. 예를 들면 창고에 쌓아놓은 제품이 있는가 하면 따로 주문 제작해야 하는

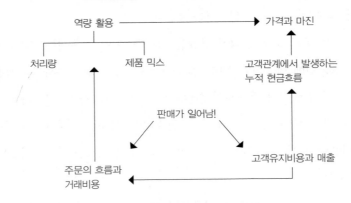

그림 6-2 고객 선택 결정이 미치는 영향

역량 활용 ──────────────▶ 가격과 마진

처리량   제품 믹스   고객관계에서 발생하는
                                  누적 현금흐름

판매가 일어남!

주문의 흐름과   고객유지비용과 매출
거래비용

제품이 있다. 또 여러 번에 걸친 고객의 요구에 응해야 하는 서비스와 그렇지 않은 서비스가 있다.

고객의 주문은 판매자의 가치사슬에서 위쪽에 해당하는 역량 활용에도 영향을 미친다. 여기서 역량 활용이란 어떤 제품을 만들 것인가(어떤 역량을 활용할 것인가)와 얼마나 처리할 것인가(관련 역량을 어떻게 활용할 것인가. 제조업이라면 어떤 생산라인을 활용할 것인가, 서비스업이라면 어떤 사람과 스킬을 활용할 것인가가 될 것이다)를 의미한다. 또한 주문은 가치사슬에서 아래쪽에 있는 판매 이후의 재정 상태와 조직의 요구에도 영향을 미친다.

이처럼 고객 선택의 기준과 관련한 요인들은 구매자와 판매자 간의 거래에서 발생하는 누적 현금흐름과 가격, 판매자의 수익을 보장할 수 있는 가격, 기타 사업상의 필요를 충족시킬 수 있는 마진을 결정하는 데 도움을 준다.

고객 분할과 고객 세분화

고객 선택의 기준을 명시하는 기업은 거의 없다. 대부분은 영업회의에서 직접적으로 밝히거나 보상시스템을 통해 간접적으로 전한다. 그리고 무엇보다 '앞장서서 실적을 배가할 것'을 강조한다. 그러면 영업사원들은 가격을 지불할 의사가 있는 사람이라면 누구라도 가리지 않고 제품을 파는 데 주력한다. 목표 할당량을 채우려고 가격을 할인하기도 한다. 그러고 나면 영업 과제는 점점 더 어려워지고, 영업 효과도 떨어지고, 수익 증가도 둔화된다. 결국 기업은 고객이 제품을 구입하고 사용함에 따라 그림 6-2에서 보이는 도미노 효과의 또 다른 차원으로 이동하게 되는데, 바로 영업 활동의 결과에 따라 제품이나 제조·판매의 프로세스에 수정을 가하는 것이다. 이 때문에 영업 외 다른 조직의 자원을 낭비하게 된다. 이처럼 맹목적인 고객 선택 방식은 조직 내 학습을 저해하고, 영업관리자의 눈을 멀게 하고, 그림 6-3에 나오는 영업 활동들을 이끌어갈 리더십을 약화시킨다.

목표와 범위 구분을 효과적인 고객 선택으로 전환하려면 회사의 제품과 서비스를 통해 고객에게 제공되고 인식되는 혜택에 근거하여 시장을 세분화해야 한다. 이때 고객이 당면한 문제나 기회에 집중하는 것이 중요하다. 그런데 대다수의 기업들은 제품 목록이나 표준산업분류코드, 업계 데이터, 판촉전화 등을 근거로 시장을 분할한다. 물론 이런 방식을 통해서도 고객 가치를 확인하는 경우가 있을 것이다. 그러나 이는 우연히 나타나는 오버랩에 불과하다. 다시 말해서 눈가리개를 하고 과녁을 향해 화살을 던지듯 랜덤 워크 과정(random-walk process)에서 나오는 결과일 뿐이

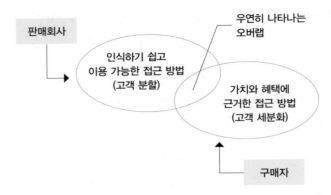

그림 6-3 고객 분할과 고객 세분화

판매회사

인식하기 쉽고
이용 가능한 접근 방법
(고객 분할)

우연히 나타나는
오버랩

가치와 혜택에
근거한 접근 방법
(고객 세분화)

구매자

출처 : 롤랜드 모리어티(Rowland T. Moriarty), 1983, 《제조업에서의 구매 행위 : 개념, 쟁점, 적용(Industrial Buying Behavior : Concepts, Issues and Applications)》, 렉싱턴북스(Lexington, MA : Lexington Books), p.123

다. 현금과 영업사원이 충분하고 투자자의 인내심이 강하다면 그래도 상관없을지 모른다. 하지만 이런 식으로 고객 가치를 확인하는 것은 영업관리자들에게 영업 프로세스의 한계를 인식하지 못하게 할뿐더러 영업 과제를 혼동하게 하고 비즈니스 규모를 가늠하지 못하게 한다. 이와 같은 함정에 빠지지 않으려면 기회관리의 주요 원칙을 실행해야 한다.

기회관리의 혼란을 잡아주는 원칙

어떤 고객을 상대로 사업할 것인가의 선택은 기회비용 문제를 발생시킨다. 즉, 고객 A를 위해 투입한 자금, 시간, 인력은 고객 B, C, D에게 돌아갈 수 없다. 이는 시장의 규모나 성장성 여부와는 별도로 다양한 고객 속에서 만나는 기회를 통해 많은 가치를 얻을 수도 있고 그렇지 않을 수도 있음을 의미한다. 시장에서 효과적이지 못한 기회관리는 자금과 시간을 잃게 만들 뿐 아니라 상품의 경쟁력을 키워줄 핵심 고객에 대한 포지셔닝을 어렵게 만든다. 결국 당신 회사는 고객이 가치를 별로 못 느끼는 활동에 치중할 가능성이 높다.

시장은 기업에 다양한 고객 기회를 제공한다. 그림 6-4는 이러한 스펙트럼을 보여준다. 왼쪽 끝에는 현물시장의 '거래 구매자(transaction buyer)'가 있고, 오른쪽 끝에는 솔루션시장의 '관계 구매자(relationship buyer)'가 있다. 고객들은 대부분 이 2가지 유형의 혼합 형태를 띤다. 그러나 전략과 영업 선택을 분명히 하려면 양 끝에 나오는 고객 유형을 자세히 살펴볼 필요가 있다.

거래 구매자는 단기적으로 생각하여 상품을 구매한다. 이런 유형의 구매자로는 상품거래소의 트레이더가 있다. 현물시장에서는 선택 대상이 많고 전환비용이 적어 구매와 판매의 조정이 쉽다. 또한 고객과의 관계 형성

그림 6-4 기회의 스펙트럼 : 누가 '좋은 고객'인가?

거래 구매자 : 현물시장	관계 구매자 : 솔루션시장
단기적 생각으로 상품 구매	장기적 생각으로 상품 구매
특별한 절차나 자산에 많은 금액을 투자하지 않음	특별한 절차나 자산에 많은 금액 투자
전환비용이 적고 체계적인 혜택에 별로 관심 없음	전환비용이 많고 체계적인 혜택에 관심 많음
제품의 가격/성능을 구매	판매자와 그의 조직을 구매
영업에서 조정이 중요하지 않음	영업에서 조정이 중요

을 위해 장시간에 걸쳐 투자하기보다는 일시적으로 다양한 상품을 진열하여 판매한다. 〈아이엔시매거진〉에 소개된 최고의 영업인 중에서 메리케이 애시나 데이비드 오길비 말고 포페일이나 조 지라드를 떠올려보라. 스펙트럼의 왼쪽 끝에서는 거래 구매자가 특별한 절차나 자산에 많은 금액을 투자하지 않는다. 당신의 회사가 제공하는 다방면에 걸친 체계적인 혜택에도 관심이 별로 없고 한순간에 얻을 수 있는 일정 수준의 혜택을 원하는 가격에 구매한다. 그렇다고 해서 품질이나 가치에 관심이 없는 것도 아니다. 단지 그에 대한 정의가 다를 뿐이다. 그들은 가치를 특정 요구를 충족시키는 것으로 정의하기 때문에 그 이상을 충족시키는 제품이나 서비스에 대해서는 돈을 지불하고 싶어 하지 않는다.

이에 반해 관계 구매자는 장기적으로 생각하고 상품을 구매한다. 왜 그런가? 상품, 판매자, 특별한 (물리적 또는 정신적) 자산이나 절차에 많은 시간과 금액을 투자해야 하고, 그에 따르는 (물리적, 정신적, 금전적) 전환비용이 발생하기 때문이다. 이러한 시장의 대표적인 예로 소프트웨어시장을 들 수 있다. 이 시장에서는 제품의 특징뿐만 아니라 사용자의 편의성에 따라 판매자에 대한 선택이 이루어진다. 그것은 각종 지원, 업그레이드, 구매 이후에 쉽게 바꿀 수 없는 프로세스에 대한 장기적 선택이기도 하다. 그래서 관계 구매자들은 다방면에 걸친 혜택에 관심이 많다. 그들은 가격과 단기적 혜택뿐만 아니라 판매자와 그가 속한 조직을 보고 구매한다. 따라서 판매자의 연구개발 계획과 조직의 실행 가능성, 재정 안정성, 고객관리자의 능력과 책임 등에 대해 많은 것을 알고 싶어 한다. 반대로 판매자로서 당신은 구매자에게 경쟁자(특히 새로운 진입자)에 대한 우려, 불확실성, 의혹을 품게 할 방법을 찾게 된다. 이러한 시장에서는 지라

드나 포페일보다는 엘리슨, 패터슨, 오길비 같은 사람이 더 적합하다.

좋은 고객은 어떤 사람인가? 대부분의 관리자들은 관계 구매자라고 말한다. 스펙트럼의 오른쪽 끝에서는 가격과 전환비용으로 고객충성도가 더 높게 나타나기 때문이다. 그러나 판매주기가 길어져 현금흐름에 안 좋은 영향을 미칠 수 있고, 고객의 요구와 비용 역시 더 높아질 가능성이 있다. 그림 6-2에 나오는 가치사슬을 따라 고객의 주문이 까다로워지고 유지비용이 발생하기 때문이다. 결국 좋은 고객은 어떤 사람인가에 대한 답은 당신의 목표, 범위, 경쟁우위와 함께 이러한 요소들을 어떻게 핵심 고객에 대한 가치 제안과 영업 역량으로 전환하는가에 달려 있다.

나는 다음 장에서 핵심 고객의 프로필 관리에 필요한 과정을 단계적으로 설명할 것이다. 그에 앞서 여기서는 기회관리에서의 선택과 이것이 영업 과제와 전략에 대해 갖는 의미를 강조해두고자 한다.

성공하는 기회관리, 실패하는 기회관리

일반적으로 거래 구매자는 단번에 구매하기 쉬운 표준적인 제품과 서비스를 원한다. 따라서 판매자는 구매자가 수용할 만한 가격으로 선택하기에 적절한 일정 수준의 품질을 제공할 필요가 있다. 이런 상황에서는 추가적인 지원 없이도 많은 거래를 성사시킬 수 있는 영업사원이 적합하며, GTM 전략에 투입되는 자원을 절약할 수 있다. 그에 반해 관계 구매자는 특정 솔루션의 활용성과 장기적 실현 가능성에 집중한다. 따라서 판매자는 구매자의 주문에 맞게 서비스를 제공해야 하며, 범용성과 성능이 우수한 플랫폼을 개발하기 위해 지속적인 혁신을 이루어야 한다. 또한

구매자의 필요에 부응하여 도움을 줄 수 있는 영업사원이 필요한데, 이때
는 엘리슨처럼 직설적이고 공격적인 성향의 사람이든 오길비처럼 풍자적
이면서 매력적인 사람이든 관계가 없다. 그림 6-5는 그 선택과 결과를 설
명해준다.

　성공은 추구하는 기회에 맞게 영업 프로그램을 조정하는 데서 나온다.
솔루션 구매자를 상대할 때는 제안서를 여러 차례 작성해야 할 뿐 아니라
많은 요구사항에 수시로 애프터서비스를 제공해야 한다. 결국 영업 과제
가 많아지게 된다. 재무 분석이 정확하다면 이러한 과제들을 처리하기 위
한 채용과 훈련이 그만한 가치가 있을 것이다. 또한 기업이 판매 방식이나
제품·서비스의 제공과 지원에 투입되는 자원을 줄일 수 있는 방법을 찾
는다면 거래 기회와 함께 성공할 수 있을 것이다. 이러한 사실은 영업관
리뿐만 아니라 연구개발, 재무, 그리고 영업조직 전반에 걸친 업무에 함축
적 의미를 지닌다.

　기회관리의 실패는 2가지 형태로 나타난다. 통계학자들은 이를 두고 1
형의 오류와 2형의 오류라고 부른다. 1형의 오류는 솔루션의 판매 방식으

그림 6-5　기회관리의 성공과 실패

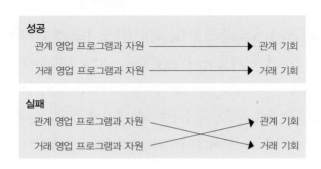

로 거래 구매자에게 다가가는 것이다. 이때 만약 거래 구매자가 영업사원을 상대해주지 않고 당장 쫓아낸다면 오히려 회사를 위해 좋은 일이다. 더 이상의 헛수고를 하지 않을 수 있기 때문이다. 그런데 여러 차례 제안 요청서를 보내고 회의도 개최하는 식으로 당신 회사의 제품과 서비스에 대해 더 많은 정보를 캐내려는 거래 구매자들이 있다. 그들은 그 정보를 거래 판매자(transaction seller)와 적절한 가격으로 제품 사양을 정하고 구매하는 데 이용한다. 이것이 당신 회사에 직접적으로 금전적 손실을 일으킨다. 특히 신생 기업에서 이러한 오류가 빈번히 발생한다. 왜냐하면 거래 구매자들은 신생 기업의 생존 가능성을 의심하지만, 우수한 품질의 신제품을 가진 벤처기업들은 '관계 구매자'를 확보할 가능성을 과대평가하기 때문이다. 이 같은 1형의 오류는 하이엔드(high-end, 고가)제품을 판매하는 기업이 로엔드(low-end, 저가)제품을 판매하는 기업과 경쟁할 때도 나타난다. 제록스, 종합제철소, 풀서비스 중개업 등 파괴적 혁신으로 고객에게 최고급의 솔루션을 제공하는 하이엔드기업들을 생각해보라. 하지만 고객들은 필요 이상으로 고급한 솔루션제품에 관심을 보이지 않고 가격을 지불할 의사도 거의 없다.

2형의 오류는 반대의 상황, 즉 거래 구매자에게 맞는 판매 방식으로 관계 기회를 찾으려고 하는 경우에 발생한다. 이때 구매자들은 판매회사의 제안에 관심이 없기 때문에 영업사원을 쫓아내는데, 시장에서 경쟁할 기회를 잃어버리게 되므로 당신 회사에 기회비용이 발생한다. 하지만 어느 회사도 아직은 기회비용을 계산해주는 탁월한 금전등록기(또는 회계 업무용 범용 레지스터)를 개발하지 못한 상태다. 따라서 2형의 오류는 1형의 오류보다 더 오래가고 자주 발생하여 기업의 매출 신장과 성장 능력에 예기치 못한 한계를 설정한다.

전략과 영업 과제 그리고 실적의 상관관계

고객 기회에 어떻게 반응하는가는 일종의 선택이지만, '예' 아니면 '아니오' 식의 이원적 결정은 아니다. 돈을 들이지 않고 제품 특징을 추가하기만 하면 되는 경우도 있고, 제품 개발이나 서비스 활동에서 변화를 요구하는 경우도 있다. 경우에 따라서는 스펙트럼의 어떤 부분에서 성공적으로 판매하기 위해 다른 비즈니스모델이 필요할 수도 있다. 이러한 선택을 통해 전략을 효과적인 영업으로 전환하고, 그 과정에서 영업 과제를 분명하게 할 수 있다.

다우코닝(Dow Corning)은 혁신적인 실리콘제품으로 수십 년간 두 자릿수의 매출 성장과 함께 높은 수익을 올렸다. 이러한 성과에는 제품과 관련 기술 서비스를 한데 묶어서 판매하는 하이엔드 영업부서의 역할이 컸다. 그런데 1990년대 후반이 되어 성장이 멈추었다. 구매자들의 이탈 때문이었다. 특히 건축재료 부문에서 구매자들의 이탈이 컸다. 구매자들은 고객들의 도매가격 인하 압박에 직면하여 제품에 대한 이윤 압착(margin squeeze)이 심해지자 다우코닝 대신 저비용 경쟁업체(특히 연구개발 투자를 하지 않는 소규모 지방업체)들의 제품으로 눈을 돌렸다. 더욱이 이러한 경쟁업체들이 홈디포(Home Depot)와 같은 DIY('Do-It-Yourself'의 약어로 소비자가 직접 가정용품을 제작, 수리, 장식하는 것을 말한다. 옮긴이)체인점으로 자사 브랜드의 실리콘 화합물을 공급하면서 가격 압박이 더욱 심해졌고, 그만큼 시장이 축소되는 결과로 이어지고 말았다.

다우코닝은 처음에는 직원을 해고하고 각종 비용을 절감하기 위한 조치를 단행했다. 그러나 이러한 조치만으로는 충분치 않았다. 2001년 다우코닝은 영업관리자와 제품관리자 등을 참여시킨 태스크포스(task force)를 구성하여 5년 동안의 고객 데이터를 검토하고는 실리콘제품 시장과 영업 과제에 대한 견해를 발표했다. 이를 통해 고객들을 크게 2가지 범주로 나눌 수 있음을 확인했다. 솔루션을 찾는 고객과 가격을 보고 구매를 결정하는 고객. 솔루션을 찾는 고객은 다시 3가지 부류로 나뉜다. 혁신적 솔루션을 찾는 고객(다우코닝과 공동 연구를 수행하는 얼리 어답터 등), 확인된 솔루션(다우코닝으로부터 얻을 수 있는 고유의 애플리케이션과 서비스)을 찾는 고객, 비용 대비 효과가 있는 솔루션을 찾는 고객(최종 생산품의 단위비용을 절감시켜줄 고성능 실리콘 혼합물에 대해 높은 가격을 지불할 의사가 있는 고객)이다. 이들은 모두 다우코닝의 기존고객으로, 다우코닝의 전문성을 높이 평가하며 솔루션에 합당한 가격을 지불할 용의가 있는 사람들이다. 문제는 가격을 보고 구매를 결정하는 고객들이다. 그들은 주로 중고 실리콘 제품을 사용하는 구매자들로, 최저 가격에 쉽게 구입할 수 있는 제품을 찾는다. 여기서 다우코닝이 취할 수 있는 한 가지 선택은 그들을 계속 무시하는 것이다. 그러나 이는 시장의 현실을 외면하고 지속되는 매출 하락을 방관하는 것이기도 하다.

태스크포스는 다음과 같은 대안을 내놓았다. 꼭 필요한 요소만 담은 저가의 실리콘제품을 개발하여 가격에 민감한 고객들을 겨냥함으로써 매출을 끌어올리고 서비스 비용을 줄인다. 제품 주문은 인터넷으로 받는다. 또한 대량 주문을 원칙으로 최소 주문량을 정하고, 긴급한 주문에 대해서는 처리 수수료를 부과한다. 7,500개가 넘는 다우코닝의 실리콘 화합

물 중에서 약 350개를 이런 방식으로 공급하고, 제품이나 기술 관련 서비스는 제공하지 않는다. 이와 함께 듀얼 브랜드 마케팅 방식도 도입했다. 솔루션을 찾는 고객에게 판매하는 제품이나 서비스와 차별성을 두기 위해 웹으로 판매하는 제품의 브랜드를 자이어미터(Xiameter)라 부르고, 회계상으로도 자이어미터의 손익 계산을 별도로 관리하는 것이다. 자이어미터의 영업 깔때기(sales funnel)에서는 온라인 등록에서 시작하여 주문과 결제에 이르는 단계가 고객의 셀프서비스를 원칙으로 자동 처리된다. 결과는 어땠을까? 2005년까지 다우코닝의 매출은 60%가 증가한 39억 달러에 달했고 적자 상태에서 벗어나 5억 600만 달러 흑자를 기록했다. 그중 자이어미터 매출이 전체의 30%를 차지했다. 2010년에는 매출이 60억 달러, 순이익이 매출의 14.4%인 8억 6,600만 달러에 달했다.

다우코닝의 성공 사례는 효과적인 기회관리의 중요성과 이에 따른 성과를 아주 잘 보여준다. 다우코닝은 솔루션 구매자를 상대로 제품을 어떻게 팔아야 할지를 알고 있었다. 그러나 이러한 구매자도 시간이 지나면서 거래 구매자로 변할 수 있다. 그에 맞게 영업 전략을 수정하는 것은 기업이 해야 할 일이다. 다우코닝은 변하는 구매자에게 적합한 GTM 전략을 수립하여 그 일을 해냈다. 인터넷으로 주문을 받고, 최소 주문량을 정하고, 서비스를 거의 제공하지 않고, 영업관리에 투입되는 인력과 시간을 줄여 비용을 획기적으로 절감했다.

여기서 우리는 일선 현장의 영업관리자들이 이 전략에 관여했다는 사실에 주목해야 한다. 일종의 경계 역할을 하는 영업관리자들은 기업의 기회 스펙트럼에서 나타나는 변화에 대해 시의적절한 정보를 제공하는 사람들이다. 그러나 그들이 제 역할을 다하기 위해서는 실제 영업 활동이

회사의 전략에서 나오는 영업 과제와 잘 부합하는지를 확인하고 결정할
실적관리시스템이 필요하다. 이 시스템은 핵심 고객에 대한 현장의 생각
을 반영하고, 채용과 능력 개발, 영업조직, 보상, 실적 평가, 영업의 효과
측정에 영향을 미치게 된다. 3부에서 이를 중점적으로 살펴볼 것이다.

PART 3

성과를 어떻게
관리할 것인가

일류 영업인 : 오늘 나는 아주 중요한 계약을 성사시켰어.
이류 영업인 : 오늘도 나는 주문을 받지 못했어.

PART 3

7장 우리가 원하는 고객을 위해 해야 할 것들

실적관리시스템의 핵심은 영업 활동과 영업 과제를 일치시키는 것이다. 이 장에서는 전략적 선택을 이상적인 고객에 대한 프로필로 구체화하고 영업 활동을 개선하는 프로세스를 설명한다. 또한 영업이 개별적이고 영웅적인 노력을 넘어 성장의 플랫폼이 되기 위한 조건을 알아본다.

8장 사람에 주목하라

이 장에서는 잠재력이 뛰어난 영업사원을 모집하고 교육하는 문제를 다룬다. 영업력은 많은 부분이 현장의 실천을 통해 개발된다. 따라서 영업조직의 일반적 형태를 살펴보고, 신기술과 온라인쇼핑이 영업조직과 영업사원의 필요 역량에 어떤 영향을 미치는지도 알아보려고 한다.

9장 무엇이 최고의 성과를 가능하게 하는가

이 장에서는 보상 문제를 다룬다. 보상, 평가, 동기부여가 어떻게 연관되는지를 살펴보고, 영업보상시스템에 대한 통념을 재고해야 하는 이유를 설명한다. 또한 전략에 맞는 영업보상시스템을 설계하기 위한 단계적 프로세스를 제시한다. 당신이 CEO 또는 CFO라면 돈을 절약해서 효과적으로 사용하는 방법을 알게 될 것이고, 영업관리자라면 보상의 의미를 되새기는 것과 함께 관리를 보상 정책으로 대체할 수 없다는 사실을 깨닫게 될 것이다.

10장 성과를 낼 수 있는 환경을 만들어라

실적 평가는 영업 환경은 물론 구성원들의 행동에 강력한 영향을 미침에도 불구하고 대부분의 조직에서 제대로 활용하지 않는 수단 중 하나다. 이 장에서는 실적에 대한 피드백과 영업의 효과 측정을 왜, 어떻게 하는지를 설명할 것이다. 무엇보다도 효과적인 실적 평가와 검토는 '빅데이터' 기법이 당신 회사에서 쓰레기만 양산하는 투자의 반복이 되지 않고 유용하게 쓰이도록 하는 데 반드시 필요하다.

Chapter 07

우리가 원하는 고객을 위해
해야 할 것들

영업 과제를 영업 활동으로 전환하기

실적관리의 핵심은 영업 과제에 맞게 영업 활동을 하도록 만드는 것이다. 앞서 3장에서 설명했듯이 이를 위한 여러 수단들이 있는데, 이 장에서는 기업이 이러한 수단들을 어떻게 활용할지를 좌우하는 한 가지 요인을 살펴보려고 한다. 다시 말해서 전략적 선택을 이상적인 고객에 대한 프로필로 구체화하는 것과 그것이 영업 활동에 어떻게 영향을 미치는가를 살필 것이다.

먼저 신생 기업의 경우부터 살펴보자. 시작 단계의 벤처기업들이야말로 이 장에서 다루는 문제를 누구보다 절실히 느끼기 때문이다. 물론 영업 활동을 구매 프로세스와 연결하는 작업은 신생 기업뿐만 아니라 글로벌 기업에도 필요하다.

악마를 없애라 : 영업 프로세스의 확장

고객의 마음을 얻어야 하는 사업은 시작부터 쉽지 않다. 2000년부터 2010년 사이에 생겨난 미국의 신생 기업들 가운데 3년을 버틴 곳이 절반에도 못 미친다고 한다. 일정 수준의 매출을 뛰어넘어 성장하기란 그보다 훨씬 더 어렵다. 2000년 캐피탈 IQ(Capital IQ) 데이터베이스에 등록된 44,000여 개의 신생 기업들 중에서 2010년까지 매출 1,000만 달러 이상을 올린 기업은 6%가 채 안 되고, 5,000만 달러를 넘긴 기업은 2% 미만이었다고 한다.

에인절 투자자의 증가, 크라우드 펀딩(crowd funding. '대중으로부터 자금을 모은다'는 뜻. 사업자금을 모으려는 사람이 인터넷에 프로젝트 제안서를 올리면 이에 공감하는 사람들이 소액을 기부 또는 후원하여 자금을 조달하는 방식. 옮긴이)의 출현, 지속적인 벤처캐피털 투자 덕분에 회사를 설립하기는 보다 쉬워졌다. 이와 관련해서 벤처자본가 데이비드 리(David Lee)가 의미심장한 말을 했다.

"사업을 시작하기가 결코 더 쉬워진 것은 아니다. 회사를 설립하기가 결코 더 어려워진 것도 아니다."

이에 대해 벤처기업가들은 기업의 라이프사이클에서 '버뮤다 삼각지대(Bermuda Triangle) 단계'라고 지칭하기도 한다. 대서양에서 항공기와 선박이 불가사의하게 사라지는 지역에 빗대어 표현한 것으로, 많은 기업들이 영업 활동의 규모를 확장해야 하는 문제에 직면하면서 사라져버리는 현상을 가리킨다.

어떤 사업가가 중소기업들에 웹기반 급여관리 외주 서비스를 제공하기 위해 2000년에 회사를 설립하고, 이름을 비즈니스 프로세싱 아이엔시 (Business Processing Inc., BPI)로 붙였다고 가정하자. 2004년 이 회사의 매출은 약 4,000만 달러에 달했고, 75명의 영업사원에게 1인당 연간 60만 달러의 매출 목표를 할당하여 달성한 사람에게 6만 달러를 지급했다. 같은 해 사업가는 신제품을 개발하기 위해 3,000만 달러를 모금하고 사업 규모를 키우고 매출을 늘렸다. 그런데 2년 후 BPI의 매출이 정체되면서 투자자들이 불안해하기 시작했다. 경영진은 이에 대한 대응 차원에서 가격을 대폭 할인하고, 제품을 번들로 판매하고, 1년 사용을 약속하는 고객에게는 6개월 간 사용료를 면제하고, 다양한 인센티브를 제공했다. 그러면서 2년 동안 매출은 증가했는데 가격은 그보다 더 빠르게 하락했다. 급기야 2008년 불황이 닥치자 BPI 이사진은 사업 자체에 근본적인 문제를 제기했다.

BPI와 같은 사례는 흔히 볼 수 있다. 제품 성능에서 우위를 확보하고도 시장을 주도하는 전략을 위한 특별 프로세스가 제대로 작동하지 못해 대가를 톡톡히 치르는 경우가 많다. 가장 큰 원인은 경영진이 핵심 고객을 제대로 정의하지 못하는 데 있다. 핵심 고객에 대한 명확한 정의가 없으면 영업이 개별적이고 영웅적인 노력을 넘어 성장을 위한 플랫폼이 될 수 없다. 6장에서 설명한 것처럼 판매에는 다양한 방식이 있다. 이들 가운데 회사에 가장 적합한 방식을 규정하는 것은 타깃고객과 그들의 구매 행위를 이해하는 것으로부터 출발한다.

연구 결과에 따르면, 개인의 성격과 영업의 성공에는 뚜렷한 인과관계가 존재하지 않는다. 영업사원은 경험을 쌓고 행동함으로써 가르침을 얻는다. 경험을 몇 가지 범주의 영업 상황으로 분류하고 그 상황에 맞는 '대본'을 적용하는 영업사원이 성공을 거둔다. 이를 일컬어 '맞춤 영업 (adaptive selling)'이라고 한다. 고객에 대한 인식에 따라 행동을 변경하는 것이다.

이처럼 축적된 경험적 지식을 특정 상황에 맞게 분류하고 수정하는 과정은 영업에만 적용되는 것이 아니다. 변화하는 환경에 적응해야 하는 인간의 다양한 행동 영역에도 그대로 적용된다. 헝가리 출신의 영국 화학자 마이클 폴라니(Michael Polanyi)는 이러한 과정을 '암묵적 지식'이라 명명하고 그 예로 자전거 타기를 들었다. 자전거 타는 법을 알려주는 어떠한 교본도 자전거 안장에 처음 앉는 사람이 자신감을 가지고 페달을 밟게 해주지는 않는다. 학습조직이론의 대가 도널드 쇤(Donald Schön)은 이를 두고 '사용법'을 적용하는 능력이라고 했는데, 모든 범주에 통용된다고 하는 이론과 대비된다. 한편 고대 그리스인들은 이런 능력을 일컬어 지혜를 상징하는 여신의 이름 그대로 메티스(metis, 지혜의 여신)라고 불렀는데, 그 전형적인 인물은 키클롭스(Cyclops. 그리스 신화에 나오는 외눈박이 거인. 옮긴이)에 맞서 온갖 위험을 뚫고 탈출에 성공한 오디세우스(Odysseus)가 될 것이다. 그처럼 웅장한 이야기는 아닐지라도, 사람들은 영업사원과 마찬가지로 다양한 사람들과 협력해야 할 때 이런 과정을 수행한다. 코미디 대본 작가인 모트 라크만(Mort Lachman)의 말을 들어보자.

"당신은 당신의 머릿속에서 상대방의 흥미를 끌 수 있을 때에만 그 사람을 위해 글을 쓸 수가 있다. (…) 당신은 글을 쓰면서 그 사람의 목소리와 억양을 들어야 한다. 그리고 코미디언 베니(Benny)와 호프(Hope)가 말하는 방식의 차이를 느껴야 한다."

또 라크만은 다음과 같은 충고도 했다.

"그들의 목소리와 억양이 당신의 귀에 다르지 않게 들린다면 지금 당장 글 쓰는 일을 그만두고 배관공이 돼라. 더 많은 돈을 벌 것이다."

그의 충고는 영업에도 딱 들어맞는다.

'고객들이 하는 말이 다르지 않게 들린다면 지금 당장 다른 일을 찾으라. 더 많은 돈을 벌 수 있을 것이다."

고객에 대한 이해와 영업 활동

영업사원이 고객에게 다가갈 때 경험을 바탕으로 한 대본의 적절성은 고객에 따라 다르게 나타난다. 다음은 고객 분석, 즉 상황에 적절한 영업 활동의 유형을 분석하는 데 유용한 특징들을 제시한 것이다. 이를 이해하면 예비고객에 대한 확인부터 거래의 종결에 이르는 영업 파이프라인 상의 영업 활동을 영업 과제에 일치시키는 열쇠를 쥘 수 있다.

- 고객의 입장에서 바라보는 제품과 문제의 차이
- 구매 행위에서 흔히 나타나는 현상유지 편향(status-quo bias)
- 판매주기에서 리드 유저(lead user. 시장의 트렌드를 선도하는 사용자. 옮긴이)와 주류 고객(mainstream customer)의 차이

제품과 문제

맥킨지가 기업에서 첨단기술 제품과 서비스 구매를 담당하는 사람 1,200여 명을 대상으로 조사한 결과를 발표했는데, 주요 내용은 다음과 같다.

첫째, 이 조사에서 구매자가 중요하게 생각하는 사항(가격, 제품 특징)과 판매자를 결정하게 만드는 요소 사이에 큰 차이가 있다는 사실이 드러났다. 구매 행위에 관한 연구 성과들을 살펴본 사람이라면 그리 놀랄 일은 아니다. 태도 지수(attitude scale)와 반응을 활용하여 구매 행위를 정확하게 예측할 수 없다는 점을 보여주는 연구 결과도 매우 많다. 일례로 환경 친화적인 제품에 대해 믿음을 보이는 태도와 실제로 구매하는 행위에는 차이가 있다.

둘째, 흥미로운 대목으로, 영업을 망치는 여러 요인 중에서도 제품에 대한 영업사원의 지식이 충분치 않다는 것(20%)과 영업사원이 고객을 너무 자주 만나는 것(35%)이 가장 두드러진다는 사실이다. 3%의 영업사원만이 고객을 필요 이상으로 자주 만나지 않는다고 대답했다. 이것은 무엇을 의미하는가? 맥킨지가 도출한 한 가지 결론은 고객은 빈번한 만남이 아니라 의미 있는 만남에 마음을 연다는 것이었다. 그렇다면 의미 있는 만남이란 무엇일까?

사람들은 자기가 고민하는 문제나 기회에 대해 만족스러운 대답을 해주면 그 대가를 지불한다. 그러나 기업은 만족스러운 대답 그 자체만 주어서는 안 된다. 만족을 주는 도구를 팔아야 한다. 내가 가장 존경하는 멘토 중 한 사람이자 마케팅 전문가인 테오도르 레빗(Theodore Levitt)은 학생들에게 "사람들이 2인치 드릴 날을 사는 이유는 2인치 드릴 날을 원하기 때문이 아니라 2인치짜리 구멍을 뚫어야 하기 때문이다"라고 가르쳤다. 그는 '마케팅 근시'라는 개념을 제시하기도 했는데, 이는 고객이 얻는 혜택보다는 제품의 특징에만 몰두하는 현상을 가리킨다(레빗은 이러한 현상의 한 예로, 운송보다 철도에만 관심을 기울인 나머지 시장의 규모나 대체재,

고객의 구매 동기와 같은 중요한 측면을 놓치는 기업을 꼽았다. 이를 지금 시대에 비추어보면 뉴스보다 신문에만 몰두하는 기업을 들 수 있다). 어떤 사람들은 고객들이 일을 처리하기 위해 제품을 '채용한다(hire)'는 사실을 강조하기 위해 이러한 차이를 거론하기도 한다. 제품이 아니라 고객의 일이 영업 분석에서 핵심적인 부분이라는 이야기다. 의미 있는 만남 역시 제품이나 서비스가 고객이 하는 일, 즉 고객의 문제나 기회에 어떻게 접근할 것인가에 달려 있다.

여기서 말하는 차이는 기업이 판매하는 것(제품이나 경험의 특징)과 고객이 구매하는 것(문제의 해결 또는 만족)의 차이를 말한다. 이 차이를 무시하면 많은 경우(특히 맥킨지의 연구보고서에서처럼 첨단기술제품을 판매하는 경우) 치명적인 결과를 맞는다. 영업 활동과 영업 과제가 부합되게 하려면 제품이 고객에게 어떤 혜택을 제공할 수 있는지를 알아야 한다. 이를 위해 고객이 사업상의 문제와 원하는 결과에 대해 이야기하게 만들 수 있어야 한다. 또한 제품의 특징이 어떻게 고객이 원하는 혜택으로 전환되는지, 고객의 사용 경험을 직접 관찰하려면 어떻게 해야 하는지에 대한 생각을 구체화할 수 있어야 한다. 이러한 맥락에서 볼 때 영업 과제는 아래의 질문에 대한 답을 구하는 것이라고 할 수 있다.

- 고객의 개인생활이나 직업생활에서 직면한 문제 또는 실현되지 않은 기회는 무엇인가?
- 현재 사용하는 도구보다 더 나은 도구를 사용하여 고객이 직면한 문제 또는 기회를 더 만족스럽게 처리한다면, 고객은 어떤 결과를 얻을 수 있는가?

- 제품과 서비스의 기능, 응용, 지원의 적절한 조합은 어떤 모습을 하고 있는가?

위 질문들을 신제품 개발을 위한 연구조사와 혼동해서는 안 된다. 비록 영업과 연구개발을 연계하여 추진하고 있더라도 말이다(다음 장에 나오는 사례를 참고하라). 여기서 목표는 제품을 어떻게 만들 것인가가 아니라 고객에게 적절한 혜택을 주는 제품이나 서비스를 어떻게 만들 것인가에 있다. 만약 그렇지 않다면 목표를 다시 잡도록 하라.

제품과 문제의 차이는 영업교육 프로그램에서 특징과 혜택의 차이와 비슷하다. 특징은 제품이나 서비스에 관한 사실, 데이터, 정보를 의미하고(예를 들어 '이 시스템의 저장 용량은 X이다', '우리 직원들은 Y에 대한 경험을 갖고 있다' 등), 혜택은 어떻게 특징이 적절한 결과를 제공하는지를 보여준다. 영업 과제와 영업 활동을 효과적으로 연결하려면 전략이 어떻게 특징과 혜택의 상대적인 중요성에 영향을 미치는가를 분명히 설명할 수 있어야 한다.

6장에서 다룬 기회관리에 관한 논의로 되돌아가보자. 거래 구매자에게 집중하는 전략은 영업 과제에서 제품 관련 지식에 더 치중하고, 솔루션 구매자에 집중하는 전략은 사전에 문제를 식별하여 고객에게 맞는 혜택을 확인하는 데 치중한다. 세일즈 전문가 닐 라컴(Neil Rackham)이 말했듯이, 소규모의 일상적 거래에서는 특징의 활용과 영업의 성공에 긍정의 관계가 존재하지만, 제품이 기술적으로나 구조적으로 복잡하거나 판매주기가 길면 그렇지 않다. 또 제품이나 서비스를 직접 사용하는 사람들은 그렇지 않은 의사결정자보다 특징에 더 적극적으로 반응한다. 결국 영업의 유형에 따라 결과가 다르게 나타난다.

혜택과 현상 유지

미국의 경제학자 대니얼 카너먼(Daniel Kahneman)은 아모스 트버스키(Amos Tversky)와 함께 수십 년 동안 사람들이 선택을 어떻게 평가하는가를 연구하여 노벨상을 수상했다. 선택 가능한 대상, 즉 새로운 제품이나 서비스에 대한 반응은 대체로 다음의 4가지 특징을 나타낸다.

첫째, 사람들은 객관적인 가치가 아니라 인지된 가치(perceived value)를 기반으로 평가한다.

둘째, 기준점(이미 소유하거나 소비했던 제품)과 비교하여 신제품을 평가한다.

셋째, 기준점과 비교하여 개선(또는 가치의 증대)을 이익으로 평가하고, 악화를 손실로 평가한다.

넷째, 영업관리에서 가장 중요한 특징으로, 인지된 손실은 비슷한 크기의 이익보다 구매 행위에 훨씬 더 큰 영향을 미친다.

대니얼 카너먼과 트버스키는 이러한 현상을 '손실회피 성향(loss aversion)'이라고 명명했고, 다른 심리학자들은 '소유 효과(endowment effect)'라고 칭했다. 연구 결과에 따르면, 사람들은 50%의 확률로 100달러를 따거나 잃는 내기는 받아들이지 않는 것으로 나타났다. 내기가 사람들의 구미를 당기려면 이익이 잠재적인 손실의 2~3배는 되어야 한다. 투자, 직업 선택, 협상(노사협상에서의 주고받기 등)에서도 이와 같은 현상유지 편향이 나타난다.

고객 역시 기존의 제품이 주는 혜택을 높게 평가하는 경향이 있다. 따라서 신제품이 더 많은 혜택을 준다는 사실만으로는 고객의 관심을 끌기에 충분하지 않다. 이익이 인지된 손실보다 월등하지 않으면 고객들은 신제품을 구매하지 않을 것이다.

그러면 신제품이나 새로운 서비스가 얼마만큼 좋아야 할까? 경우에 따라 다르다. 연구 결과에 따르면, 고객들은 손실을 3배 정도 과대평가한다고 한다. 그런가 하면 나의 동료 존 거빌(John Gourville)은 신제품 개발자와 영업사원이 자신의 제품에 대한 우호적인 편향을 가지고 그 혜택을 3배 정도 과대평가하는 경향이 있다고 지적한다. 결과적으로 판매자가 생각하는 수준과 고객이 원하는 수준 사이에 9 대 1만큼의 불일치가 발생한다.

신제품을 출시하거나 새로운 경쟁자의 진입에 맞서 기존의 고객 기반을 방어하는 전략을 추진할 때 영업의 핵심 과제는 현상유지 편향을 관리하는 것이다. 신제품은 고객의 행동 변화를 요구한다. 혜택을 줄 수도 있지만, 비용을 부과하기도 한다. 이런 비용에는 경제적 비용(새로운 편성에 소요되는 비용), 학습비용(새로운 소프트웨어 프로그램을 학습하는 데 소요되는 비용), 진부화 비용(스트리밍 미디어로 전환하면 그때까지 보유했던 CD는 좌초자산stranded asset이 된다)이 있다. 현상유지 편향에서 보면 이런 비용은 손실과 같고, 고객의 의사결정에 큰 영향을 미친다.

결국 영업 활동은 시장이 어떤 곳인가에 따라 달라져야 한다. 소프트웨어시장에서의 영업 활동을 생각해보자. 기업이 오라클 또는 SAP소프트웨어의 새로운 버전을 설치하는 데는 수 년이 소요될 수 있다. 장기 계약을 체결해야 할 뿐 아니라 하드웨어까지도 구매해야 하는 힘든 절차가 뒤따르기도 한다. 그런데도 기업의 최고정보관리책임자(CIO)들은 오라클이나 SAP로부터 소프트웨어를 구매한다. 그들의 경험에 의하면 새로운 진입자에게서 신기술을 구매할 때 적지 않은 위험이 따른다. 때로는 의사결정의 실패나 내부 혼란으로 인한 잠재비용이 미래의 편익을 능가하기도 한다. 이런 시장에 진입하려면 고객이 맞게 될 변화를 최소화하는 방향으로 영업 활동을 전개해야 한다.

구매자들은 타성에 빠지기 쉽다. 그리고 거빌이 강조한 것처럼 이러한 타성이 판매자에 대해 대결 자세를 취하게 만들기도 한다. 따라서 판매자는 제품과 서비스를 혁신하는 것과 더불어 고객에게 요구되는 변화를 최소화함으로써 가치를 최대한 획득해야 한다.

영업사원이라면 다음과 같은 질문에 대한 답을 갖고 있어야 한다.

- 나는 잠재고객에게 어떤 변화를 요구하고 있는가? 고객의 문제 또는 기회가 변화를 정당화할 정도로 큰가? 어떤 제품은 고객에게 변화를 최소화하면서 커다란 혜택을 준다. 반면에 큰 변화에 따른 비용을 초래하면서 약간의 혜택을 주는 제품도 있다. 고객이 어떤 범주에 속하는가를 알아야만 영업을 효과적으로 할 수 있다. 바로 이러한 이유 때문에 전략과 영업을 연결할 때 이상적인 고객에 대한 프로필을 갖고 있어야 한다고 말하는 것이다.
- 가치와 혜택에 대해 고객과 공감대를 형성할 수 있는가? 자동화 전문기업 록웰 오토메이션(Rockwell Automation)은 영업사원들에게 고객의 이익을 입증하는 데 필요한 데이터를 모으고 가치를 산출하여 이를 고객에게 보여주도록 교육한다. 고객이 얻는 가치는 다음과 같이 산출된다.

전기요금 감소 = 현재 요금(킬로와트(kw) × 연간 가동시간 × 킬로와트시(kwh)당 요금 × 시스템 가동연수) − 록웰 모터 사용시 요금(킬로와트(kw) × 연간 가동시간 × 킬로와트시(kwh)당 요금 × 시스템 가동연수)

- 고객이 제품을 사용하기 전에 가치를 미리 보여주고 스스로 선택하게 만들 수 있는가? 대공황(Great Depression)부터 시작하여 대침체(Great Recession)를 거친 지난 70여 년간 지속적으로 흑자경영을 유지했던 파카(Paccar)라는 회사는 켄워스(Kenworth)와 피터빌트(Peterbilt) 트럭을 생산하는데, 경쟁사보다 10~20% 높은 가격 정책을 유지했다. 영업사원들은 고객에게 트럭을 사용하는 동안 발생하게 될 상세한 비용 정보를 온라인으로 전해주어 고객 스스로 선택할 수 있게 했다. 고객이 경쟁사의 저가 트럭 대비 파카 트럭의 가치를 알고 싶으면 연료비, 타이어 회전저항계수, 차량 중량 등의 데이터를 입력하면 된다. 되팔았을 때의 가격, 정비비용, 금융비용, 운전자 확보의 용이성(운송회사를 경영하는 사람에게는 유용한 정보다)도 트럭의 가치를 판단하게 해주는 요인들이다. 한편 이 회사의 웹사이트에서는 '더 적은 공기를 밀어내어 더 많은 이익을 끌어낸다(Push Less Air, Pull More Profit)'라는 제목의 자동차 연비 관련 입문서도 제공한다.

리드 유저와 주류 고객

구매 관성을 다루는 또 다른 옵션이 있다. 가치 제안이 주는 혜택을 높이 평가하거나 감수해야 할 변화를 낮게 평가하는 고객, 즉 리드 유저를 식별하는 것이다. 때로는 이 작업이 전략과 영업 활동을 연계하는 데 핵심 요소가 되기도 한다. 왜냐하면 그들은 다른 고객들과 달리 혜택에 높은 가치를 두고 현상 유지에 낮은 가치를 두기 때문이다. 비즈니스 컨설턴트인 제프리 무어(Geoffrey Moore)는 이러한 얼리 어답터들이 실용주의자나 주류 고객과는 다른 구매 기준을 가진 선지자라는 점을 지적한다. 이들을 식별하지 못하는 기업은 자신의 시장에서 갈라진 틈을 뛰어넘을 수 없다.

리드 유저들은 어떤 특징을 보이는가? 이 질문에 간단히 대답하기는 어렵다. 연구 결과도 다양하고 상충된 기준을 보여준다. 이들을 단순히 선지자, 복음전도사라고 부르면 같은 말만 되풀이하게 될 뿐 타깃고객의 기준을 정하거나 방문 계획을 세우는 데 도움이 되지 않는다. 리드 유저를 식별하기 위해서는 다음과 같은 질문에 답할 수 있어야 한다.

- 고객에게 요구되는 변화를 줄일 수 있는가? 이는 제품 설계와 관련된 문제이지만, 때로는 고객관리 여하에 달려 있는 경우도 있다. 잠재고객을 대상으로 문제나 기회를 교육하거나 거래처에서 또 다른 사람을 방문하는 것처럼 말이다. 이런 업무를 거리낌 없이 수행할 영업사원을 모집하거나, 기존의 영업사원을 그런 영업사원으로 육성하고, 고객의 질문을 또 다른 방문으로 연결할 수 있는 대답의 기준을 정해야 한다. 이를 통해서 고객의 변화를 줄일 수도 있다.
- 적절한 잠재고객을 방문하고 있는가? 리드 유저를 식별하면 시장에서 아무런 조건이 부여되지 않은 고객, 즉 현재 제품을 사용하고 있지 않는 고객에게 집중할 수 있다. 앞에서도 살펴보았듯이, BPI가 이상적인 고객에 대한 프로필을 분명히 정해두었다면 적절한 잠재고객을 방문할 수 있었을 것이다.

- 얼리 어답터의 특징을 결정짓는 데 문화적 요인도 작용하는가? 리드 유저는 주류 고객이 받아들이지 않는 위험을 받아들인다. 공동체나 조직이 이러한 위험을 받아들이느냐 아니냐는 문화적 요인과 관계가 있다. 어떤 사람은 미국에 기업가 정신이 충만한 이유 중 하나가 역사적으로 새로운 제품에 관심을 가진 리드 유저가 많기 때문이라고 주장하기도 한다. 미국 농부들은 유전자변형작물에 대해 세계적으로 알려진 얼리 어답터들이고, 실리콘밸리는 어느 나라 기업보다 더 빨리 신기술을 채택해주는 미국 기업들로부터 혜택을 입는 곳이다. 스칸디나비아 소비자들은 다른 누구보다 친환경제품을 더 빨리 채택한다. 이처럼 때로는 민족이나 인종 그리고 공동체 규범 같은 문화적 요인들이 리드 유저 식별에 도움을 준다.

구매 행위의 이해와 관련한 차이들(제품과 문제, 혜택과 현상 유지, 리드 유저와 주류 고객)은 규범적 판단을 내포하지 않는다. 다시 말해서 리드 유저가 주류 고객보다 더 낫다고 할 수 없다는 말이다. 어느 것이 나은지는 오로지 전략전 선택에 달려 있는 것이다. 또한 모든 차이는 고객의 특징에서 비롯되는 것이지 판매자의 특징에서 비롯되는 것이 아니다. 따라서 고객의 행동 예측이라는 이슈를 관리가 가능한 작은 이슈로 분류하여 경험적으로 관찰이 가능하게 하고, 과제와 실적관리시스템을 영업 활동과 연계하는 데 이용할 수 있도록 해야 한다. 다시 말하면, 당신에게 이상적인 고객을 식별하는 방법이 필요하다는 것이다.

이상적인 고객의 프로필 개발

다시 BPI의 문제로 돌아가보자. 회사가 가장 암울했던 시기에 BPI 이사회의 한 사람이 "이상적인 고객의 프로필에 대해 말씀해주시겠습니까?"라고 질문했다. 이에 대한 대답이 영업 과제와 영업 활동을 연결하는 실천적 프로세스를 보여주고, 채용과 영업 파이프라인 관리, 가격 책정, 영업조직, 유통채널 관리에 관한 시사점을 전해줄 것이었다. 회사 CEO가 말했다.

"2008년까지는 소규모 자영업 레스토랑과 식품점이 BPI 고객의 40%를 차지했습니다. 당연히 영업 활동은 그들을 중심으로 이루어졌습니다."

그러나 이상적인 고객의 프로필(ideal-customer profile, ICP)은 다른 사실을 밝혀주었다.

1. 고객 데이터를 수집, 분석하라

BPI는 먼저 고객 데이터를 분석하기 위해 CEO, CFO, 영업 담당 부사장, 사외이사로 구성된 팀을 구성했다. 여기서 매출, 이익, 직원수, 산업, 입지를 비롯하여 영업과 관련된 모든 요인들을 열거하고 각각의 데이터를 수집하여 다방면의 분석에 착수했다. 그리고 성공/실패 분석을 통해 BPI 고객들에게서 나타나는 3가지 주요 차이를 확인했는데, 입지, 수직시장(vertical market. 특정한 요구를 지닌 고객을 상대로 특화된 상품이나 서비스를 판매하는 시장. 옮긴이), 직원수였다. 이 변수들은 판매주기의 길이, 평균판매가격, 가입자 이탈률, 업셀(up-sell. 고객에게 더 비싼 제품을 구매하도록 설득하는 마케팅 기법. 옮긴이) 성공률 같은 영업 관련 지표와 상관관계가 있다. 모든 기업은 자기 사업에 고유한 '고객 차이(customer difference)'를 갖게 된다. 그 차이가 영업 관련 핵심 지표와 어떻게 연관되는지를 아는 것이 중요하다. BPI는 팀회의에서 이러한 연관성을 논의하여 다음과 같은 잠정적 결론에 도달했다.

- 수익성 : 수익성은 대체로 고객사의 직원수에 비례한다. BPI의 제품은 고정비용은 높은 편이었지만, 고객사의 직원수가 많아짐에 따라 한계비용이 낮아졌다. 이러한 사실은 가격 책정과 고객 선택의 중요성을 뒷받침한다.
- 영업비용 : 영업비용은 판매주기의 길이와 직결된다. 판매주기가 길수록 제안, 시연, 방문을 여러 차례 해야 하므로 비용이 늘어난다. 이 같은 사실은 영업 생산성에 영향을 미치고, 다른 부서들이 영업부서에 관여하게 만든다. 경영진이 영업 자원을 조직하고 배치하기 위해 참고하는 매출총이익에서 숨은 비용으로 작용하기 때문이다.
- 고객 평생 가치(Customer Lifetime Value) : BPI는 매출이 증가하지는 않았지만 BPI의 서비스에 대한 고객만족도는 높은 편이었다. 결과적으로 기업과의 관계 가치가 더 높아지는 경향을 보이고 있었다. 이러한 고객들은 다른 고객들(특히 레스토랑과 식품점)에 비해 덜 이탈하는 편이다. 레스토랑과 식품점의 경우에는 재정적 압박이나 계절적 변수가 이탈을 결정하는 주요 원인이다.

2. 예비 가설을 도출하라

팀회의 결과에서는 고객 데이터를 분석하고 나서 바람직한 고객의 특징을 다음과 같이 정의했다.

- 규모 : 15~50명의 직원을 거느린 서비스기업이라면 급여관리 프로
  그램이 필요할 정도의 규모라고 할 수 있지만, 내부적으로 IT 인력을
  둘 형편은 되지 않는다. 이런 기업에서 제조 대 구매(make-versus-buy)
  결정은 급여관리를 아웃소싱하는 쪽으로 기울게 된다. BPI 팀은 이
  런 기업들이 BPI보다 규모가 큰 업체에서 받는 대접에 대한 불만을
  가지고 BPI를 선택할 것으로 믿었다.
- 도시지역에 위치 : 도시에 위치한 기업들은 BPI가 영업 경제(selling
  economy. 주문량이 늘어날 때 영업비용이 주문량에 비례하지 않고 덜 소요
  되는 것. 옮긴이)를 실현하게 해준다. 그리고 대부분 BPI가 제공하는
  기술 솔루션에 대한 얼리 어답터들이다. 또한 고속인터넷에 접속할
- 가능성이 높다.
  영업 이력 : 고객의 이탈은 기업이 얼마 동안 사업을 해왔는가와도
  관련이 있다. 5년 동안 사업을 해온 기업의 고객 이탈률은 낮다. 그리
  고 BPI의 서비스에 대한 고객 평생 가치는 높다.

이러한 가설들은 BPI가 소비자들을 대상으로 정리한 기준과 데이터에
근거한 것이다. 이상적인 고객에 대한 프로필 분석은 사실에 근거한 토론
이 이루어지도록 하며, 일이 제대로 진행되거나 진행되지 않는 원인에 대
해 더 신속한 파악과 의사결정이 가능하도록 해준다.

3. 폭넓은 피드백을 통해 가설을 정교하게 수정하라

이 팀은 앞의 예비 가설을 바탕으로 BPI 직원들에게 피드백을 요청했다. 이어서 관련 데이터와 브리핑 자료를 받아 고객들의 특징을 자세히 살펴보았다. 트렌드는 어떻게 변화하고 있는가? 다른 수직시장에 있는 고객들과 거래를 성사시키는 데는 시간이 얼마나 걸리는가? 서비스 믹스(service mix. 제품과 서비스가 결합된 정도를 말하며, 브랜드·가격·서비스·제품라인·스타일·색상·디자인 등을 포함한다. 옮긴이)가 주문을 이행하는 데 어떤 영향을 미치는가? 하나의 세그먼트(segment) 공략을 위해 영업, 마케팅, 연구개발에 시간과 자금을 투입한다면 어느 세그먼트를 선택해야 하는가? 그 세그먼트의 고객에게서 발견되는 특징은 무엇인가? 팀은 이와 관련한 논의를 통해 가설에 수정을 가했다. 그리고 무엇보다 고객 선택이 중요하다는 사실을 재확인했다.

그러나 여기에서 그쳐서는 안 된다. 고객의 행동과 그것이 판매자에게 부과하는 비용에 대해 정확하게 이해하는 일선 현장의 사람들로부터 피드백을 받을 필요가 있다. 이 피드백은 사후관리를 위한 회의에서 교차기능적인 문화가 BPI의 영업 활동에 미치는 영향을 분명하게 전달한다.

팀은 현장으로부터 피드백을 받기로 결정하는 한편, ICP에 관한 가설을 새로운 출발점으로 삼았다. 고객 주문이 사업 전반에 미치는 도미노 효과에 관한 최초의 가설에서 어떤 부분을 놓쳤는가? 이런 효과를 다르게 설명하는 방법은 없는가? ICP의 논리에 어떤 문제가 제기되고 있는가? 그것은 영업 활동에 어떤 의미를 갖는가?

4. 아이디어에서 실천으로 :
이상적인 고객의 프로필과 그 의미를 전달하라

이러한 프로세스의 결과로 BPI는 영업의 핵심 대상을 직원수가 15명이 넘는 전문 서비스기업으로 변경했다. 이에 따라 대내외적으로 적지 않은 변화가 생겼다.

대외적으로는 소규모 회계법인이 영업을 위한 전화 대상에서 우선순위를 갖게 되었다. 과거에는 경쟁자로 인식되었지만 이제는 타깃고객을 추천받을 수 있는 곳으로 재인식되었고, 영업사원들은 ICP를 가지고 새로운 파트너와 협력할 방법을 찾아나섰다. 그러면서 규모가 작은 회계법인의 경우 급여관리를 대행할 자원도 부족하고, 그럴 의지도 없으며, 다른 누군가가 대신하더라도 개의치 않는다는 사실을 확인하게 되었고, BPI는 타깃고객의 변경, 인센티브 제공, 적절한 구매 권유 등을 통해 회계법인이 선호하는 파트너가 되었다.

대내적으로는 실적 지표가 바뀌었다. 이전에 BPI는 매출을 회계장부에 기입되어 있는 숫자로만 파악하고 주문의 질이나 고객 갱신율에는 관심을 두지 않았는데, 이제는 회계사의 자문을 받아 실적 지표를 정하고는 매주 감독을 받도록 했다. 그 결과, 영업사원이 회계법인과 회의를 개최한 횟수와 고객을 추천받은 건수에 확실한 상관관계가 있음을 확인하고, 타깃고객을 대상으로 시연을 해서 거래를 성사시키게 되었다. 이제 영업사원은 담당구역의 회계법인을 찾아가고 방문보고서를 작성하여 회사에 제출해야 했다. BPI는 이러한 활동이 전략적으로 중요하다는 사실을 강조하기 위해 ICP와 거래를 성사시킬 때만 수당을 지급했다. 이는 대담한 조치였지만 성과가 있었다. 영업사원의 숫자는 75명에서 35명으로 감소했지만, 회계법인이 추천해준 서비스기업에만 집중함으로써 방문 패턴이 개선되었다. 또한 영업 활동 지표를 통해 어떤 영업사원이 새로운 접근 방식을 실천에 옮길 수 있는지를 분명히 알 수 있었다. 그리고 회계법인과 접촉할 수 있거나 그곳에서 일한 경험이 있는 사람을 찾아 영업에 보다 적합한 직원을 모집할 수 있었으며, 마케팅 차원에서도 이상적인 고객과 영업채널 파트너가 모이는 장소에서 열리는 이벤트와 컨퍼런스에 집중하기 시작했다.

연구개발부서에서는 급여와 인사 관리의 번들 제품을 개발하여 고객사가 직원의 입사일, 복지 혜택, 급여 이력, 실적 평가 결과를 쉽게 확인할 수 있도록 했다. 이 제품이 또한 고객 갱신율을 높여주었다. BPI가 데이터 공급처 역할을 하게 되면서 고객사와의 관계가 더 끈끈해졌기 때문이다. 실은 과거에도 BPI 내부에서 제품에 인사관리 기능을 추가할 것을 제안한 사람이 있었다. 하지만 BPI는 급여관리서비스를 제공하는 회사라는 이유로 이 제안에 부정적인 사람도 있었다. 그러다가 고객의 평생 가치 증진에 중점을 두게 되면서 이러한 논쟁은 마침표를 찍었고, ICP 분석으로 제품 특성에 집중하게 되었을 뿐만 아니라, BPI에 이상적이지 못한 고객에 대한 전략을 수정할 수 있게 되었다. 어떤 회계법인이 한 회사를 추천하면 BPI는 바로 그 회사를 거래고객으로 대우하여 온라인 시제품을 사용하여 스스로 설치하도록 안내했다. 영업사원이 직접 방문하여 제품을 시연할 때보다 거래가 성사될 가능성은 낮지만, 영업비용이 감소하고 수익성이 높아지는 결과를 가져왔다.

BPI 경영진은 또 ICP를 뒷받침하는 근거와 ICP가 사업 전반에 미치는 영향을 논의하는 데 시간과 노력을 투입했다. 이것이 BPI의 영업 활동에 변화를 일으키기까지는 3개월이 걸렸다. 그리고 6개월이 지나면서 영업사원 중 3분의 1 가까운 인원이 회사를 떠났다. 영업 목표를 달성하지 못했거나 새로운 영업 활동이 자신의 역량이나 성향과 맞지 않다고 생각한 사원들이었다. 그러나 그다음 해 BPI는 영업사원이 줄었음에도 불구하고 거래 성사 횟수가 25%나 증가했고, 이탈률은 기존고객에 비해 절반 수준으로 떨어졌다. 결과적으로 영업사원의 생산성이 3분의 1 정도 향상되었고, 매출과 영업이익이 상승했다. 이와 함께 인력 충원과 직원교육과정도 개선되었다.

현재 BPI는 필연적으로 나타나는 시장의 변화에 따라 영업모델을 변경할 수 있는 프로세스를 갖추고 있다. 그것은 ICP가 여전히 유효한지, 언제 효력을 다하게 될지를 확인하기 위해 경영진이 정기적으로 검토하는 한편, 전략회의에서 ICP에 관한 논의를 정례화한 데서 비롯된 결과라고 할 수 있다.

영업 활동에서 실적관리로

영업 생산성을 향상시키려면 사원들이 일을 더 열심히 하면 된다. 판촉전화도 더 많이 하고, 리드 제너레이션(lead generation. 소비자의 정보 탐색 과정을 분석하여 특정 제품 및 서비스에 관심을 가진 소비자를 발굴하고 구매 의사 정도를 파악하는 일련의 마케팅 과정. 옮긴이) 업무를 더 챙기면 된다. BPI에서는 영업사원이 감소했지만, 판매량은 오히려 전보다 증가했다. 그 이유는 ICP 분석으로 리드 제너레이션 업무를 촉진하고 판촉전화의 성과를 증진시켰기 때문이다.

영업 생산성은 일을 더 똑똑하게 함으로써 향상시킬 수도 있다. 예를 들면 영향력이 큰 영업 과제에 집중하고 그렇지 않은 영업 과제에는 자원을 덜 투입해서 고객을 찾아갈 시간을 더 많이 확보하는 식이다. BPI에서는 ICP를 영업 활동의 효과를 평가하기 위한 지표로도 활용한다.

영업 생산성을 향상시키는 또 하나의 방법은 영업비용을 줄이는 것이지만 자칫 잘못하면 영업 활동을 위축시켜 실적이 저하되는 결과를 초래할 수 있다. 이를 방지하는 좋은 방법이 ICP에 들어 있다. ICP가 어디를 줄이고 어디를 줄이지 말아야 할지를 알려주기 때문이다. BPI는 영업 활동과 고객 유치 및 유지의 인과관계를 파악하여 자원의 투입 여부와 규모를 조절한다.

이제 고객의 가치를 창출하고 전달하기 위해 필요한 교차기능적인 문화와 조직을 성장에 적합한 구조로 정비하는 방법을 생각해보자. 먼저 한 대기업의 사례부터 살펴보자.

인포메이션 서비스 아이엔시(Information Services Inc., ISI)는 기술연구기업으로, 1990년대 후반까지만 해도 수입의 대부분이 연구비 기부금에서 나왔다. 그러다가 기술의 발전 속도가 빨라지고 사람들이 더 많은 정보를 원하면서 ISI는 가파른 성장기를 맞이하게 되었다. 하지만 그것도 잠시 닷컴 버블 붕괴로 매출이 14분기 동안 연속 감소하는 위기에 봉착했다. 직원의 20%를 해고하기에 이르렀고, 그래도 매출 전망이 좋지 않자 결국 이사회는 CEO에게 죽음의 악순환에서 탈출할 것을 강력히 주문했다.

ISI는 BPI와 마찬가지로 ICP를 마련하고 관련 데이터를 수집하여 분석에 들어갔다. 그 결과, 조사 대상 기업의 90%가 전년도에 적자가 났을 경우 ISI가 제공하는 서비스를 구매하지 않는 경향을 보인다는 사실이 밝혀졌다. ISI 영업 파이프라인상에 있는 기업의 30%가 이러한 유형에 속한다는 점도 확인되었다. ISI는 곧이어 다른 분석과 설문을 실시하여 이상적인 고객의 프로필을 보완했다.

'고객은 높은 가격과 업셀/크로스셀(cross-sell. 한 제품을 구입한 고객이 다른 제품을 추가로 구입할 수 있도록 설득하는 마케팅 기법. 옮긴이) 가능성에 비례하여 가장 짧은 판매주기를 가질 것으로 예상된다. 또한 매출액이 최소 5억 달러에 달하고, 사업장이 여러 곳에 위치해 있으며(때로는 다국적기업도 해당되지만 항상 그런 것은 아니다), 이전 4분기 동안 이익을 내고 있고, 매출액 대비 IT 부문 지출이 5% 이상을 차지한다.'

그다음에 ICP는 판매 방식에 변화를 가했다. 영업사원들에게 판촉전화 50회 이상을 할당하기보다 이상적인 고객의 기준에 맞는 5~6개의 기업을 중점 관리하도록 했고, 텔레마케터에게는 그 밖의 다른 기업들을 맡겼다. 또한 영업 활동을 뒷받침하기 위해 어카운트 플래닝(Account Planning. 소비자의 심리와 행동을 이해하고 계획에 반영하는 것을 의미하는 마케팅 용어. 옮긴이) 프로세스와 실적 지표를 수정하고, 정기적인 개인 지도를 지원하고, 경영진과 함께 실적을 평가하는 절차를 마련했다. 그로부터 1년 후, ISI는 고객 유치 실적이 3년 만에 처음으로 좋아지고 주식가격도 2배로 오르는 성과를 거두었다.

ISI의 사례는 영업 과제와 실적관리가 밀접한 관계에 있으며, 이러한 관계를 관리하는 데서 대기업과 중소기업 간에 차이가 있다는 사실을 말해준다.

• 가치에 대한 공감대 : 중소기업에서는 부족한 데이터가, ISI 같은 대

기업에서는 너무 많은 데이터가 문제가 되곤 한다. 생산부서와 영업부서에서 서로 다른 가정과 기준으로 작성한 보고서와 스프레드시트가 넘쳐날 뿐 아니라, 서로 조화를 이루지 못하는 CRM(Customer Relationship Management, 고객관계관리)시스템이 5개나 작동하기도 한다. 결국 고객의 현실에 대한 합의를 보지 못한 채 관리자들이 저마다 전략적 타당성을 주장하게 되고, 기업은 오랜 기간 혼란에 휩싸이게 된다. 해결책은 ICP 프로세스다. 영업 과제를 구체적으로 밝혀줄 뿐만 아니라, 기업이 무엇을 잘하고 있는지에 대한 공감대를 형성하게 해주고, 공동의 비전을 재정립하도록 해준다. 이러한 공감대가 없으면 '빅데이터' 기법을 향한 열정과 분석은 쓰레기만 양산하는 투자의 반복이 될 공산이 크다.

• 수익 증가 : ISI와 BPI는 새로운 시장에 진입하거나, 다른 기업을 인수하거나, 관심을 두지 않았던 시장 공간을 개척하거나 하지 않고, 보유하고 있던 영업 자원을 재분배하여 매출과 수익을 획기적으로 끌어올렸다. 이는 경영자들이 깊이 새겨야 할 부분이다. 세상에 널리 알려진 전략적 조언을 보면 에이허브(Ahab. 허먼 멜빌의 소설 《모비딕Moby Dick》에 나오는 선장 이름)나 신바드(Sinbad)처럼 블루오션(blue ocean)을 찾아 항해하는 대기업들이 등장하지만, 지금은 어느 누구도 블루오션에서 고기를 낚지 않는다. 경쟁을 피할 수 있다면 얼마나 좋겠는가. 하지만 대부분의 기업들은 고향에서 번영을 추구하려 했던 지혜로운 선원 오디세우스를 모방하며 수익을 얻는다. 이는 전략적 선택을 이상적인 고객의 프로필로 구체화하고, 프로필이 요구하는 영업 활동과 실적관리시스템에서 나오는 기회를 추구해야 함을 의미한다.

Chapter 08

사람에 주목하라

영업력의 채용과 개발, 그리고 조직

영업 실적을 높이려면 성공을 위해 무엇을 해야 하는지를 잘 아는 잠재력이 뛰어난 영업사원을 뽑아서 훈련시켜야 한다. 영업 능력은 많은 부분이 실천을 통해 개발된다. 따라서 영업부서가 어떻게 조직되어 있는가가 어떤 사람을 뽑아서 어떤 기술을 개발시켜야 할지에 영향을 미친다. 일반적인 영업조직 형태가 지닌 장점과 한계를 이해하고, 특히 21세기의 신기술이 전략과 영업의 일치와 관련된 GTM 과제에 미치는 영향을 아는 것이 중요한 이유다.

영업관리자가 따라야 할 기본 원칙

관리자들이 결코 이런 식으로 말하지는 않겠지만, 애플을 비롯한 여러 회사들과 계약을 체결했던 제조업체 폭스콘(Foxconn)의 테리 고(Terry

Gou) 회장이 했던 말에 많은 사람들이 공감할 것이다. 2012년 직원수가 140만 명이 넘었던 폭스콘은 향후 수년에 걸쳐 100만 대가 넘는 로봇을 공장에 설치할 계획을 가지고 있었다. 고 회장은 신화통신과의 인터뷰에서 그 같은 계획을 세우게 된 이유를 묻는 질문에 이렇게 대답했다.

"인간도 동물이다. 동물 100만 마리를 관리하는 것이 내게는 아주 골치아픈 일이다."

보통의 경영자들은 이와 다르게 말을 하거나 글을 쓴다.

"우리에게는 사람이 가장 중요한 자산입니다. 그리고 우리는 가장 뛰어난 사람, A급 스타를 중용합니다."

하지만 영업에서 뛰어난 관리자가 되려면 위의 2가지 방식을 모두 피해야 한다.

공장에서 노동을 기계로 대체하려는 고 회장의 시도는 잘될 수도 있고 잘못될 수도 있다. 그러나 영업에서는 사람이 중요하며 개인의 실적에서 극명한 차이를 보인다. 이는 재직기간, 제품 구성, 구역 할당만으로는 설명되지 않는다. 일부 영업사원은 다른 영업사원들에 비해 더 열심히, 더 똑똑하게 일한다. 인적자원관리에 관한 연구에 따르면, 상위 15%에 해당하는 영업사원이 50%에 해당하는 영업사원보다 5~10배 정도 더 높은 실적을 보인다고 한다. B2B 영업의 경우 비슷한 구역에서 상위 20%에 있는 영업사원과 80%에 있는 영업사원 간에 실적 차이가 300%나 나기도 한다. 소매영업의 경우에는 영업 생산성에서 3~4배 정도의 차이가 난다.

한 가지 예를 살펴보자. 2010년 소셜커머스기업 그루폰(Groupon)이 몇 차례 엄청난 거래를 성사시키며 세상에 널리 알려지면서 기업공개에 관한 소문이 파다했다. 그루폰은 2010년 8월 갭(Gap)에 4만 4,000장이 넘는 쿠

폰을 팔았고 3개월 뒤에는 노드스트롬에 62만 5,000장을 팔았다. 이러한 그루폰의 실적이 〈오프라 윈프리 쇼〉에서 '올해 가장 잘한 10가지(Oprah's 10 Favorite Things 2010)' 중 하나로 선정되기도 했다. 당시 그루폰에는 4,500명이 넘는 영업사원이 있었다. 그런데 갭과 노드스트롬과의 거래는 제이나 쿡(Jayna Cooke)이라는 영업사원 단 한 사람이 이루어낸 것이었다. 〈오프라 윈프리 쇼〉의 담당 프로듀서에게 그루폰 특집을 제작하게 만든 것도 그녀였다. 그녀는 2010년과 2011년 최고의 영업사원으로 뽑혔다. 그런데 그녀가 2012년 신생 기업으로 자리를 옮기고 말았다. 그 후 그루폰은 영업 손실에 직면하게 되었고, 영업사원들에게 고객을 재할당하는 식으로 손실을 메우려고 했지만 상황은 바뀌지 않았다.

영업 활동은 창의적이고 자유로운 지식노동을 많이 닮았다. 지식노동에서는 스타의 반열에 오르는 사람이 종종 등장한다. 연구 결과에 따르면, 복잡한 일이 많은 직종에서는 상위 1%에 해당하는 사람이 평균에 해당하는 사람보다 125%가 넘는 실적을 올린다. 일례로 컴퓨터 프로그래머의 경우 스타와 평균적인 사람 간의 생산성 격차가 8대 1정도라고 한다. 산업 전반적으로도 상위 1%에 해당하는 발명가가 평균적인 발명가에 비해 5~10배 정도 높은 생산성을 보인다. 역사적으로 여러 시대와 학문 분야가 보여주는 사실 또한 소수 과학자의 논문과 예술가의 작품이 전체의 대부분을 차지한다는 것이다. 그렇다고 해서 록 기타리스트인 피트 타운센드(Pete Townshend)나 에릭 클랩튼(Eric Clapton)처럼 반응할 필요는 없을 것이다. 이 두 사람은 함께 지미 헨드릭스(Jimi Hendrix)의 공연을 처음 보던 그때 너무도 깊은 감동을 받은 나머지 두려움마저 느꼈다고 한다. 심지어 항복의 의미로 서로의 손을 잡고 있는 자신을 발견했다고 한다.

재능은 중요하다. 능력을 개발하여 발전시킬 여지 또한 충분하다. 그러나 모든 사람을 상위 10% 수준으로 끌어올릴 필요는 없다. 매우 힘들다. 많은 경영자들이 그러는 것처럼 사람을 뽑을 때 최고에만 집중하는 것도 가장 좋은 방식은 아니다. 소요되는 자금과 관리 역량을 고려할 때 모든 자리에 스타 영업사원을 배치할 수는 없는 일이다. 게다가 스타 영업사원은 언제나 다른 기업들이 노리는 스카우트 대상이 된다. 기업들의 영업사원 모집 기준을 보면 절반 이상이 동종업계에서의 경험을 요구하는데, 이는 곧 모든 경쟁사들이 스타 영업사원을 물색하고 있다는 이야기다. 하지만 스타 영업사원의 이동에는 현실적인 한계도 따른다. 보리스 그로이스버그(Boris Groysberg) 하버드대 경영학과 교수는 뛰어난 능력을 발휘하던 스타 애널리스트가 회사를 옮기고 나서 실적이 곤두박질치는 이유를 설명한다. 그의 연구 결과에 따르면, 실적의 절반 이하는 개인의 능력에서 비롯되고, 절반 이상은 기업의 문화와 자원(브랜드, 기술, 리더십, 교육, 팀의 협력 등)에서 비롯된다. 앞에서 설명했듯이, 영업 과제는 비즈니스 전략과, 어디서 어떤 고객에 집중할 것인가에 대한 선택으로 결정된다. 이러한 전략과 선택은 기업에서 나오고, 영업 활동 역시 채용과 능력 개발뿐만 아니라 부서의 관리시스템과 분위기에 영향을 받는다. 이 모두가 기업에 고유한 요인들이다. 스타 영업사원은 자리를 옮길 때 이 요인들을 모두 가져가지 못한다.

여기서 우리가 얻을 수 있는 교훈은 기업, 특히 영업은 올바른 채용시스템, 집중적인 교육프로그램, 시장에 적합한 조직 원칙 등을 통해 스스로 성장해야 한다는 것이다. 시장이 변하더라도 최상의 인력을 보유하고 능력 개발을 지원하여 최고의 성과를 내도록 해야 한다. 기업의 인사관리와 관련한 거의 모든 연구 결과가 이러한 기본 원칙을 준수할 것을 강조하고 스타 영입에 따른 문제점을 지적한다. 경쟁우위와 효과적인 영업은 기본 원칙을 어떻게 실천하는가에 달려 있다.

실적보다 중요한 인력관리 프로세스

2006년 설립된 허브스폿(Hubspot)은 2006년 매사추세츠주 캠브리지에 위치한 기업으로, 중소기업들에 웹기반 인바운드 마케팅(Inbound Marketing. 고객이 직접 제품과 회사를 찾아오게 만드는 마케팅. 옮긴이) 서비스를 제공한다. 이 회사의 마크 로버지(Mark Roberge)는 2007년 입사할 당시에 영업조직을 관리해본 경험이 전혀 없었다.

"저는 영업관리자들이 사용하는 전통적인 방법을 잘 몰랐습니다. 대신 MIT 출신 엔지니어로서의 경험을 활용하여 측정 지표와 정량적 분석에 의존하는 채용과 능력 개발 시스템을 만들었습니다."

그는 자신의 목표를 '측정과 예측이 가능한 수익 증대'로 정하고, 채용, 교육, 조직 프로세스에 집중했다. 조직 프로세스는 영업사원이 외부의 고객과 관계하고 회사 내부의 다른 부서와 협력하는 방식에 영향을 미친다.

"많은 기업들이 영업직 지원자를 어떤 지표가 아니라 직감에 의존하여 뽑습니다. 저는 이처럼 비과학적인 프로세스에 정량적 분석을 도입하려고 했습니다."

로버지는 영업의 성공과 상관관계가 있을 것이라고 생각되는 채용 기준을 열거하는 작업부터 시작했다. 그리고 이러한 기준이 갖는 상대적 중요도에 따라 가중치를 부여하고, 최종 점수(1~10점)에 따라 각 지원자의 채용 가능성을 판단했다. 그렇게 12개월 동안 500명을 면접해서 20명을 뽑았다.

또한 그는 사전 인터뷰 점수와 사후 영업 실적 사이의 상관관계를 알아보기 위해 회귀분석을 담당할 MIT학생도 채용했다.

"6~12개월마다 회귀분석을 반복하면서 우리는 지표를 사업에 맞게 지속적으로 조정합니다. 지금 우리는 매월 영업사원을 5~10명 뽑습니다. 이러한 프로세스를 정립하고 나서 전보다 편하게 잠들 수 있었습니다."

직원교육에 대해 로버지는 이렇게 말한다.

"지원자들에게 이전 직장에서 어떤 교육을 받았는지 물어보면 대다수가 몇 주 동안 스타 영업사원의 특강을 듣는다고 했습니다. 걱정되는 방법입니다."

그의 말은 앞에서 요약한 연구 결과나 6장에서 소개한 연구 결과와 맥을 같이한다. 스타 영업사원의 특별한 행동에 집중하여 일반적 특징을 찾으려고 하는 것은 좋은 생각이 아니라는 것이다.

"우리 회사의 스타 영업사원들은 뛰어납니다. 그러나 그들 각자가 뛰어난 이유는 크게 다릅니다. 대부분은 영업의 한 측면에서 뛰어납니다. 예를 들면 훌륭한 질문을 하는 것입니다. 그러나 다른 면에서는 평범합니다. 따라서 영업사원 한 사람이 영업의 전반적인 내용을 가르칠 수는 없습니다."

로버지는 신입사원들이 처음 한 달 동안 학교수업 방식의 교육을 받고 150문항의 시험과 제품 지식, 영업 방법, 인바운드 마케팅 등에 관한 6개의 자격시험을 통과하도록 하는 프로세스를 정립했다. 그는 시험에 대해서 이렇게 말한다.

"시험은 신입사원들이 교육을 마칠 때 똑같은 영업 스킬을 갖도록 해줍니다. (…) 그리고 그들은 주요 고객들이 겪는 고통과 성공을 경험합니다. 여기서 주요 고객들이란 온라인으로 고객을 창출해야 하는 전문 마케터들을 말합니다. 결과적으로 우리 영업사원들은 우리의 잠재고객, 초기 고객과 훨씬 더 깊은 관계를 맺을 수 있습니다."

그는 또 영업 과제가 영업과 마케팅 간 고도의 협력을 요한다는 점을 지적하고, 실제로 협력 메커니즘을 구현하기도 했다(이 메커니즘에 대해서는 12장에서 설명할 것이다). 하지만 어떠한 경우라도 트레이드오프(trade off. 어느 것을 얻으려면 다른 것을 희생해야 하는 경우를 말한다. 옮긴이) 관계가 나타난다는 점을 인식해야 한다.

"영업사원에게 잠재고객 1명을 할당하고 한 달에 1,000번 전화하도록 하는 것이 좋을까요, 아니면 잠재고객 1,000명을 할당하고 한 달에 1번씩 전화하도록 하는 것이 좋을까요? 분명히 답은 중간 어딘가에 있을 것입니다. 그런데 어디일까요? 많은 기업들이 이 질문에 직감에 의존한 답을 내놓습니다. 영업사원이 몇 명 되지 않는다면 그래도 괜찮을지 모릅니다. 큰 차이가 없기 때문입니다. 하지만 수백 명의 영업사원이 고객이 될 사람 수천 명을 대상으로 일을 할 때는 지속적으로 재검토해야 합니다. (…) 우리는 엄격한 자기 분석과 평가 문화를 구축하기 위해 열심히 노력했습니다. 숫자와 데이터를 만지면서 더 많은 것을 알아내려고 합니다."

2012년 허브스폿의 영업사원은 200명이 넘었고, 고객사는 7,000개를 넘겼다. 그리고 〈아이엔시매거진〉이 꼽은, 미국에서 가장 빠르게 성장하는 500대 기업 중 33위에 올랐다. 로버지는 이렇게 말한다.

"중요한 것은 실적 또는 기준이 아니라 프로세스입니다. 영업 여건은 각기 다르고, 영업사원들은 각자 다른 스타일을 갖고 있습니다. 영업 여건에 적합한 스타일도 있지만, 그렇지 않은 스타일도 있습니다. 프로세스는 이러한 차이를 이해하는 데 도움을 줍니다."

그는 전략과 영업을 일치시키는 작업에서 인력과 관련된 핵심적 활동을 언급하고 있다. 그가 말한 프로세스를 재정리하면 다음과 같다.

- **다른 회사의 팀이 아니라 당신 회사의 팀을 만들라** : 당신 회사의 전략이 요구하는 영업 활동을 정확히 이해하여 영업사원을 선별하고 채용하라. 영업 인재의 포트폴리오를 구성하고 관리하는 방법을 숙지하여, 가장 중요한 곳에 가장 뛰어난 인재를 투입하라.
- **기본에 충실하라** : 영업사원들의 활동에 관심을 가지고 각자의 요구에 맞는, 평가 가능한 방식으로 교육하여 그들의 능력을 개발하라. 이러한 교육 방식에는 일관성이 있어야 한다.
- **당신 조직의 장점과 한계를 확인하라** : 영업부서를 조직하는 최선의 방법은 한 가지만 있는 것이 아니다. 일반적인 영업조직 형태가 지닌 장점과 한계를 이해하고, 당신 조직의 문제와 기회를 확인하여 관리하라.
- **구매 행위에 집중하라** : 영업 과제는 구매 행위에 따라 변하게 마련이다. 지금은 다중채널관리(multichannel management)가 표준이 되었다. 이는 전략과 영업을 일치시키는 작업에서 인력과 조직에 중요한 의미를 지닌다.

회사 고유의 팀을 만들라 : 영업사원의 선별과 채용

세일즈 전문가인 짐 디키(Jim Dickie)와 배리 트레일러(Barry Trailer)가 제시한 데이터는 끔찍한 이야기를 들려준다. 영업조직에서 비자발적인 인력 교체 비율은 2009년 14.6%로 최대치를 기록한 후로 계속해서 13% 수준에 머물러 있고, 전체적인 인력 교체(자발적 퇴직, 전직 등을 포함) 비율은 불황과 호황 시기를 막론하고 25~30% 구간을 맴돈다. 이 같은 사실은 영업조직 전체가 거의 4년마다 교체된다는 것을 의미한다. 매출 목표를 높게 잡으면 이 기간은 더 단축된다.

로버지가 확인했듯이, 전략이 영업 인력을 수시로 찾아서 뽑도록 몰아가면 관련 업무가 임기응변식으로 처리된다. 시간적 압박과 시장의 요구가 만만치 않기 때문이다. 기업들은 간단한 의사결정의 원칙을 갖고 있다. 최고의 영업사원을 찾아 최대한 많이 확보한다는 것이다. 그러나 모든 자리에 최고의 스타를 앉힐 수는 없다. 그럴 필요도 없다.

조직마다 전략에 큰 영향을 미치지 않으면서 실적에 많은 차이를 가져오는 업무가 있다. 다양한 영업 상황에서 파워포인트 자료를 작성하는 경우를 생각해보자. 영업사원 중에 이 작업을 아주 잘하는 사람이 있다. 그런데 이것이 다른 영업 과제보다 전략에 더 큰 영향을 미치는가? 한편 전략적으로는 중요하지만 실적에서는 차이가 많이 나지 않는 업무도 있다. 그 이유는 업무가 표준화되어 있거나, 기업 또는 산업 부문에서 가변성을 줄였거나, 비즈니스모델이 실적의 변동 폭에 제한을 가했기 때문이다. 개인별 서비스가 전략 수행에 필수불가결한 노드스트롬에서 일하는 사원과, 상품이 저가에다 종류가 다양하여 영업 활동이 비교적 단순한 코스트코에서 일하는 사원을 비교해보라. 또는 거래고객을 대상으로 하는 영업 활동과 솔루션고객을 대상으로 하는 영업 활동의 차이를 생각해보라.

영향력과 가변성이 큰 영업 활동에서는 스타 영업사원을 필요로 한다. 잠재고객이나 기존고객의 관리 또는 거래 구매자나 솔루션 구매자를 대상으로 한 방문 빈도(call frequency) 관리나 주요 채널파트너에 대한 관리가 여기에 해당된다. 하지만 영향력과 가변성이 작은 영업 활동에서는 스타 영업사원을 영입하기 위해 자금이나 시간을 많이 투입할 필요가 없다. 다시 말해서 영업 인력의 포트폴리오를 적절하게 구성하여 영업사원을 효율적으로 선별, 채용해야 한다.

영업사원이 어떻게 영향력을 발휘하는가에 관심을 집중하라

'영업 과제 전반에 걸쳐 자금, 시간, 인력을 너무 많이 투입하는 곳은 어디인가? 너무 적게 투입하는 곳은 어디인가?'를 끊임없이 질문하라. 전략적 선택은 고객 선택 기준에 작용하고, 영업 활동은 영업조직의 구조(이번 장에서 설명)와 팀 영업(10장에서 설명)의 필요성에 영향을 받으며, 시장의 변화에 따라 달라진다. 소프트웨어서비스나 웹서비스처럼 회원 모집에 기반한 사업에서는 처음부터 회원 모집에 치중한 영업 활동을 벌인다. 이때의 영업 활동은 가변성과 영향력이 크다. 그러나 시장이 성숙하면 고객관리, 이탈 방지, 애플리케이션 주문 제작, 업셀과 크로스셀에 치중하게 되고, 영업 인력의 배치도 변하게 된다.

영업 활동에 맞는 선별에 집중하라

관리자들은 한두 차례의 면접을 통해 지원자를 평가할 수 있다고 자신한다. 그러나 전반적인 연구 결과에 따르면, 면접 결과와 업무 능력의 상관관계는 겨우 14% 정도에 불과하다. 영업직은 특히 그렇다. 영업처럼 개인별 실적 차이가 많이 나는 직업에서는 필연적으로 복제 편향(cloning bias)이 나타나기 때문이다. 다시 말해서 영업관리자들은 자기만의 기준을 가지고 영업사원을 채용한다. 자신의 방식으로 실적을 올려 지금의 자리에 올랐다고 생각하는 것이다. 그러나 최선의 결과는 현재의 영업 활동에 맞는 채용일 때 얻을 수 있다.

지원자의 능력을 관찰할 수 있는 방법은 시뮬레이션, 허브스폿에서 사용하는 테스트, 인터뷰 기술 등 여러 가지가 있다. 지원자를 정규직으로 채용하기 전에 인턴사원제도를 활용하여 과제 수행 능력을 관찰할 수도 있다. P&G(Procter & Gamble)와 메트라이프(Met-Life)는 지원자들에게 면접 며칠 전에 15~30쪽에 달하는 사례연구 과제를 부여한다. 영업 상황을 제시하고 타깃고객을 선택하여 접근하는 방법을 설명하라는 것이다. 이 것은 과제 수행과 프레젠테이션 능력을 확인하는 데 도움이 된다. 지원자는 면접장에서 자신의 계획을 설명하고, 영업관리자나 트레이너와 함께 상황에 따르는 역할을 수행해야 한다.

문제는 영업관리자들의 평가 역량이 부족하다는 것이다. 이에 대해서는 10장에서 영업과 인사관리의 연계의 중요성을 다루면서 자세히 설명하겠다.

영업 관련 경험이 무엇을 의미하는지 확실히 해두라

조사에 따르면, 영업관리자들 가운데 동일 업종에서의 경험을 가장 중요한 선별 기준으로 삼는 사람이 50%가 넘는다. 다른 업종에서의 영업 경험을 선별 기준으로 삼는 사람은 33%였다. 이러한 결과는 교육과 능력 개발에 투입하지 않아도 되는 자원(시간과 돈)과 지원자의 경험 간의 트레이드오프 관계에 대한 믿음에서 비롯된다. 그러나 실제로는 그렇지가 않다. 동일 업종에서든 다른 업종에서든 다른 회사에서의 경험은 쉽게 옮겨올 수 없다. 영업 경험은 본질적으로 다차원적 특징을 지니고 있으며, 다음과 같은 요소(또는 요소의 결합)를 포함한다.

- 고객 집단
- 기술
- 기업 또는 영업조직
- 지역 또는 문화
- 업종

각각의 경험이 적합한지는 영업 과제에 따라 다르다. 따라서 어떤 사전 경험이 영업 과제에 적합한지를 고민하고, 그런 경험이 무엇을 의미하는지를 명확하게 이해하고 있어야 한다.

영업사원의 교육과 능력 개발

1년에 한 번도 영업사원을 교육하지 않는 기업들이 3분의 1이 넘는다. 또 대부분이 후입선출법(後入先出法)의 회계원리에 따라 교육 예산을 편성한다. 광고 예산과 마찬가지로 매출이 증가하면 증가하고, 매출이 감소하면 감소한다. 따라서 인과관계를 설정하기가 어렵다. 또한 영업교육은 포괄적이 되기 쉽다. 제품관리자는 영업교육에서 제품 정보를 중요하게 취급해야 한다고 생각하고, 마케팅관리자는 인구통계, 사이코그래픽스(psychographics. 수요조사 목적으로 소비자의 행동양식, 가치관 등을 심리학적으로 측정하는 기술. 옮긴이), 고객의 구매기준을 반영해야 한다고 생각하기 때문에 보통의 영업교육 프로그램을 보면 모든 분야를 조금씩 다 다루는 것이 거의 원칙처럼 되어 있다.

영업은 사전적으로 명시하고 사후적으로 입증하여 법칙으로 만들 수 있는 과학이 아니다. 많은 변수들이 영업 실적과 효과에 영향을 미친다. 따라서 효과적인 영업교육이 되기 위해서는 이벤트처럼 한두 번으로 그치는 것이 아니라, 영업사원들에게 필요한 보강, 정기적 업그레이드, 새로운 환경에의 적응 능력, 동기부여 등의 교육이 지속적으로 이루어져야 한다. 직설적으로 말하면 미국 공군이 말하는 '8P 원칙', 즉 '적절한 사전 계획과 준비가 있으면 형편없는 결과를 막을 수 있다(Proper Prior Planning and Preparation Prevents Piss-Poor Performance)'에 관심을 가져야 한다(이러한 원칙은 다양한 상황을 다루는 조종사, 의사에게 주로 적용된다). 이를 통해 영업교육 계획을 수립하기 전과 수립하는 동안, 수립한 후에 무엇을 해야 할지를 알게 된다.

전략 목표와 영업 계획에 맞는 프로그램을 준비하라

기업들은 대부분 업무 수행에 필요한 역량 리스트를 갖고 있지만, 이것이 특정 영업 과제와 정확하게 맞아떨어지는 경우는 드물다. 따라서 영업교육 계획을 수립할 때는 항상 영업 활동의 목표와 더불어 결과를 좌우하는 변수들을 염두에 두어야 한다. 구체적으로는 판매 경쟁, 신제품 도입, 협상 또는 거래를 매듭짓는 기술, 고객 선택과 방문 패턴의 개선 방안 등이다. 때로는 이미 만들어진 교육 프로그램이 바람직한 결과를 이끌어낼 수도 있지만, 실제로는 목표에 맞는 프로그램이 요구되는 경우가 더 많다.

신입 영업사원은 회사의 영업 환경과 전략 등 알아야 할 것이 많다. 회사에 대해서는 물론이고, 다른 부서가 영업 활동에 어떻게 영향을 미치는지, 또 영업 활동에 의해 어떤 영향을 받는지에 대해서도 알아야 한다. 영업이 아닌 다른 업무들을 하는 방법까지 알 필요는 없지만, 그런 업무가 무엇인지, 영업에는 어떤 영향을 미치는지는 알아야 한다.

구매자들은 영업사원을 만나기 전에 온라인을 통해 제품 기능과 가격 등을 알아본다. 그들은 제품 정보를 얻기 위해 영업사원에게 전보다 덜 의존한다. 그러므로 영업교육도 달라져야 한다. 영업 과제와 스킬뿐만 아니라 영업사원이 고객을 만나는 동안에 발생시키는 부가가치에 보다 집중해야 한다.

마지막으로 영업교육은 문화적 가치에 관한 것을 중시해야 한다. 지금처럼 영업사원이 한 공간에서 다른 사원들과 함께 일하기보다 집에서 혼자 일하는 경우가 더 많을 때는 특히 그렇다. 맞춤형 교육으로 영업사원에게 주요 내용을 역할 훈련을 통해 행동으로 배우도록 한다. 이는 교육을 구성하는 핵심 요소다. 또한 배운 것을 표현할 수 있게 해야 한다. 이는 개인이 즉흥적으로 할 수 있는 것이 아니라 꾸준한 연습으로 체득되었을 때 가능한 일이다.

경험을 통한 학습

당신은 원했던 결과를 어떻게 얻었는가? 그것은 다름 아닌 실행이다. 실행이 중요하다. 능동적인 학습이 강의나 수동적인 학습보다 효과가 크다는 것은 주지의 사실이다. 경험을 통한 학습이 일처리를 가장 잘할 수 있게 한다. 다시 말하지만, 중요한 것은 실행이다.

행동 스킬을 습득하려면 반복 학습이 필요하다. 새로운 행동이 익숙해져서 효과를 나타내려면, 연습을 여러 차례 해야 한다(연구 결과에 따르면, 연습을 3~20회는 해야 하는 것으로 나온다). 이는 직무교육이 매우 중요하다는 것을 의미한다. 문제는 가장 바쁘게 움직이는 영업부서에서 직무교육은 교육이 전혀 없음을 완곡하게 표현한 말이라는 사실이다. 마치 동전을 던져 나오는 결과에 따라 움직이는 랜덤 워크(random-walk)와도 같다. 이러한 현실을 넘어서야 한다.

교육 프로그램에서는 실천 학습(action learning)을 구현해야 한다. 사람은 누구나 연습을 통해 예상하지 못한 환경을 다루는 방법을 배운다. 이러한 사실을 보여주는 좋은 사례가 바로 경찰이 사격 훈련을 위해 사용해온 비디오 시뮬레이션 프로그램이다. 이 프로그램에서는 실제 상황을 묘사한 스크린이 나온다. 범인은 아이들이 놀고 있는 잔디밭을 가로질러 달려가거나 인질을 방패로 이용한다. 실습생들은 적용 법규, 관측 결과, 주변 사람들의 안전, 행동을 취할 때와 그렇지 않을 때의 결과 등 다양한 요소들을 한순간에 생각하면서 총을 쏘아야 할지 말지를 결정해야 한다. 이러한 훈련 방법은 실천 학습의 핵심 요소들을 포함한다. 사례 연구, 역할 연기를 비롯한 그 밖의 연습도 비슷한 경험을 제공한다. 안전한 환경에서 실행할 수 있도록 하고 필연적으로 나타나는 실수를 허용한다. 이를 통해 실습생들은 현장에서 부딪힐 수 있는 다양한 상황에 대한 경험을 쌓을 수 있다.

GE는 영업사원의 교육을 위해 워크아웃(Work-Out) 프로그램을 활용한다. 이 프로그램은 GTM 과제에 영향을 미칠 만한 주제에 초점을 맞추어 참가자에게 사내와 사외에서 인터뷰를 실시하도록 한다. 이를 통해 참가자는 교차기능적 지식뿐만 아니라 시장에 관한 지식까지 얻게 된다. 기업 고유의 사례 연구와 그 밖의 연구 데이터도 제공된다. 1~5일 정도가 소요되는 이 프로그램은 영업관리자와 영업사원이 현장에서 만나게 되는 기회와 문제를 다루면서 적절한 실천 방안을 논의하고 모의실험하고 분석하도록 구성되어 있다. 또한 이 프로그램에서는 주요 고객이 참가자에게 GE 제품과 영업 방식에 대한 경험을 말해준다. 최근에는 이 프로그램을 이용하여 실시간으로 문제를 해결하기 위해 고객과 협력하는 데 집중하고 있다.

경험을 통한 학습은 능력 개발과 관련된 또 다른 사실을 알려준다. 사람들은 새로운 정보나 스킬을 응용하여 실적 향상을 확인할 수 있을 때 가장 잘 배운다는 것이다. 결과적으로 가장 효과적인 교육은 과제 수행과 사후관리를 요구한다.

사후관리

교육의 효과는 교육 내용 그 자체보다 교육 이후에 발생하는 일들, 즉 사람들이 교육시간에 배운 스킬을 실제로 적용하게 하는 사후관리에 있다. 영업사원을 위한 교육에서는 사후관리가 3가지 차원, 즉 교육에서 다루는 구체적인 영업 과제, 교육 프로그램의 핵심이라고 할 수 있는 영업 또는 전략 개념, 영업사원의 경력에 집중한다.

사후관리(보통은 실적 평가의 한 부분을 차지한다)를 위한 일반적인 방법은 뛰어난 관리자의 지시를 따라가는 것이다(10장 참조). 관리자의 헌신적인 지도와 건설적인 실적 평가가 중요하다. 성공-실패 분석도 교육의 목표를 심화하고 영업의 효과를 배가할 수 있다. 물론 분석을 실행 프로세스와 연결시킬 수 있을 때만 그렇다. 그런데 성공-실패 분석이 실패에만 집중할 때가 많다. 결과에 대해서는 주로 영업사원의 견해에 의존하고, 관리자는 법정 드라마에 나오는 검사의 역할만 한다. 하지만 성공도 실패만큼 중요하다. 성공은 영업사원의 장점, 경쟁자의 약점, 구매 활동, 기업의 비즈니스모델이나 포지셔닝에 관한 정보를 제공한다. 성공 가능성을 측정하고 높이기 위해 이 모든 요소들을 활용할 수 있어야 한다. 성공이나 실패에 대한 영업사원의 견해를 보완하기 위해 직접 거래처를 방문하는 것도 도움이 된다. 마찬가지로 사후 평가(After Action Review, AAR) 역시 진단과 사후관리에 집중하는 데 도움이 된다.

사후 평가는 다음과 같은 질문을 통해 체계적으로 실시할 수 있다.

우리의 의도는 무엇이었는가? 무슨 일이 일어났는가? 왜 일어났는가? 우리는 무엇을 잘했고, 무엇을 더 잘할 수 있었는가? 무엇을 개선시킬 수 있는가?

성공-실패 분석이 효력을 지니려면 1회성 이벤트로 끝나서는 안 된다. 그림 8-1에서처럼 현재 진행 중인 실적주기 접근과 프로세스(performance cycle approach and process)의 한 부분이 되어야 한다.

사내 온라인회의도 사후관리에 필요한 메시지를 환기시키고, 최선의 실천 방안을 전달하고, 실천 방안을 다양한 상황에 적용하기 위해 현장 경

그림 8-1 현재 진행 중인 실적주기 접근과 프로세스의
한 부분으로서 성공-실패 분석

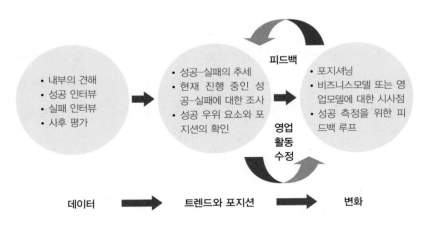

| 데이터 | 트렌드와 포지션 | 변화 |

- 내부의 견해
- 성공 인터뷰
- 실패 인터뷰
- 사후 평가

- 성공-실패의 추세
- 현재 진행 중인 성공-실패에 대한 조사
- 성공 우위 요소와 포지션의 확인

피드백

영업 활동 수정

- 포지셔닝
- 비즈니스모델 또는 영업모델에 대한 시사점
- 성공 측정을 위한 피드백 루프

험을 활용하는 데 유용하다. 또한 영업부서에 강력한 동기(동료들의 피드백과 압력)를 부여할 수 있다.

마지막으로, 사후관리는 영업사원의 경력에도 관심을 가져야 한다. 그림 8-2는 일반적인 상황을 보여준다. 영업사원의 실적은 노력 외에 제품, 기술, 시장의 인구통계를 비롯한 기타 요인의 변화 때문에 시간이 지나면서 증가세가 꺾이게 된다. 그러나 이들을 계속 채용하는 데 소요되는 비용은 증가한다. 이것이 영업사원과 회사에 문제를 일으킨다.

영업사원의 입장에서는 시시때때로 달라지는 영업 과제 속에서 높은 실적을 유지해야 하는 문제, 특정한 전문성이 회사에 중요하다는 사실을 입증해야 하는 문제가 있다. 원하든 원치 않든 영업사원은 시간이 지나면서 경쟁 상대의 도전에 직면하게 된다. 경쟁 상대는 경력이 짧고 연봉도 적지만 최신 교육을 받았기 때문에 기술적으로 더 앞서 있고, 현재 비용

그림 8-2 영업조직에서 발생하는 현상 :
영업사원의 경력과 생산성에 대한 시사점

도전 :

- 어떻게 선두 자리를 계속 유지할 수 있는가? 영업사원이 회사와 회사의 전략에 얼마나 기여하는가?
- 어떻게 특정한 전문성이 회사에 중요하다는 사실을 입증할 수 있는가?
- 연봉은 적지만 기술적으로 더 앞서 있고 현재 비용의 50%를 쓰면서 실적의 80%를 내는 사람보다 연봉을 더 많이 받으려면 어떻게 해야 하는가?

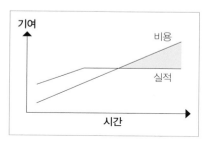

의 80%보다 적게 쓰면서 실적의 80%를 올리는 사람이다. 영업사원은 앞으로도 자신의 경쟁 상대보다 연봉을 더 많이 받아갈 수 있을까?

실적과 관련한 영업사원의 고충은 《세일즈맨의 죽음(Death of a Salesman)》이라는 희곡을 비롯하여 수많은 영화와 연극 작품들을 통해 생생하게 표현되기도 했다. 그러한 상황은 지금도 크게 달라진 것이 없다.

한편 회사 입장에서 보면 비용이 개인의 실적을 능가하는 현상을 무시하거나 묵인할 수가 없다. 그것은 더 많은 비용과 불확실성을 초래하는 것을 의미하기 때문이다. 또한 80%의 실적은 100%가 아니다. 이럴 때 비용 효율성을 높이고, 실적과 비용의 차이를 좁히기 위한 효과적인 방법이 사후관리 교육이다. 테리 고가 사람을 골칫거리로 바라보았던 사실을 상기해보라. 그의 생각처럼 때로는 기업이 인력을 개발하는 것보다 설비를 관리하는 편이 더 낫다고 말할 수도 있다. 그러면 관리의 어려움을 덜 수 있기 때문이다.

조직의 장점과 한계를 확인하라

채용, 인력 개발, 영업조직은 상호작용한다. 영업 스킬은 영업조직의 옵션에 영향을 미치고, 영업조직은 채용과 영업 스킬의 개발을 좌우한다. 결과적으로 영업부서를 조직하기 위한 단 하나의 최선책은 존재하지 않는다.

표 8-1은 지리 또는 지역, 제품 또는 서비스 라인, 고객 또는 고객 규모, 산업 또는 수직시장 세그먼트에 따라 영업부서를 조직하는 일반적 방법이 갖는 장점과 한계를 보여준다. 괴테가 말했듯이, '빛이 강하면 그늘도 짙은 법이다'. 각각의 조직 구조는 특정 과제를 더 효과적으로 수행하게 해주지만, 다른 과제에 대해서는 한계로 작용할 수도 있다.

| 표 8-1 | 영업부서 조직 구조의 장점과 한계 |

장점	한계
지리 또는 지역	
경제적으로 가장 효율적인 구조 : 교통비, 사무실 유지비, 관리비를 최소화하고 영업사원이 고객과 대면하는 시간을 최대화한다.	영업사원의 제품 지식에 한계가 발생한다 : 이런 구조에서는 영업사원이 광범위하고 기술적으로 복잡한 제품라인에 관한 전문성을 확보하기가 어렵다.
지역 안에서 전 상품 판매(full-line selling)가 이루어지는 경우 담당구역 설정이 용이하다 : 책임 소재가 명확하고, 영역을 둘러싼 분쟁이 일어나지 않는다. 크로스셀, 시스템 판매의 기회가 생긴다.	영업사원이 판매하기에 좋은 품목만을 골라서 팔고, 일을 적당히 할 수도 있다 : 제품 믹스와 사업 전개에 영향을 미친다.
지역의 경제, 문화, 경쟁 여건에 대한 지식을 넓힐 수 있다.	신제품에 대해 관심을 갖지 않는다. 애플리케이션 개발이 지체될 수 있다.
시장과 CRM 데이터를 쉽게 얻을 수 있어 영업부서와 실적 평가에 도움이 된다.	여러 지역에 걸쳐 있는 구매업체를 대상으로 영업하기에 적합하지 않다. 조정의 문제가 발생한다.

장점	한계
제품 또는 서비스 라인	

장점	한계
영업부서가 제품에 대한 지식과 전문성을 확보할 수 있다. 기업이 광범위하고 복잡한 라인을 갖고 있는 경우나 제품·시장 라이프사이클의 초기에 중요하다.	지리적 효율성이 떨어지고 영업비용이 증가한다. 교통비, 훈련비, 관리·지원 비용 등
경쟁적 라인을 구분하고 포지셔닝을 하는 데 도움이 된다. 또한 영업의 실적 지표를 기업의 제품군에 맞게 조정하기가 쉬워진다.	제품에 따라 구분된 영업부서 간의 내부 경쟁이 일어날 수 있다. 고객의 혼란, 가격 책정의 문제가 발생한다.
영업사원이 라인상 다른 제품의 상이한 기술적 표준이나 의사결정 기준에 적응하는 데 도움이 된다.	잠재 기회비용 • 주요 고객에 대한 라인 전체에 걸친 크로스셀 • 기술 변화에 대한 적응
영업사원이 해당 제품라인이나 제품군에 관심을 가지고 몰입할 수 있다.	영업사원이 기업의 옵션 중에서 최선의 고객 솔루션보다 제품의 특성에만 집중한다.

고객 또는 고객 규모

장점	한계
영업부서가 고객에 대한 지식과 고객관리 능력을 개발하는 데 도움이 된다.	현장에서 영업 자원의 중복 투입이 발생하고, 서비스·지원 비용이 증가하기도 한다.
특정 고객의 구매 패턴 전반에 관한 지식을 얻고, 구매업체들의 다양한 구매 프로세스나 기준에 적응하는 데 도움이 된다.	고객의 규모가 구매 기준이나 구매 행위에서의 주요 차이를 확인하기에 적절한 변수라고 추정하게 된다.
할당된 고객 또는 고객 집단에서 전 상품 판매가 이루어지는 경우 크로스셀 또는 시스템 판매의 기회가 발생한다.	때로 기업의 생산 구조와 상충되고, 영업 효과를 측정하기가 더 어려워진다.
많은 시장에서 80-20 법칙이 적용된다. 현재의 판매량과 시장의 잠재력 대부분이 소수의 주요 고객에게만 집중된다.	잠재적 경계 문제 : 라이프사이클 전체에 걸쳐 고객의 이동을 관리해야 한다. 영업부서가 점증하는 소수 고객들의 고충에 관심을 기울여야 한다.

산업 또는 수직시장 세그먼트

장점	한계
영업부서가 해당 산업 또는 세그먼트의 고객 전체에 대한 학습 내용을 공유하는 역량을 키워준다.	영업부서를 조직하는 데 가장 많은 비용이 들 수 있다. 영업비와 일반관리비, 교육비
수직시장 세그먼트에서 고객들이 활용할 애플리케이션의 개발을 자극한다.	비용을 충당하려면 세그먼트 내의 고객수가 상당히 많아야 한다.
산업·수직시장 세그먼트의 이슈, 추세, 생태계에 대해 영업사원들의 전문성과 신뢰성을 제고한다.	세그먼트가 성숙하거나 쇠퇴할 때 영업 효과와 가치가 감소될 위험이 있다.

학계와 컨설팅기관의 연구에 따르면, 때로 영업조직은 선형 계획(linear-programming) 문제를 푸는 식으로 취급되곤 한다. 여기서 조직의 목표는 사원의 배치를 최적화하는 것이고, 최적화는 모든 제품과 시장에서 인력을 추가로 투입했을 때 그만큼 수익이 증가하고, 이러한 수익의 증가분이 소요되는 비용의 증가분을 상쇄하고도 남는 것이다. 훌륭한 생각이다. 그러나 영업조직에 대한 결정은 대체로 변화, 불확실성, 경쟁의 조건에서 발생한다. 따라서 영업관리자는 주요 위협 또는 목표에 항상 집중해야 한다. 1960년대 중반부터 1980년대 중반까지 기술이 급변하는 시기에 IBM 영업부서는 표 8-1에 나오는 조직 구조에 따라 여러 차례 변경이 이루어졌다. 그리고 얼마 지나지 않아 각각의 장점과 한계를 보여주었다. 이는 시장의 현실과 변화하는 영업 과제에 대한 자연스러운 결과였다. 당시 IBM 전무였던 토머스 리어슨(Thomas Learson)은 이렇게 말했다.

"빠르게 변화하는 시기에 우리에게는 관리해야 할 문제가 생겼고, 활용해야 할 기회도 주어졌다."

영업조직은 시장이라는 전쟁터, 즉 가치가 창출되기도 하고 사라지기도 하는 곳에서 사람을 가장 잘 활용하기 위해 만들어진다. 그리고 대부분의 시장에서 신기술이 구매 행위에 영향을 미치게 되고, 결과적으로 영업조직과 영업사원 교육에도 변화를 불러일으킨다.

구매 행위에 주목하라 : 다중채널관리

오늘날의 고객들은 채널을 자유롭게 바꾼다. 미국에서는 구매의 3분의 2 정도가 온라인 검색 후에 이루어지는 것으로 조사되었다. 이와 같은 구매 행위는 식품이나 가정용품보다 자동차나 전자제품에서 훨씬 더 많이 나타난다. 이는 영업 활동에 큰 의미를 시사한다.

대부분의 구매 행위는 영업조직 파이프라인의 여러 단계를 지난다. 그림 8-3은 이와 같은 단계들을 보여준다. 구매자는 쇼핑을 하고 구매를 통해 소유하게 된다. 쇼핑 단계에서는 제품을 인식하고, 특징과 가격을 비롯한 관련 정보를 수집한다. 구매 단계에서는 선택, 결정, 주문 처리 절차를 거쳐 대금을 지급한다. 소유 단계에서는 제품을 사용하거나 고객 지원, 유지보수 서비스를 받는다.

지금은 온라인 구매가 보편화되었다. 2012년 미국 상무부 자료에 따르면, 온라인 지출이 거의 2,000억 달러에 달한다. 하지만 이는 전체 소매 지출의 5%도 안 되는 수준이고, 월마트 연매출의 절반에도 미치지 못하는 금액이다. 수많은 사람들이 페이스북이나 트위터에 글을 남긴다(지금

그림 8-3   고객이 사라졌다

기술, 선택권, 풍부해진 정보 덕분에 많은 고객들이 일괄 판매되는 제품이나 서비스에 대해 개별적으로 가격을 매기고, 구매 주기 전반에 걸쳐 공급자가 주도하던 절차와 계약을 재편성하고 있다.

쇼핑 →
- 인식
- 정보 수집
- 조사/비교

구매 →
- 선택
- 대금 지급/임대 :
  지급 조건
- 주문 처리

소유
- 사용
- 고객 지원
- 유지보수 서비스

(예)
- 자동차, 금융서비스, 약품
- 소매 공급망
- 여러 산업 부문의 B2B 구매자

출처 : 폴 누네스, 프랭크 세스페데스(Paul F. Nunes and Frank V. Cespedes), 2003(11), '고객이 사라졌다(The Customer Has Escaped)', 하버드 비즈니스 리뷰(Harvard Business Review), p.117~126

은 은퇴한 베네딕트 교황도 9개 언어로 트위터에 글을 쓴다고 한다)고 하지만, 아직도 매주 1억 4,000만 명이 월마트에 가서 제품을 직접 구매한다.

　과장 보도를 믿어서는 안 된다. 영업조직이 직면한 문제는 수십 년간 주기적으로 보도되었던 직거래의 망령이 아니다. 1930년대만 해도 그 당시에 사회적 네트워크라고 불린 전화가 미국 전역으로 전파되면서 온갖 매체들이 '이제 영업사원은 죽었다'며 네트워크를 갖춘 구매조합의 부상을 알렸지만 실제로 그런 일은 일어나지 않았다. 1960년대 전국적 고속도로 망이 갖추어졌을 때에도 전문가라는 사람들이 이제부터는 소비자들이 가장 좋은 가격에 제품을 구매하기 위해 먼 거리를 운전해서 갈 것이기 때문에 영업 기능 자체가 사라질 것이라고 주장했지만, 역시 그런 일은 일어나지 않았다. 21세기 들어 인터넷이라는 초고속 정보통신망이 신문의 헤드라인을 장식하자 직거래의 망령이 또다시 등장했다. 하지만 전자상거래가 영업부서를 없애버리거나 규모를 축소시키는 일은 벌어지지 않았다. 온라인회사의 서버팜(server farm. 한 곳에 수용되어 작동되는 서버그룹으로, 클라이언트망과 별도로 관리된다. 서버팜에 있는 서버들은 하나의 서버가 중단되더라도 다른 서버가 즉시 대체하여 서비스의 중단을 막기 때문에 서버 안정화에 유용하다. 옮긴이)을 통해 살펴보더라도 전통적 영업조직이 여전히 매출과 기업 가치 증진의 엔진 역할을 하고 있음을 알 수 있다. 2012년에 그루폰 직원의 45% 이상, 구글 직원의 50% 이상이 영업사원이었다. 페이스북의 경우에도 '좋아요' 클릭을 광고업자와 연결하는 영업사원의 능력이 기업의 가치와 미래의 운명을 좌우할 것이다.

　중요한 사실은 구매 행위가 영업 과제를 재편성한다는 것이다. 한 예로 자동차 영업을 들어보자. 온라인으로 자동차를 구매하는 사람은 많지 않다. 그러나 미국인의 90%는 자동차 판매점에 가기 전에 에드먼드 (Edmunds.com)나 트루카(Truecar.com) 같은 온라인사이트에서 구매하고 싶은 자동차를 살펴본다. 오토트레이더그룹(AutoTrader Group)에 따르면, 일반 구매자는 온라인을 통해 11시간 넘게 자동차에 대해 알아보고, 오프라인에서는 판매점에 가는 시간을 합쳐 겨우 3.5시간을 사용한다고 한다. BMW 북미법인장 루트비히 빌리시(Ludwig Willisch)는 이렇게 말한다.

"그들은 어떤 차를 구매할 것인가를 결정하고 나면 자동차 판매점에 덜 방문합니다. 따라서 영업사원들은 즉석에서 거래를 매듭지어야 합니다. 구매자들은 보통 그 자리에서 구매계약서를 작성하려고 합니다. 이제는 더 이상 뜸을 들일 시간이 없습니다."

구매자들은 스마트폰, 온라인 리뷰, 소셜미디어, 블로그, 각종 애플리케이션을 통해 제품, 가격, 주변 매장에 대한 정보를 확인한다. 다양한 도구들이 구매 옵션을 늘려주는 셈이다. 결국 순효과는 '사라진 고객'들이 기업의 영업조직이 추정하는 것과 무관하게 그림 8-3에서 보이는 활동들을 재편성할 때 나타난다. 구매 행위에서 나타나는 이러한 변화는 영업교육, 능력 개발, GTM 활동을 추진하는 조직에 영향을 미치게 된다.

이제는 당신이 영업조직을 어떻게 편성하든 현실에 맞게 다중채널관리를 하는 것이 중요하다. 다시 말해서 온라인영업과 대면영업 계획을 수립하여 직접 또는 간접 유통채널을 확립해야 한다는 것이다. 다중채널관리가 표준이 되어가고 있다. 그런데도 영업관리자들은 여전히 직거래에 대한 과장된 주장에 현혹될 뿐만 아니라 새로운 기술이 구매 행위에 미치는 영향에 대해 제대로 이해하지 못하고 있다. 결과적으로 영업교육 프로그램에서도 영업사원이 이처럼 복잡한 문제를 다룰 수 있도록 지원하는 노력을 찾아보기 어렵다. 현재의 영업 실적 지표로는 이러한 노력을 뒷받침할 수 없다. 판매량이나 시장점유율보다는 각각의 고객 집단이 차지하는 구매량의 비중을 파악하는 것이 더 의미 있다. 마찬가지로 서로 다른 유형의 고객 집단에 소요되는 비용(10장에서 설명할 것이다)을 분석하는 것도 필요하다.

근본적 쟁점의 해결책

최고의 인재를 채용하라는 권고 또는 조직 개편의 결정은 기업이 직면한 영업과 전략상의 근본적인 쟁점에 대한 손쉬운 해결책이 되는 경우가 많다. 이런 권고를 하거나 결정을 내리기는 쉽지만, 그 자체로 해결책이 될 수는 없다. 최선의 채용, 교육, 조직 개편이 문제가 많은 전략, 현장 지도, 실적 평가에 관심이 없거나 구매 행위의 변화에 대응하려는 의지와 능력이 없는 영업관리자를 대체할 수는 없다. 따라서 기업은 진정한 인재가 있을 만한 가치를 보여주어야 하며, 합당한 인센티브와 성장할 여건을 조성해야 한다. 다음 장에서 이에 대해 알아보자.

Chapter 09

무엇이 최고의 성과를 가능하게 하는가

보상과 인센티브의 기준과 적용

보상은 영업에서 가장 많이 논의되는 주제다. 이 장에서는 영업사원의 보상시스템을 설계하기 위한 프로세스를 설명한다. 또한 구체적인 보상 금액을 정하거나 인센티브 계획을 논의하기 전에 다루어야 할 몇 가지 쟁점도 살펴볼 것이다.

- 보상의 역할과 한계
- 보상, 동기부여, 평가의 연결 문제
- 보상시스템에 대한 일반적인 통념(이는 지속적으로 재고되어야 한다)

보상을 성찰하라

미국 기업의 85%가 인센티브제도를 시행한다. 현재 영업사원의 보수 총액에서 인센티브가 차지하는 비율이 평균 약 40% 정도다. 매우 큰 비중이며, 관리상의 노력을 요구한다. 그럼에도 불구하고 2012년 700개 기업을 조사한 바에 따르면, 보상시스템이 영업 활동에 '거의 또는 전혀 영향을 미치지 못한다'고 대답한 비율이 20%나 되었다. 12%는 '잘 모르겠다'고 대답했고, 8.9%만이 '시종일관 영향을 미친다'고 대답했다. 이러한 결과는 '가장 중요한 것은 돈이다'라는 영업사원에 대한 일반적인 전제를 떠올릴 때 매우 놀라운 사실이다. 하지만 과연 그럴까? 영업사원들은 금전적 인센티브 외에 조직에서의 행동에 영향을 미치는 다른 요인, 즉 우선순위, 프로세스, 승진, 자부심, 프로정신으로부터 아무런 영향을 받지 않는 사람들일까?

1세기 전 막스 베버(Max Weber)는 이런 전제를 조롱했다. 그는 사람들이 돈을 좋아하는가는 논점이 아님을 지적했다.

"우리가 살고 있는 합리주의적 자본주의 시대가 다른 시대보다 더 강력하게 경제적 이해관계에 의해 규정될 수 있다는 생각은 유치한 발상이다. (…) 예나 지금이나 무언가를 가지려는 욕망, 즉 이윤, 돈(특히 최대한 많은 돈)을 추구하는 마음은 웨이터, 의사, 마부, 예술가, 매춘부, 정직하지 못한 공직자, 군인, 귀족, 개혁주의자, 도박꾼, 거지를 비롯하여 누구에게나 있었다. (…) 이는 시대를 막론하고 객관적인 가능성이 있거나 주어진 곳이라면 지구상의 어느 나라에서나 온갖 여건에 놓여 있는 사람들에게서 나타나는 일반적인 현상이었다."

돈은 강한 힘을 갖고 있다. 기업의 역사는 돈을 지급한 것을 얻고, 돈을 지급하지 않은 것을 얻지 못한 사례들로 가득하다. 금전적 인센티브가 행동뿐만이 아니라 현실을 바라보는 태도에도 영향을 미친다는 증거도 적지 않다. 은행의 대출 담당 직원들을 상대로 연구한 결과에 따르면, 인센티브는 대출에 대한 그들의 인식을 바꾸는 요소로 작용한다. 이는 대출에 따르는 수당이 대출 승인의 가능성을 높여준다는 것만이 아니라, 직원에게 대출의 위험성이 작고 대출을 승인할 만한 가치가 있다는 강력한 믿음을 심어준다는 것을 의미한다. 신용(credit)은 믿음을 의미하는 라틴어 크레디투스(creditus)에서 나왔다. 결국 돈이 믿음까지도 갖게 할 만큼 강력하다는 말이다.

적절한 보상은 반드시 필요하다. 그러나 영업조직처럼 거절이 난무하고 6장에서 설명한 경계 역할이 요구되는 곳에서는 기업이 원하는 행동을 하게 만드는 요인으로 충분치 않다. 더구나 영업부서는 같은 인센티브에도 다르게 반응하는 사람들로 구성된 이질적 집단이다. 이런 이질성은 앞서 은행의 대출 담당 직원들을 대상으로 한 연구에서도 드러난다. 즉, 인센티브의 효과는 위험성에 대한 직원들의 태도를 변화시키지만, 그 효과는 연령, 조직 단위, 성별에 따라 다르게 나타났다. 나이 든 대출 담당 직원은 인센티브에 덜 반응하고, 공공 부문에서 일하는 직원은 민간 부문에서 일하는 직원보다 덜 반응한다. 또한 여성은 남성보다 대출 심사를 더 관대하게 하는 경향을 보인다.

영업사원을 위한 보상시스템의 목적은 회사의 목표를 달성하도록 동기를 부여하는 것이다. 따라서 보상시스템은 동기부여와 경영관리의 한 부분이 되어야 한다. 또한 돈, 동기부여, 경영관리처럼 상호 영향을 미치는 요인들이 임금제도와도 연관되도록 해야 한다. 돈은 강력하지만 경영관리를 돈으로 대체할 수는 없기 때문이다.

보상, 평가, 동기부여에서 고려해야 할 것

동기부여는 경영관리의 핵심이다. 경영자가 해야 할 일 중에서 사람이 제대로 일을 하게 만드는 것보다 중요한 것은 없다. 영업에서는 동기부여가 다양한 요인들과 관련된다. 그림 9-1은 이러한 요인들을 체인의 연결고리처럼 보여준다. 현실에서는 이러한 연결을 간과하는 경우가 많다.

동기부여에 영향을 미치는 주요 요인 중 하나는 채용·능력 개발·영업조직에 대한 기업의 선택이다. 이 선택이 영업사원들의 개인적 특징뿐만 아니라 그들의 담당 구역과 그들에게 할당된 고객 집단의 특징에도 영향을 미친다. 시장의 특징 역시 영업사원이 가질 수 있는 기회와 잠재소득 수준을 좌우한다. 영업사원이 누구인가와 관계없이 거래가 성사될 가능성이 높은 곳들이 있다. 따라서 시장의 특징과 거래 성사 가능성의 관계를 바탕으로 담당 구역을 감안하여 모델을 설계하면 할당량 설정과 보상 설계에 유용하게 쓰일 수 있다.

노력, 실적, 보상의 관계에 대한 영업사원의 인식도 중요한 요인이다. 일을 열심히 한다고 해도 제품, 가격 정책, 경쟁 상황 때문에 더 나은 실적이 보장되지 않을 수 있다. 또 노력을 해서 더 많은 매출을 올려도 기업의 평가나 보상시스템이 이를 인식하지 못하거나 보상에 반영하지 못할 수도 있다. 반면에 추가적인 보상의 가치를 인식하면 일에 대한 동기가 생긴다. 문제는 보상시스템이 노력, 실적, 보상을 연동시키고 있어도 영업사원

그림 9-1 보상, 평가, 동기부여의 연결

동기부여
- 영업사원의 개인적 특징
- 담당 구역/고객 특징
- 노력, 실적, 보상의 관계에 대한 인식
- 추가적 보상의 가치에 대한 인식

노력
- 노력의 양
- 노력의 유형

실적
- 단기적 목표
- 장기적 목표

평가
- 평가 기준
- 정보시스템
- 평가 프로세스

보상시스템
- 보상의 양
- 보상의 유형

출처 : 프랭크 세스페데스(Frank V. Cespedes), 1995, 《컨커런트 마케팅(Concurrent Marketing)》, 하버드비즈니스 스쿨프레스(Harvard Business School Press), p.218~222

이 추가적인 보상에 비해 요구되는 노력이 엄청나게 많다는 생각을 가질 수 있다는 점이다. 예를 들어 영업사원에게 적용되는 인센티브시스템들은 전년과 비교하여 판매량이 얼마나 증가했는가를 기준으로 삼는다. 이런 시스템의 목적은 영업사원이 새로운 사업에 관심을 가지고 고객을 더 많이 확보하고 신제품의 크로스셀에 치중하게 만드는 것이다. 그러나 경력이 쌓이고 고객이 어느 정도 안정적으로 확보된 영업사원들에게는 이를 위한 노력이 가치 없게 여겨질 수 있다. 그들에게는 현재의 고객관리가 연금처럼 보일 수 있다. 따라서 영업 관련 전략의 쟁점은 추가적인 보상의 가치를 높이기 위해 보상시스템을 재설계할 것인가 또는 새로운 사업에 대한 관심을 집중시키기 위해 영업부서를 재배치할 것인가에 있다. 이는 단지 보상 차원의 선택이 아니라 경영 차원의 결정이다.

동기부여의 결과는 노력의 양과 유형에서 나타난다. 방문 횟수, 영업 파이프라인상의 고객수, 예약 주문량으로 노력의 양을 알 수 있다. 제약 부문에서는 의사를 찾아가는 횟수와 영업 실적 간에 상관관계가 있다. 그래서 제약회사의 영업사원들은 1일 방문 횟수에 따라 수당을 받는다. 그런가 하면 관리의료(managed-care. 어떤 집단의 의료를 의사 집단에 도급을 주어 맡기는 건강관리 방식. 옮긴이)회사들은 매출이 크게 신장하면서 영업사원에게 부여하는 방문 점수를 줄이기 시작했다. 이러한 상황에서는 보상시스템을 변경할 필요가 있다. 그렇지 않으면 실제 실적보다 움직이는 양에 따라 보상을 하게 된다. 노력의 유형은 고객 개발인가 또는 고객 유지인가, 새로운 제품에 대한 노력인가 또는 현재의 제품에 대한 노력인가, 매출 자체를 강조하는가 또는 마진을 강조하는가를 의미한다.

노력은 목표가 분명하고 평가 기준과 일치될 때 실적으로 이어진다. 그러면 어떤 목표가 노력을 실적으로 이끄는가? 이를 알려면 설정한 목표에 비추어 실적을 측정해야 한다. 여기에는 적절한 측정 지표, 활용 가능한 정보, 실적 평가 프로세스와 같은 이슈가 포함된다. 이에 대해서는 다음 장에서 살펴볼 것이다.

마지막으로, 노력의 유형이나 양과 관련하여 보상시스템이 갖는 역학

(力學)을 고려해야 한다. 여기서 노력의 유형은 기본급이나 인센티브의 상대적 비중과 관련이 있고, 시장 여건과 영업 과제가 변했을 때 이 2가지를 조정하는 방법에 관한 문제를 제기한다. 노력의 양은 목표 작업량에 따른 보수 총액과 관련이 있으며, 보수 총액을 영업 활동에 할당하는 방법에 관한 문제를 제기한다.

보수, 평가, 동기부여는 의도하든 안 하든 서로 연관된다. 앞의 그림 9-1은 우리에게 다음의 가르침을 전해준다.

엔진에 시동을 걸라(영업사원에게 당신이 원하는 노력과 행동을 제시하라). 그리고 변속기를 작동하라(이러한 노력을 장려하기 위해 구체적인 보상 계획을 설계하라).

보상시스템에 대한 통념을 재고하라

위와 같은 관점에서 보상시스템을 바라보는 순간, 우리는 보상에 대한 통념을 재고하게 된다. 내가 경험하기로 3가지 잘못된 통념이 있는데, 하나씩 살펴보기로 하자.

보상시스템은 단순해야 한다?

복잡한 보상시스템이 영업사원을 판매와 고객관리에 열중하게 하는 대신 보수를 계산하는 데 많은 시간을 소비하게 만들 것을 염려하는 사람들이 있다. 그들은 '훌륭한 보상시스템은 단순하고 예측이 가능해야 한다. (…) 영업사원이 지갑 속에 넣고 다닐 수 있을 정도로 작은 크기에 담을 수 있다면 보상시스템이 잘 설계되었다고 보면 된다'고 생각한다. 하지만 그렇지 않다. 영업 상황은 언제나 변수가 많다. 상품을 팔기 위해 팀 전체가 노력해야 할 때도 있고, 제품과 서비스를 함께 제공해야 할 때도 있고, 솔루션을 판매하는 경우처럼 여러 사업부가 함께 참여해야 할 때도 있다. 8장에서 설명한 다중채널관리를 생각하면, 영업의 복잡성은 계속해서 더욱 커질 것이다. 복잡성이 존재하지 않는 것처럼 보일 수는 있겠지만, 실제로는 존재한다.

보상시스템이 단순해야 한다는 생각의 이면에는 영업사원들에 대한 암묵적 전제가 도사리고 있다. 그들은 명함보다 큰 종이에 담아야 하는 보상 계획을 이해할 정도로 똑똑하지 않다는 것이다. 그러나 이런 전제는 복잡한 보상시스템이 최소의 노력으로 최대의 소득을 얻으려는 영업사원에게 사행심을 조장할 것이라는 두려움과 모순된다(때로는 이런 주장을 하는 사람이 이런 모순을 일으킨다). 영업사원이 보상시스템을 가지고 도박을 한다면 시스템이 복잡하든 단순하든 상관이 없지 않은가.

여기서 우리가 풀어야 할 문제는 윈윈(win-win)시스템을 만들어내는 것이다. 전략적으로 효과적인 보상시스템이라면 영업사원이 보너스를 받을 때 기업도 이익을 얻는다. IBM이나 오라클처럼 복잡한 영업 과제와 전략을 가진 기업의 보상시스템을 생각해보라. 이들 기업의 관련 책자는 수차례에 걸친 변경과 복잡한 지급체계로 구성되어 상당히 두껍다. 이것이 영업의 현실을 그대로 반영한다.

나는 지금까지 도박에서 승리하는 것과 소득을 극대화하는 것의 의미를 1주일 안에 이해하지 못하는 영업사원을 본 적이 없다. 기업들의 데이터를 살펴보더라도 보상시스템이 복잡하든 단순하든 할당량을 달성 또는 초과 달성하는 영업사원의 비율에는 큰 차이가 없다. 어느 CEO가 말했듯이, "영업사원은 자신이 관련된 보상시스템의 전문가가 된다. 그것이 복잡하든 단순하든 상관없이 말이다. 그리고 당신은 의도하지 않았던 결과를 기대할 수도 있다." 왜 그런가? 어떤 정책이 앞으로 먹고사는 방식을 결정한다면 누구나 그것을 자세히 살펴볼 것이기 때문이다. 예측 가능성의 측면에서 보면, 궁극적으로는 예측 가능성이나 변동성을 결정하는 것은 보상시스템이 아니라 시장이다.

보상시스템이 단순해야 한다는 생각은 또 다른 쟁점인 '제대로 평가된 것만이 제대로 관리될 수 있다'는 관념을 반영한다. 실제로 사람들은 제대로 평가되는 실적은 달성해내고, 그 밖의 다른 중요한 과제는 무시하는 경향이 있다. 많은 CEO들이 "영업사원들에게는 단순한 보상시스템을 적용해야 한다"고 주장하는 이유도 그들 자신이 이사회에 참석하고, 임원 보수 컨설턴트를 만나고, 사베인스-옥슬리법(Sarbanes-Oxley Act. 2002년 7월 제정된 미국의 기업회계개혁법으로, 회사의 재무제표 작성 및 공인회계사의 외부감사 과정 등에 관한 전반적이고 근본적인 개혁 내용을 담고 있다. 2001년과 2002년 엔론, 월드컴 등 대형 회계부정 사건이 잇따라 터지면서 투명성을 강화한 회계처리 기준을 정하여 재발을 막아야 한다는 취지에서 제정되었다. 옮긴이)과 도드-프랭크 법안(Dodd-Frank Act. 2008년 금융위기 이후 서브프라임 모기지 사태의 원인이 금융당국의 부실감독 때문이라는 책임론이 대두되자 오바마 행정부가 같은 사태의 재발을 막기 위해 2010년 7월 이 법안을 발표했다. 주요 내용은 금융기관에 대한 규제 강화, 금융감독기구 개편 등이다. 옮긴이)을 접한 경험이 있기 때문이다. 수많은 이사회에 참석해본 행동주의 투자자(activist investor. 특정 기업의 지분을 매집한 뒤 경영권에 개입하여 지배구조 변경이나 주주배당 확대 등을 요구함으로써 주주 이익의 극대화를 꾀하는 투자자.

옮긴이) 제프리 웁벤(Jeffery Ubben)은 "때로는 이사회가 상충되는 요구사항들에 어리둥절하거나 CEO의 보수를 안건에서 배제하는 데만 열중한 나머지 바람직한 실적이나 인센티브 설계에 집중하지 못하고 관례대로 안건에 나오는 금액을 승인해주는 기구로 전락해버렸다"는 사실을 지적했다. 영업부서를 이처럼 단순하게 만들 필요는 없는 것이다.

프로세스가 아니라 실적만 보고 보상한다?

여기서는 영업 과제가 특정 고객과 시장 여건에 달려 있기 때문에 영업사원들은 다른 사원들보다 현장을 더 많이 알고 있을 것이라는 추론이 가능하다. 그래서 프로세스를 무시하고(실은 관리자들이 가장 바람직한 프로세스가 무엇인지를 모르기 때문이다) 단순히 실적만 보고 보상 수준을 정한다. 그러나 보상을 관리하는 프로세스는 바람직한 행동을 낳는 면에서 급여 수준만큼이나 중요하다.

기업에서 실적이 좋은 영업사원은 두둑한 보너스를 받는다. 그러나 보너스를 지급하는 프로세스가 기업의 공식적 실적 평가와 상충되는 경우가 있다. 다시 말해서 보너스의 근거(영업사원의 노력으로 얻어낸 주문 예약 등)가 기업의 전략이나 영업관리자가 원하는 사항(교차영업, 공동 발표, 기타 팀 영업과 관련된 측면들)과는 부합하지 않은 것이다. 결국 실적이 동기부여에 역행하고 더 나쁘게는 바람직하지 않은 영업 활동을 위한 동기를 부여하게 된다.

다른 사람들과 마찬가지로 영업사원들도 보상을 극대화하고 목표 달성에 성공하거나 실패한 이유를 알고 싶어 한다. 그들은 다음 달, 다음 분기, 다음 해에 돈을 더 많이 벌기 위해 이러한 정보를 이용하려고 한다.

이를 논의하는 프로세스(객관적 데이터 또는 주관적 추측에 근거한 프로세스)를 통해 미래의 행동에 영향을 받는다. 연구 결과에 따르면, 사람들이 프로세스가 공정하다는 생각이 들면 이를 수용하지만, 공정하지 못하다고 생각하면 보상의 가장 중요한 목표, 즉 적절한 행동에 대한 보상으로 동기를 유발하려는 목표가 훼손된다. 물론 프로세스가 아니라 실적에 대해 보상할 수도 있을 것이다. 그러나 주어진 영업 환경에서 프로세스를 무시하면 지불한 대가를 얻지 못할 수 있다.

동기부여는 오직 돈으로만 가능하다?

이러한 통념은 뮤지컬 〈올리버(Oliver)〉에서 페이긴(Fagin)이 했던 "중요한 것은 은행에 예금한 돈이다. 많을수록 좋다"는 대사로 깔끔하게 정리된다. 하지만 사람들은 이윤 극대화만 생각하며 살지 않는다. 이 같은 사실은 소비자의 행동과 위험 수용의 측면을 잘 보여주는 행동경제학의 연구에서도 드러난다. 관리자들 또한 직책, 상대적 지위와 함께 사람들의 행동에 영향을 미치는 비금전적인 요인의 중요성을 잘 알고 있고, 각종 포상제도들에도 이 같은 인간의 욕구가 반영되어 있다.

대부분의 기업에서 영업사원들의 실적을 월별 또는 분기별로 도표나 스프레드시트를 이용하여 발표한다. 이렇게 하는 이유는 사람이라면 누구나 자신의 위치에 관심을 갖기 때문이다. 즉, 다른 사람들과 비교해서 얼마만큼 실적을 올리고 있는가에 촉각을 곤두세우기 때문이다. 한 연구 결과에 의하면, 어떤 회사가 직원들에게 자신의 보수와 실적이 조직 전체에서 어느 수준에 있는지를 보여주고 나서 직원들의 생산성이 평균 7% 정도 증가했다고 한다. 이러한 효과는 시간이 지나서도 감소하지 않았다.

이렇게 상대적 실적에 관한 피드백을 전하는 것은 호손 효과(Hawthorne Effect. 노동이나 교육에서 주목받고 있다는 사실 때문에 그 대상자에게서 나타나는 업적의 향상. 옮긴이)만이 목적이 아니다. 내가 만난 영업사원들은 "물론 우리는 돈을 보고 일을 한다. 하지만 인정받기를 원한다"고 말했다.

효과적인 영업보상시스템 개발을 위한 질문

인간의 행동을 지배하는 요인으로는 돈 외에 다른 것들이 있다. 전략적으로 효과적인 보상시스템을 개발하려면 다음의 5가지 질문에 답을 내놓을 수 있어야 한다.

중요한 영업 과제는 무엇인가?

영업사원의 성공을 위해서는 무엇을 해야 하는가?

기준이 되는 영업 인력풀은 어떤 모습인가?

기본급과 인센티브는 어떻게 구성되어야 하는가?

인센티브는 어떻게 설계되어야 하는가?

중요한 영업 과제는 무엇인가?

전략과 영업을 일치시키는 방향으로 보상시스템을 설계하는 출발점은 회사가 보상을 주고 감독하기를 원하는 핵심적 영업 과제를 설정하는 것이다. 우리의 전략을 추진하여 실적을 이끌어내도록 하는 영업 과제는 무엇인가? 소매영업의 경우를 예로 들면, 대략 3가지 범주로 나눌 수 있다.

1. 판매량에 영향을 미치는 활동 : 새로운 제품을 판매한다, 기존 제

품에 대해서는 진열 공간을 더 많이 확보한다, 점두 제품과 점내 진열 제품을 판매 또는 관리한다, 합동광고를 낸다, 트레이드 프로모션 (trade promotion. 제조업체가 도소매업자에게 제품을 적극 판매하도록 하는 판매촉진책. 옮긴이)을 협의하고 관리한다.

2. 점내 서비스 활동 : 판매대를 점검한다, 파손된 제품을 처리한다, 제품의 신선도를 유지한다, 가격을 조정한다, 매장관리자의 질문사항을 처리한다.

3. 공급망 관리(Supply-Chain Management) 활동 : 판매량을 예측한다, 운송 일정을 관리한다, 제조업체의 생산부서(또는 물류부서)와 도매업체의 물류부서 간 업무를 조정한다, 특별 배송을 관리한다.

보상시스템은 이러한 과제들 중에서 우선순위를 정해야 한다. 결국 전략적 선택에 따라야 하는 것이다. GTM 활동에서 서비스 머천다이저 (service merchandiser. 미국에서 각광받고 있는 일용잡화 중심의 새로운 형태의 도매상. 점포 레이아웃, 상품 구색 맞춤, 판촉 기획, 가격 결정, 진열대 관리, 매출액 자료 작성 등의 서비스를 제공한다. 옮긴이)를 활용하는 기업이라면 영업보상시스템에서 점내서비스 과제에 덜 집중해도 된다. 자동화된 보급체계를 가진 기업은 공급망 과제에 덜 집중해도 된다. 외부 조직에서 이를 처리하기 때문이다.

B2B영업의 경우에는 보상시스템이 운송, 가격 협상, 유통업자와의 관계 형성, 판매 전 애플리케이션 지원, 판매 후 서비스 지원, 판촉전화, 크로스셀 등의 영업 과제들 중에서 어디에 중점을 두어야 하는가에 영향을 미친다. 여기서 영업 과제의 상대적 중요성은 시장의 라이프사이클 단계

에 따라 변한다. 초기에는 고객 교육과 애플리케이션 개발이 중요한 영업 과제다. 그러나 시장이 형성되고 표준이 정해지면 영업사원은 기능상으로 동등한 다른 브랜드에 맞서 제품을 판매하는 일과 제3자와의 관계를 형성하는 일에 더 치중하게 된다. 보상 계획은 이러한 과제의 변화를 따라가야 한다. 그렇지 않으면 전략을 제대로 수행할 수 없다.

영업보상시스템과 영업사원의 활동이 서로 어긋나게 되는 한 가지 이유는 기업에서 시기적으로 뒤떨어진 영업 과제에 따라 보상시스템을 운용하기 때문이다. 판촉 활동을 포함하여 실제 상황이 벌어지는 현장에서 이루어지는 고객과의 상호작용을 반영해야 한다. 그것을 대체할 만한 것은 아무것도 없다. 이러한 상호작용은 시장의 변화에 합당한 보상 수준에 대한 데이터를 모으는 작업을 보완하는 데 반드시 필요하다.

영업사원의 성공을 위해 무엇을 해야 하는가?

제품전시회나 콘퍼런스에 참석하거나 고객을 접대하는 것은 중요한 일이다. 따라서 영업사원이 계약을 성사시키고 관계를 형성할 수 있도록 경비를 지원하는 내용을 보상시스템에 담아야 한다. 다중채널관리가 요구되는 세상에서 중개인과의 협력관계는 매우 중요하다. 영향력이 있는 재판매업자와의 협력을 위해 교차영업, 교육, 공동 판촉 활동 등을 통한 인센티브를 제공할 수 있어야 한다. 그렇지 않으면 영업사원들은 기업의 중개인이나 동업자의 이익에 반하는 판매를 하게 되고, 결국 양쪽 모두 영업에 실패하여 상대방을 비난하게 된다.

영업관리자들 중에는 2배의 영업수당을 지급해야 할지도 모르는 이러한 보상 방식을 싫어하는 이들이 많다. 그들은 훈계조로 "그것은 그들에게 주어진 일이고, 그들은 그 일을 해야 한다"고 말한다. 그러나 이는 궁극적으로 영업사원이 어떤 일을 하는 사람인가의 문제가 아니라 산수 문제다. 팀 영업의 경우를 생각해보자. 팀 영업에서는 실적의 공유가 항상 문제를 일으킨다. 기업은 영업에 관여한 사원들의 실적을 인정해주면서도 영업수당을 2배로 지급하지는 않는다. 여기서 중요한 것은 기업이 목표를 설정할 때 영업 과제를 공유하고 실적을 추적할 수 있는 정보시스템을 확립하여 공동의 영업 실적을 고려할 수 있게 하는 것이다. 한 가지 예를 들어보자.

작년에 영업사원 2명이 각자 접근해야 하는 고객에게 상품 50만 달러어치를 팔았고, 공동으로 접근해야 하는 고객에게 50만 달러어치를 팔았다고 한다. 따라서 그들이 기록한 매출은 150만 달러다. 이에 대해 기업은 다음의 2가지 방법을 사용할 수 있다.

- 개인별 매출 75만 달러에 대해 각각 25,000달러를 지급하도록 매출 목표와 영업수당을 설정한다. 이 방법은 공동으로 접근해야 하는 고객에 대한 실적을 50 대 50의 비율로 나눈 것이다. 이때 기업이 지급해야 하는 영업수당은 총 50,000달러다.
- 매출 100만 달러에 대해 영업수당 25,000달러를 지급한다. 여기서는 공동의 영업 실적을 이중으로 계산하여 100% 각 영업사원의 실적으로 인정해준다. 그러면 영업사원은 매출의 50%를 팀에 의존하게 된다. 기업이 지급해야 하는 영업수당은 앞에서와 마찬가지로 50,000달러다.

첫 번째 방법에서는 영업사원이 매출 목표 75만 달러를 달성하려면 개별적으로 접근해야 하는 고객에게 25만 달러어치를 더 많이 판매하는 것이 더 낫겠다는 생각을 하게 될 것이다. 복잡하게 얽혀 있는 공동 판매를 위한 노력보다 시간이 덜 소요되기 때문이다. 따라서 자신은 개별적으로 접근해야 하는 고객에게 집중하고, 동료 영업사원은 공동으로 접근해야 하는 고객을 열심히 맡도록 하여 노력을 적게 들이거나 전혀 들이지 않고 공동 실적의 50%를 인정받을 수 있기를 바랄 것이다. 결국 공동으로 접근해야 하는 고객을 상대로 한 영업은 어려운 국면에 처하게 된다. 그에 비해 두 번째 방법에서는 인센티브 측면에서 공동 실적을 위한 노력에 장애가 될 요소가 없다. 회사가 지급해야 하는 영업수당에도 변함이 없다. 어느 방법이 더 좋을까? 선택은 기업의 전략과 이에 따른 팀 영업 과제의 상대적 중요성에 달려 있다.

영업사원은 영업의 성공에 영향을 미치는 많은 요소들(거시경제 상황, 고객의 재정 문제, 시장 경쟁 등)을 지배할 수 없다. 그러나 보상시스템으로 시장 상황에 대한 정확한 예측에 보상을 제공함으로써 이러한 요소에 대한 영업사원들의 관심을 독려할 수 있다.

기업들을 보면 연간 사업계획을 수립하기 전에 매출을 예측한다. 그런데 보상시스템을 들여다보면 영업사원들이 매출을 낮게 예측하여 수당을 더 많이 받고 자신을 스타 영업사원처럼 보이고 싶은 동기를 갖게 만든다. 이것은 피할 수 없는 현실이 아니다. 다시 말해서 수당과 매출 예측을 연결시키면 거짓말을 하는 사람에게 수당을 더 많이 지급하는 결과가 필연적으로 나타나는 것은 아니라는 것이다. IBM을 비롯한 많은 기업들이 여러 해에 걸쳐 영업사원들에게 매출을 더 정확하게 예측하도록 동기를 부여하는 보상시스템을 사용해왔다. 이에 따라 영업사원들은 자신의 담당 구역이나 할당된 고객 집단을 대상으로 매출을 예측하고는 더 많이 팔수록 더 많은 수당을 받았다. 그러나 실제 보상시스템에는 매출과 수당에 상한이 없었으며(메시지 : 지속적으로 최대한 많이 팔도록 하라), 매출이 예측과 정확히 맞아떨어졌을 때는 일시적으로 수당을 두둑하게 지급하지만 예측한 매출이 낮을 때는 수당도 적게 주었다(메시지 : 매출을 일부러 낮게 예측하여 내년에 받게 될 수당의 상한을 정해버리지 마라).

여기에 나오는 예들이 보여주듯 보상시스템은 영업사원이 지배할 수 있는 요소에 집중해야 한다. 그렇지 않으면 동기부여, 노력, 실적, 보상의 연결고리가 끊어진다. 기본적으로는 영업사원이 고객에게 영향을 미치는 방법을 명시하고 업데이트해야 하며, 보상 계획은 이러한 방법을 강화하고 지원해야 한다.

기준이 되는 영업 인력풀은 어떤 모습인가?

임금 수준에서 경쟁력이 떨어지는 기업은 좋은 직원을 잃는다. 전에 내가 재직했던 기업에서도 비슷한 일이 일어났다. 새로운 사람들을 뽑아 훈련시키고 영업 경험을 제공했지만, 결국 그들은 임금을 더 많이 주는 경쟁 기업으로 옮겨버리곤 했다.

같은 업종의 임금 수준을 비교해놓은 자료는 업종별 협회를 비롯해서 다양한 출처를 통해 알 수 있는데, 때로는 각 출처에서 해당 범주를 다르게 정의하고 집계하여 다른 숫자를 내놓기도 한다. 그러나 이런 자료들을 활용하여 회사의 영업 전략에 부합하거나 부합하지 않는 영업 활동을 되돌아볼 수 있어야 한다.

또 다른 쟁점은 구매 결정에 미치는 영업사원의 영향력과 이러한 영향력을 행사하는 데 필요한 그들의 능력이다. 전문적 스킬을 요하는 영업에는 다른 업종이나 영업 외의 다른 영역에서 그에 적합한 사람을 뽑아야 한다. 임금 수준도 경쟁 기업들과 다르게 책정해야 한다. 경제학자들이 '거래특유자산(transaction-specific asset)'이라고 부르는 자산도 임금 수준에 영향을 미치는데, 이는 오랜 시간 동안 구축해놓은 전문성과 인간관계를 말한다. 원하든 원하지 않든 유능한 영업사원을 대체하는 데는 엄청난 비용이 소요되므로 보상시스템에서 이러한 대체비용을 반드시 고려해야 한다. '누가 고객을 보유하고 있는가, 기업인가 아니면 영업사원인가?'를 질문해보라. 때로는 영업사원이 답이 되기도 한다.

뛰어난 프라이빗 뱅커(private banker. 거액 자산가의 자산관리를 도와주는 금융회사 직원. 옮긴이)가 되려면 다양한 지식과 스킬을 갖추어야 한다. 은행이 제공하는 금융상품에 대한 지식뿐만 아니라 원만한 인간관계를 형성하여 고객을 소개받고 다른 은행으로부터 업무상 필요한 협력을 이끌어내는 능력도 있어야 한다. 금융상품은 쉽게 모방될 수 있기 때문에 개인적으로 제공하는 서비스가 고객 가치 제안의 핵심이 된다. 따라서 인간적인 신뢰, 친화력, 좋은 인상을 가진 직원의 역할이 매우 중요하다. 이러한 요소들의 조합은 쉽게 얻어지지도 않고 MBA 프로그램을 통해 제공되지도 않는다. 오랫동안 축적해온 거래특유자산에 의존하는 것이다. 시간이 지나면서 고객들은 자신이 은행이 아니라 프라이빗 뱅커와 함께 일을 하고 있다는 생각을 갖게 되며, 그래서 프라이빗 뱅커가 다른 은행으로 자리를 옮기면 자신의 자산관리도 그 은행에 맡기게 된다. 결과적으로 1990년대부터 2008년 금융위기 때까지 프라이빗 뱅커의 임금은 다른 은

행원들보다 2~3배 정도 더 올랐다. 이러한 임금 결정은 해당 자산의 가치에 대한 인정이고, 해당 영업사원의 대체비용을 반영한 결과라고 할 수 있다.

기본급과 인센티브는 어떻게 구성되어야 하는가?

대부분의 영업사원들은 기본급과 인센티브를 받는다. 여기서 기본급의 비중을 높이는 몇 가지 요인이 있는데, 해당 기간 동안 영업사원들에 대한 실적 평가가 어렵거나 실적 평가 관리가 복잡한 경우, 영업사원들의 협력을 이끌어내야 하는 경우, 판매주기가 복잡하고 긴 경우, 서비스 지원이 중요한 경우, 판촉성 판매가 필요한 경우, 시장 수요의 변동성이 큰 경우 등이다. 그러나 기업은 강력한 레버리지 보상시스템(수수료를 높게 잡거나 보너스를 많이 지급)을 확립해놓고 서비스 지원과 장기적 고객관계가 중요한 시장에서도 실적 평가 관리가 복잡한 제품을 판매할 수도 있다. 판매시스템의 다른 측면이 영업 과제를 뒷받침할 수 있다면 말이다. 예를 들어 제조업체의 판매 대행업체들은 수수료를 받고 이러한 과제를 성공적으로 수행하고 있다.

기본급과 인센티브의 구성에 관한 결정은 영업 문화뿐만 아니라 영업사원에게도 영향을 미친다. 실적에 기반을 둘 것인가, 행위에 기반을 둘 것인가에 관한 연구에서 이러한 결정을 자세히 분석했다.

실적에 기반을 둔 관리에서는 관리자에게 큰 부담이 가해지지 않는다. 실적이 좋으면 임금을 더 많이 받는다는 사실을 강조하기만 하면 된다. 이때 실적을 달성하는 방법은 (법적, 윤리적 허용 범위 안에 있다면) 크게 중요하지 않다. 영업사원들은 더 큰 위험을 감수하고 고객 기반에서 나타나는 차이에 적응하기 위해 많은 자율권을 갖는다. 본질적으로 사업가나 프랜차이즈 창업자와 다를 것이 없다. 반면에 행위에 기반을 둔 보상시스템에서는 관리자의 감독과 영업 방법에 대한 개입이 요구된다. 보상의 대부분이 고정급이고, 변동급은 실적만이 아니라 영업사원이 무엇을 했는가(방문 횟수, 지출 관리 등)에 달려 있다. 따라서 특정 고객층에 대한 학습과 적응, 변동급에 대한 요구가 크지 않다(우리는 이러한 요구가 영업의 성공 가능성을 높여주는 것으로 알고 있다).

부동산이나 금융 중개업체에서는 오랫동안 성과급을 강조해왔다. 영업사원들의 이동이 상당히 많은 편이고, 때로는 고객과 함께 다른 곳으로 옮겨가는 경우도 있다. 여기서 당신은 중개업체의 보상시스템이 이직과 채용을 용이하게 하고 영업 재능을 지닌 사람을 쉽게 골라낼 수 있게 해준다고 주장할 수 있다. 또 중개업체에는 뛰어난 영업관리자가 없으며 중개업체도 이 사실을 잘 알고 있다고 말할 수도 있다. 그런데 다른 업종에서는 기본급과 행위 부분을 강조한다. 조사전문회사인 다트넬 코퍼레이션(Dartnell Corporation)의 조사 결과에 따르면, 미국 전체로 볼 때 기본급과 인센티브의 비율은 50대 50 주변에서 왔다 갔다 하는 것으로 나타난다. 영업관리자들은 자신들의 경험 법칙에 비추어 영업사원의 눈에 인센티브가 중요하게 보이려면 전체 보상에서 적어도 15%는 차지해야 하며, 행위에 영향을 미치려면 적어도 30%는 되어야 한다고 말한다. 어떤 영업 담당 부사장은 다음과 같이 말한다.

"전체 보상에서 인센티브가 차지하는 비중이 10%에 못 미치면 대부분의 영업사원들이 거의 신경을 쓰지 않는다. 10~25%이면 관심을 갖는다. 25~50%일 때는 인센티브가 영업사원들의 행위에 영향을 미치고, 영업관리자는 몇 가지 중요한 사항만 관리하면 된다. 50%가 넘으면? 영업관리자의 현장관리가 현저히 줄어들고, 영업사원은 '할당을 채우지 못하면 퇴출'이라는 각오로 일을 한다."

그러나 이 같은 비공식적 가이드라인에 타당성을 부여하는 결정적 연구 결과는 아직 없다. 그러나 분명한 사실은 기본급과 인센티브의 구성이 영향력을 갖는다는 것이다.

기본급만 지급하거나 판매량에 근거한 인센티브만 주는 방식은 관리하기가 쉽다. 그래서 이 2가지 방식은 복잡한 제도를 운영할 수 있는 시스템이 갖춰지지 않았거나 관리 능력이 부족한 기업에 디폴트 옵션(default option)이 되기도 한다. 그런데 영업 활동을 모니터링할 수 있는 기술이 속속 등장하여 효율적인 비용관리가 가능해지게 되었다. 그중 한 예로 CRM시스템은 정확한 방향을 제공하여 방문 패턴을 결정해줌으로써 행위에 기반을 둔 관리를 용이하게 해주고 있다.

인센티브는 어떻게 설계되어야 하는가?

인센티브의 주요 유형은 많지 않지만, 이를 변형한 것은 상당히 많다. 목표를 달성한 사람에게는 보너스가 일시불로 지급된다. 보너스는 양적 또는 질적 목표에 근거하여 지급될 수도 있고, 영업관리자의 판단에 따라 지급될 수도 있다. 수당은 대체로 판매량이나 마진에 따라 일정 비율로 지급된다. 전체 판매량을 기준으로 적용하는 기업도 있고, 제품이나 고객 또는 수익성이나 경쟁 목표를 반영하는 그 밖의 지표에 따라 비율을 다르게 적용하는 기업도 있다. 때로는 할당량을 초과한 판매에 대해서만 수당을 지급하는 곳도 있고, 할당량을 초과한 판매와 그 이하의 판매에 대해서 비율을 다르게 하여 지급하는 곳도 있다. 판매경진대회를 통해 단기 목표를 달성한 영업사원에게만 지급하기도 한다.

인센티브에서 골치 아픈 문제는 세부사항에서 나온다. 예를 들어 인센티브를 주문예약이 들어왔을 때 지급하는가, 운송했을 때 지급하는가의 문제는 현금흐름과 생산 계획뿐만 아니라 영업 활동을 어디에 집중해야 하는가에 큰 변화를 가져올 수 있다.

기업마다 비즈니스 환경이 다르겠지만 전략과 영업을 일치시킬 인센티브를 설계할 때 지켜야 할 일반 원칙이 있다. 이 원칙은 목적, 적용 기간, 사용 지표와 관련이 있다.

인센티브에는 서로 밀접한 관련이 있는 3가지 목적이 있다.

1. 경영 목표와 영업 활동 간의 조화를 도모한다 : 인센티브제도는 정말 중요한 것이 무엇인가에 대한 기업 전체의 커뮤니케이션 결과이며, 영업사원들은 이러한 사실을 명심해야 한다.
2. 영업 역량에 대한 투자수익률을 증대한다 : 인센티브제도는 영업사원의 노력을 강화하며, 이러한 노력을 통해 기업과 영업사원이 동시에 발전할 수 있어야 한다.
3. 동기를 부여한다 : 인센티브제도는 개인의 실적을 반영하도록 설계되어야 하고, 인센티브는 실적에 따라 지급되어야 한다(8장 참조). 인센티브 지급액의 차이가 동기를 유발할 정도로 의미가 있어야 한다.

인센티브의 적용 기간은 영향력이 있을 만큼 짧아야 하지만, 지급이 의미를 지닐 만큼 길어야 한다. 여기서의 원칙은 노력, 실적, 보상의 인과관계가 가시적으로 드러나도록 인센티브를 설계해야 한다는 것이다. 왜 많은 기업들이 영업사원이 목표를 달성했을 때 공개적으로 포상하는지를 생각해보라. 노력과 실적을 인센티브와 연결시키는 것은 인센티브가 전형적인 판매주기를 반영하여 영업을 위한 노력을 무의식적으로 좌절시키지 않도록 하려는 것이다.

기업들은 대개 인센티브의 근거를 특정 제품에 대한 최소한의 기준 판매량을 달성하는 데 둔다. 특히 수익성이 높고 전략적으로 중요한 제품에 노력을 집중하기를 원한다. 그러나 이런 식의 인센티브는 엉뚱한 결과를 낳을 수 있다. 영업사원들은 인센티브 기간 내에 기준 판매량을 달성하지 못할 것으로 생각되면 다음 인센티브 기간을 위해 주문을 비축할 가능성이 크다. 더 나쁘게는, 목표 달성을 위한 노력을 지레 포기하기도 한다. 이처럼 영업사원들의 행동은 거의 틀림없이 인센티브의 적용 기간과 구조에 영향을 받는다.

마지막으로, 인센티브는 중요한 목표를 반영하는 지표에 근거하여 설계해야 한다. 판매량은 인센티브를 지급하기 위해 가장 널리 사용되는 지표지만, 때로는 다른 지표가 전략적 선택뿐만 아니라 비즈니스모델에 내재된 GTM의 경제 원리를 더 정확히 반영하기도 한다. 예를 들어 다음과 같은 지표들이 있다.

- 제품 믹스 : 제품 믹스는 하나의 시스템으로 다른 아이템을 판매할 때 중요하다.
- 가격 책정 : 인센티브와 가격 책정의 연계는 협상이 주요 영업 과제이거나 영업사원이 할인 또는 가격 외의 요구에 대해 재량권을 가졌

을 때 특히 중요하다.

- 악성 부채 또는 제품 반환 : 많은 사업(의료기기, 서비스 머천다이저, 케이블TV)에서 이 2가지는 비용과 수익성에 큰 영향을 미친다.
- 판매 유형 : 아무런 조건이 없는 일반 판매인가, 임대인가, 회원제인가에 따라 현금흐름, 고객 기반, 후속 매출이 크게 달라진다.
- 교육 : 사용자에 대한 교육서비스 제공이 핵심 영업 과제이고, 이것이 판매회사의 매출과 수익의 원천인 경우에 특히 중요하다(법인 소프트웨어, 전문 서비스 등).

모든 회사, 모든 사업 단위, 모든 영업 지점에 최적인 단 하나의 인센티브 유형은 없다. 최선은 당신 회사의 전략 그리고 이와 관련된 영업 과제 분석에 달려 있다. 다시 말하지만 엔진에 시동을 걸어보고(바람직한 노력과 활동을 하고), 그다음에 섀시를 평가하라.

효과적인 영업보상시스템의 특징

영업보상시스템은 여러 차원에 영향을 미치기 때문에 별개로 접근할 수 없다. 이제부터 전략적으로 효과적인 영업보상시스템의 특징을 살펴보기로 하자(그림 9-2).

모든 곳에 조금씩 투입하지 않고 중요한 곳에 집중한다

많은 보상시스템들이 모든 것이 다 중요하다는 식의 오류에 빠져든다. 나의 사례 연구에 따르면, 최고경영자들은 영업보상시스템에 대해 다음

그림 9-2 효과적 영업보상시스템

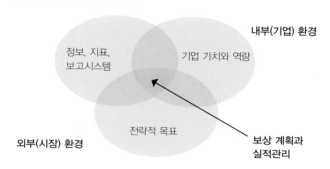

- 중요한 곳에 집중한다. 현재의 전략에 기반을 둔다. 실적 평가 프로세스에 연결한다.
- 외부 환경, 내부 환경과 연관된다.

내부(기업) 환경

정보, 지표, 보고시스템

기업 가치와 역량

외부(시장) 환경

전략적 목표

보상 계획과 실적관리

과 같은 목표를 제시한다.

'영업을 위한 노력을 더 많이 하도록 하고, 영업 활동을 효과적으로 관리한다. 최고의 실적을 내는 영업사원을 보유한다. 교차기능적이고 팀 영업에 적합한 능력을 개발한다. 고객서비스의 질을 개선한다. 제품 구성을 개선한다. 영업비와 일반 관리비를 절약한다. 관리상의 논란을 최소화한다. 영업사원들에게 책임감을 더 많이 부여한다. (…)'

목표 리스트는 계속 이어지고, 내용은 일반적이다. 그러나 이렇듯 모든 것이 다 중요하다면 진정으로 중요한 것은 무엇일까? 노력, 보상, 동기부여가 제대로 이루어지지 않게 된다. 결국 전략은 선택의 문제다.

목표 설정 시 현재의 전략에 기반을 둔다

기업들의 보상시스템은 현재가 아니라 전년도 실적에 맞춰 조정하는 경우가 많다. 할당량과 목표를 설정하는 가장 일반적인 접근 방식도 전년을 기준으로 필요한 수정을 가하는 것이다. 바꿔 말하면, 작년에 영업사원들 중에서 할당량을 채운 사람이 많은가, 적은가에 따라 금년의 할당량을 올리거나 낮추는 기업이 많다. 그러나 영업은 어제의 일이 아니라 오늘과 내일의 일이며, 사내에서 벌어지는 게임이 아니라 시장에서 일어나는 게임이다. 따라서 보상시스템은 영업 과제, 영업 활동, 기업의 IT시스템과 보고시스템을 연결함으로써 전략적 선택을 효과적으로 운용할 수 있게 해야 한다.

보상을 실적 평가 프로세스에 연결한다

어떤 기업들은 관리를 보상 정책으로 대체하려고 한다. 그러나 아무리 영업보상시스템이 효과적이라고 해도 결국은 조직의 위생 요인(hygiene factor. 미국 심리학자 프레더릭 허즈버그Frederick Herzberg는 충족되지 않을 경우 불만족을 초래하지만 충족시켜준다 해도 직무 수행 동기를 적극적으로 유발하지 않는 요인을 '위생 요인'이라고 불렀다. 옮긴이)일 뿐이다. 그 자체로는 필요하지만 행동을 유발하기에는 충분하지 않은 요인이라는 것이다. 보상시스템은 현재 진행 중인 실적관리의 일부일 뿐 이를 대체할 수는 없다. 알고리즘을 가지고 사람을 관리할 수는 없기 때문이다. 사람은 사람이 관리하는 것이다. 따라서 어떠한 보상시스템도 다음 장에 나오는 주제인 '영업의 효과를 측정하고, 실적에 관한 피드백을 제공하고, 현장의 영업 역량을 강화하는 영업관리자의 역할'에 관심을 기울이지 않고는 효과를 보지 못할 것이다.

성과를 낼 수 있는 환경을 만들어라

실적 평가와 효과 측정

실적 평가와 이를 위한 지표는 전략 실행에 중요한 도구들이다. 이 2가지는 전략을 수행하는 일선 현장의 영업 환경에 큰 영향을 미친다. 이 장에서는 실적 피드백을 제공하고 영업의 효과를 측정해야 하는 이유와 그 방법을 제시한다.

방치되고 있는 실적 평가

실적 평가는 대부분의 조직에서 구성원들의 행동에 영향을 미치는 정도에 비해 가장 덜 사용하는 도구 중 하나다. 실제로 많은 임원들이 실적 평가를 기피하거나 형식적으로 처리하는 관리자의 문제를 지적한다. 감원을 해야 할 만큼의 위기가 오기 전에는 대부분 좋게만 평가한다는 것이다. 여기서 나는 영업관리자에게 실적에 관한 대화가 필요한 이유를 설명하려고 한다.

사람에게는 내재적 가치와 외재적 가치가 있다. 다양한 분야의 연구 결과들을 보면, 사람은 자신이 개선해야 할 구체적인 부분을 확인하고 실행에 관한 확실한 피드백을 받아 필요한 스킬을 연마함으로써 뛰어난 실행가가 되는 것으로 나타난다. 교육과 능력 개발의 방법에 관한 연구 결과들도 직무를 통해 얻는 경험이 중요하다는 사실을 알려준다. 어느 연구 결과에 따르면, 직장 경험(업무 처리, 조직 내에서의 대인관계, 특히 실적에 관한 피드백)이 능력 개발의 약 70%를 차지하고, 공식적인 교육(경영자과정 등)과 인생 경험(취미, 관심, 가정 등 직장 밖에서 좋아하는 일과 대상)이 각각 15%를 차지하는 것으로 나타났다.

피드백은 영업사원이 일을 적절히 처리하고, 나쁜 습관을 버리고, 우선순위를 정하고, 자신이 져야 할 책임을 분명히 인식하게 만드는 방법이다. 한마디로 효과적인 리더십을 위한 열쇠라고 할 수 있다. 리더십이란 단어는 전략과 마찬가지로 너무도 무분별하게 쓰이기 때문에 애매한 표현이 될 위험이 있지만, 거의 모든 정의에 내포된 기본 견해는 '리더란 개인의 실적뿐만 아니라 집단을 관리하는 사람'이라는 것이다. 조직에서 더 높은 자리로 갈수록 리더는 직원들의 실적에 더욱 많이 의존하게 된다. 어느 IT회사의 사장은 "나는 나를 위해 일하는 모든 사람에게 나의 사업을 걸고 있습니다"라고 말하기도 했다.

그렇다면 관리자(특히 영업관리자)들이 실적에 관한 대화를 그토록 어렵게 생각하는 이유는 무엇일까? 그럴 만한 이유가 있다.

갈등을 피하고 좋은 사람으로 남기를 원한다

피드백을 하다 보면 대치 상황에 직면하여 갈등을 관리해야 할 때가 있다. 그런데 대부분의 영업관리자들은 이를 외면하다가 한참이 지나서야 갈등관리가 필요했던 해당 과제를 두고 직원에 대한 실적 평가를 한다.

연구 결과에 따르면, 영업사원들은 보통 이상의 친화 욕구(affiliation need. 관련 있는 사람과 자발적으로 관계를 맺거나 사회적 접촉을 형성하려는 사회적 동기의 하나로, 자신이 원하는 대상을 찾아 가까이하고 즐겁게 협조하거나 교제하고자 하며 애정을 얻으려는 행동을 보인다. 옮긴이)를 갖고 있다고 한다. 《세일즈맨의 죽음》의 주인공 윌리 로만이 아들에게 말했듯이, "중요한 것은 호감을 사는 것"이기 때문이다. 이러한 경향은 관리자들이라고 해서 다르지 않다. 하지만 극복해야 한다. 관리자가 피드백을 주저하면 직원이 배우고 발전할 기회를 뺏는 것일 수도 있기 때문이다.

나쁜 소식 전하기를 꺼린다

상대방의 자존심을 건드리지 않으려는 생각도 효과적인 피드백을 어렵게 만든다. 경영서 저자들은 옥석을 가리라고 분명하게 이야기하지만, 실적에 관한 대화의 중심에는 언제나 심정적 모순이 자리를 잡게 된다.

피드백을 주는 사람은 상대방의 행동, 기질, 장점, 약점을 알기 위해 시간을 두고 관심을 가져야 한다. 또한 마음에 내키지 않더라도 적절한 결정을 할 필요가 있을 때에는 친하게 지내는 사람과도 일정 정도 거리를 두어야 한다. 많은 사람들이 이렇게 하지 못한다. 어렵기 때문이다. 하지만 효과적인 피드백을 위해서는 반드시 필요하다.

반발, 저항, 분열에 대한 두려움

영업사원들은 자립심이 강하기로 유명하다. 업계에서 그들은 '외로운 늑대'로 불린다. 사회과학 용어로 표현하면 '권위에 저항하는 반의존적 (counterdependent)인 사람'들이다. 그래서 자신의 실적과 관련한 나쁜 소식에 소심하게 반응하지 않는다. 반발하고 저항한다. 이러한 사실을 잘 알고 있는 영업관리자들은 그런 상황을 만들지 않으려고 한다.

영업 활동에 차질을 빚을 것이라는 생각도 평가를 기피하게 만든다. 특히 차선의 실적에 만족하거나, 이전 직원이 갖고 있던 기존고객과의 관계를 새로운 직원에게 넘겨준 때는 더욱 그렇다. 결과적으로 관리자와 고객은 현상유지 편향을 갖는다(7장 참조).

감정을 억제하고 평정심을 유지하라는 요구

실적과 관련하여 가장 영향력이 큰 대화는 스타 영업사원이나 실적이 부진한 영업사원과의 대화가 아니라 정규분포 곡선에서 중간에 있는 영업사원들과의 대화다. 그들의 생산성이 조직 전체의 실적에 직결되기 때문이다. 여기서 중요한 것은 피드백을 주는 사람이나 받는 사람이 평정심을 유지해야 한다는 점이다.

실적을 평가할 때는 말투나 표정, 몸짓이 숫자로 나타난 결과나 구체적 메시지만큼이나 중요하다. 소프트회사 오토데스크(Autodesk)의 CEO 칼 바스(Carl Bass)는 실적을 놓고 대화를 나눌 때 관리자에게 요구되는 평정심에 대해 다음과 같이 말한다.

"당신이 버스 운전사라고 합시다. 운전 도중에 당신이 이상한 행동을 한다면 모두가 불쾌한 기분이 들 것입니다."

특히 영업에서는 결점이나 약점을 지적할 때 생산적인 변화에 대한 낙관적 기대를 투영하는 것이 중요하다. 그를 해고하지 않는 한 평가 이후에도 여전히 그와 함께 일해야 하므로 항상 동기부여가 대화의 한 부분을 차지해야 한다. "동기부여는 오래가지 못한다. 목욕도 마찬가지다. 그래서 매일 해야 하지 않는가"라는 말처럼 말이다.

합리화

관리자들은 "그렇습니다. 이번 대화는 중요합니다. 하지만 지금 당장은 제가 너무 바빠요"라는 말을 자주 하는 편이다. 피드백을 안 하는 것에 대한 변명이다. 물론 피드백을 효과적으로 전달하기 위해서는 시간이 필요하다. 그러나 관리자가 시간을 들먹이는 것은 실적 평가가 우선순위에 있지 않다고 말하는 것이나 다름없다. 이는 잘못된 생각이다.

프로세스의 결여

피드백을 준비하고 전달하는 데 필요한 프로세스가 없는 경우가 있다. 영업관리자들은 어떻게든 실적에 관한 대화를 해야 한다는 사실을 알고 있으면서도, 정작 이를 위한 프로세스는 갖고 있지 않다. 이것이 결국 실적이 뛰어난 사원의 동기를 떨어뜨리고, 실적이 형편없는 사원의 동기부여를 방치하는 결과를 낳고, 영업사원들에게 혼란을 일으킨다.

실적에 관한 피드백을 효과적으로 전달하는 방법

평가의 목적은 구성원들의 역량을 향상시키고 조직에 헌신하도록 만드는 것이다. 구성원들이 전략적 목표와 선택을 이해하고 이에 따라 영업 활동, 자원 할당, 방문 패턴 조절, 재량권 행사 등의 노력을 기울이도록 한다. 여기서 전제 조건은 실적을 내는 사람이 누구이고, 누구의 실적에 관심을 가져야 하는가를 확인하는 것이다.

관리자들은 "우리는 모든 사원에게 관심을 갖습니다"라는 말을 자주 한다. 그러나 실제로는 그렇지 않다. 특히 조직 형태가 수평적이고 관리 범위가 넓은 기업에서 올라오는 모든 보고서에 똑같은 관심을 갖는 관리 자는 거의 없다. 대부분은 예외관리(management by exception. 계획, 표준에서 크게 벗어난 일만 보고하도록 하는 관리 방식. 옮긴이)를 한다. 그들은 문제 또는 기회가 생기면 그것을 처리하기 위해 시간과 관심을 할당하는 방법을 찾는다. 여기서의 쟁점은 관리자들이 정말로 그렇게 하는가가 아니라 그것을 효과적으로 하는가에 있다.

7장에서 설명했듯이, 영업부서는 다른 기질, 능력, 학습 방식을 가진 사람들로 구성되어 있다. 어떤 사람은 더 나은 접근 방식을 깨달았을 때 실적이 향상되고, 어떤 사람은 스타 영업사원이 과제를 처리하는 모습을 보고 그것을 따라 할 때 성과가 난다. 특정 과제를 통해 배우는 사람도 있다. 따라서 관리자는 개개인에게 맞는 피드백을 전달해야 한다. 8장에서 설명했듯이, 특히 영업부서에서는 개인별로 실적의 차이가 크다. 코칭이 미치는 효과도 마찬가지다. <솔루션 영업의 종말>이라는 논문을 발표한 매슈 딕슨(Matthew Dixon)과 브렌트 애덤슨(Brent Adamson)이 이와 관련한 연구 결과를 요약한 적이 있다.

"코칭의 질을 높이면 실적 곡선은 이동하지 않고 기울어진다. 중간은 움직이지만 밑바닥은 움직이지 않는다."

전체적인 실적은 향상되지만 부분적으로만 향상된다는 이야기다. 코칭은 실적이 부진한 영업사원이나 스타 영업사원에게는 큰 효과가 없다. 그 이유가 뭘까? 스타 영업사원은 이미 뛰어난 실적을 보여주는데, 시장이나 전략은 변하지 않은 채 영업 과제만 변경되는 상황에서는 코칭이 약간의 개선 또는 동기의 지속에 기여할 뿐이다. 실적이 부진한 영업사원에 대한 코칭이 별다른 효과를 나타내지 않는 것은 영업직이 그에게 맞지 않아서인 경우가 대부분이다. 결국 채용의 문제라고 할 수 있다. 이들과 달리 중간 집단에서는 코칭의 효과가 크게 나타난다. 자료에 따르면, 효과적인 피드백이 그들의 실적을 거의 20%나 향상시켰다.

실적에 관한 피드백은 효과가 있는 곳에 집중되어야 하고, 목적에 맞게 설계되어야 하며, 실천이 가능해야 한다. 이는 영업관리자가 평가 이전과 이후, 도중에 해야 할 일이 무엇인지를 시사한다.

평가 이전

첫째, 영업관리자는 윤리적 기준을 포함하여 실적을 판단하는 기준을 분명히 해야 한다. 중요한 것이 무엇이고, 얼마만큼 기대하는지를 밝혀야 한다. 신임 관리자들 가운데 영업 목표가 영업 전략과 얼마나 잘 부합되는가에 대해 정확히 알지 못하는 이들이 적지 않다. 경험이 많은 관리자들 중에도 시장이나 전략의 변화를 따라가지 못하는 이들이 있다. 관리자의 교체가 영업 활동에 혼선을 주기도 한다.

어떤 사례 연구에 캐봇 파머슈티컬(Cabot Pharmaceuticals)이라는 가명의 회사에서 근무하는 영업사원 밥 마시(Bob Marsh)가 등장한다. 그는 영업사원으로 입사한 후로 다양한 영업관리자들을 만났는데, 12년을 일하다가 고객들의 불만으로 해고를 당하고 만다. 이 연구는 원래 실적 평가가 훌륭했던 영업사원이 불투명한 기준 때문에 고객을 소극적으로 관리하는 평범한 영업사원으로 전락하는 과정을 잘 보여준다. 이에 대해 많은 경영자들이 뜨거운 반응을 나타냈는데, 내가 들었던 가장 적절한 코멘트는 캐봇 파머슈티컬의 실적 평가 프로세스를 '부적절한 천재성'으로 묘사한 것이었다. 매년 실적 평가를 했지만 기준이 명료하지 못해 영업 활동과 동기부여에 부정적 영향을 미쳤다는 말이다.

둘째, 실적 평가는 영업사원이 하는 일, 6장에서 설명한 경계 역할에서 양쪽에 있는 사람들과의 관계, 그리고 때로는 영업사원의 보수와 할당된 과제를 점검하는 것이다. 당연히 어렵고 시간도 많이 드는 과정이다. 이때 영업관리자가 평가를 날림으로 해서 영업사원들이 혼란스러워하거나 자신의 가치를 제대로 인정받지 못했다는 생각을 갖게 하지 않으려면 충분한 대화 시간을 확보해야 한다. 또한 공식적인 평가 이전부터 꾸준히 영업사원의 활동을 지켜봐야 한다. 그렇게 해야만 영업 활동에 구체적인 도움을 주고 영향을 미칠 수 있다. 지속적인 관심과 피드백이 동반되어야 함은 물론이다.

셋째, 평가가 효과적으로 이루어지려면 실적이 나오게 된 근본 원인을 파악해야 한다. 보잘것없는 실적이 동기 저하 때문인가, 아니면 능력 부족 때문인가? 영업사원들 중에는 일은 열심히 하는데 능력이 따라주지 않는 사람이 있다. 그렇다면 교육과 코칭이 그들의 능력을 향상시킬 수 있는가? 반면 능력은 있는데 동기가 약한 사람도 있다. 그에게 다른 인센티브나 프로그램이 동기를 부여할 수 있는가? 동기도 능력도 부족한 사람이라면 그에게 다른 업무를 맡겨야 하는가, 아니면 영업조직에서 내보내야 하는가? 동기부여도 되어 있고 능력도 갖춘 스타 영업사원은 어떻게 보호하고 시너지 효과를 내게 할 수 있는가? 이 같은 문제들은 쉽게 판단할 수 있는 사안이 아니다. 그럼에도 불구하고 판단은 필요하며, 이전과는 다른 구체적인 실천 계획을 요구한다. 구체적인 실천 계획 없이는 평가 과정에서 생산적인 결과를 얻기 어렵다.

평가 도중

그림 10-1은 실적에 관한 대화에서 지침이 될 만한 5단계를 개괄적으로 보여준다.

1. 당신의 긍정적인 의지를 전달하라

실적 평가는 피평가자의 업무 능력을 향상시키기 위해 그 사람의 강점을 더욱 강화하는 데 목적이 있고, 이를 위한 피드백을 전하는 것이다. 당신이 이러한 의도를 갖고 있지 않다면(동기부여나 능력의 문제가 잠재적 기여

그림 10-1 피드백을 효과적으로 전달하라 : 평가 도중

1. 당신의 긍정적인 의지를 전달하라

2. 당신이 관찰한 내용을 구체적으로 설명하라

3. 행동 또는 실천이 실적에 미치는 영향을 설명하라

4. 상대방이 어떻게 생각하는지를 물어보라

5. 옵션과 해결 방안에 관한 논의에 집중하라

에 결정적이라고 믿는다면) 실적에 관한 대화를 할 필요가 없다. 다음 단계를 무시하고 그 사람을 다른 곳으로 보내기 위한 대화를 하는 것이 낫다.

2. 당신이 관찰한 내용을 구체적으로 설명하라

상대방의 강점과 약점에 대해 당신이 전하는 피드백이 구체적일수록 상대방은 당신이 하는 말을 더 잘 이해한다. 실적에 영향을 미칠 만한 구체적이고도 중요한 사건을 설명하라. 피드백을 지나치게 자주 하면 '좋은 일은 하고 나쁜 일은 피하라'는 식의 개괄적인 피드백이 되고 만다. 이러한 피드백은 해롭지 않은 것처럼 보이지만, 빈번하고 일반적인 피드백은 다양한 판단이 가능하기 때문에 상대방이 변화에 개방적인 자세를 취하기보다는 방어적인 자세를 취하게 만든다. 예를 들어 "당신의 판매 방식은 끔찍합니다"라는 말은 일종의 인상에 지나지 않으며, 개방적인 대화보다는 상대방의 반격을 불러온다. 반면 "거기에는 인구통계, 총생애주기비용(life cycle cost), 지불 조건에 관한 정보가 없습니다"라는 말은 부정적인 코멘트이지만 비교적 편하게 들리고 시정조치를 취하게 만든다. 구체적으로 설명하려면 평가를 앞둔 1~2주 전이 아니라 1년 내내 지속적으로 관찰하고 기록해야 한다.

3. 행동 또는 실천이 실적에 미치는 영향을 설명하라

낮은 실적을 원하는 사람은 없다. 그러나 자신의 행동이 실적에 미치는 영향을 인식하지 못하는 사람들은 많다. 그래서 관리자가 필요한 것이다. 행동과 실적의 인과관계에 대해 의논하는 이 단계는 영업사원과 영업관리자 모두에게 중요하다. 영업사원에게 실적 향상은 궁극적으로 행동의 변화를 의미하며, 영업관리자는 구체적인 행동, 실천, 실적에 집중해야 한다. "당신은 구매자와 소통을 제대로 하지 않았습니다"라고 말하는 것과 "당신은 미팅을 하는 동안 이런저런 일로 대화를 중단시켰습니다. 그래서 구매자가 당신이 하는 말에 제대로 귀를 기울이지 않았습니다"라고 말하는 것에는 차이가 있다. 영업사원의 기본 성격은 거의 변하지 않으므로 변화 가능한 범위 내에서 그의 행동에 영향을 미칠 수 있도록 설명해야 한다. 성격에 관한 피드백은 실적 향상에 보탬이 되는 경우가 별로 없으며, 오히려 방해가 될 수 있다. 또한 영업관리자로서 행동에 집중하는 것은 일반적으로 나타나는 복제 편향을 최소화하는 데도 도움이 된다.

4. 상대방이 어떻게 생각하는지를 물어보라

평가가 효과적으로 이루어지려면 정보가 피평가자에게만 전달되어서는 안 되고, 평가자와 피평가자 모두에게 흘러들어야 한다. 9장에서 설명했듯이, 대부분의 영업사원들은 자신의 행동이 실적에 미치는 영향에 대해 알고 싶어 한다. 그런데 영업에서도 라쇼몽 효과(Rashomon Effect)가 곧잘 나타난다. 두 사람이 같은 사건이나 결과를 관찰하고도 다르게 해석하는 것이다. 따라서 양방향의 정보 전달과 대화가 중요하다. 원활한 대화를 위해서도 그렇지만, 무엇보다 서로의 가정과 추론을 검증할 수 있기 때문이다. "당신과 고객과의 관계를 바라보는 제 시각이 타당하다고 봅니까?", "이번 평가를 위해 제가 사용할 데이터가 여기 있습니다. 무엇을 놓치고 있다고 생각합니까?", "어카운트 플래닝과 전략에는 우선순위가 있습니다. 동의합니까? 동의하지 않는다면 왜 그런지를 말해주겠습니까?" 양방향의 대화는 평가의 다른 목적에도 도움이 된다. 영업사원이 관리자의 행동, 스타일, 지혜를 배워 실적 개선을 위한 기회로 삼을 수 있다.

5. 옵션과 해결 방안에 관한 논의에 집중하라

"그래서 이제 무엇을 해야 합니까?"

평가는 어제의 회의나 세미나에서 논의된 일이 아니라 오늘과 내일의 시장에서 일어날 일에 관한 것이어야 한다. 양 당사자(영업사원과 영업관리자)가 실현 가능한 변화의 선택에 대한 책임을 지고 그다음 조치를 논의하지 않는 평가는 불완전하다. 그리고 평가를 완전하게 만들 책임은 관리자에게 있다. 효과적인 평가를 위해 당신은 어떤 자산을 활용할 수 있는가? 학습과 실천 또는 영업 과제의 해결을 촉진할 수 있는 요소가 있는가? 인사시스템이 도움이 될 수 있는가? 평가 이후의 발전을 측정하는 데 사용할 일정표와 척도로는 무엇이 있는가?

평가 이후

교육과 마찬가지로 실적에 관한 대화로부터 얻을 수 있는 가장 큰 효과는 평가 이후에 일어나는 일에서 확인할 수 있다. 그런데 아무 일도 일어나지 않는 경우가 너무 많다. 평가는 단발성의 연중행사가 되고, 보너스 액수를 제외하고는 실질적 효과가 없는 경우가 대부분이다. 효과적인 변화는 목표 설정과 더불어 목표를 향한 전진을 위한 지속적인 피드백을 요구한다. 여기서 영업 분야는 아니지만 실적과 관련이 있는 사례를 하나 들겠다.

루즈잇(Lose It!)은 체중 감량 애플리케이션으로, 사용자들이 희망 체중과 일정을 선택해서 매일 일정한 칼로리를 섭취하도록 해준다. 또한 식품

포장지 바코드에 스마트폰을 대면 칼로리 섭취량을 알려주고, 걷기, 운동, 심지어 섹스와 같은 신체 활동의 시작과 끝을 비교하여 칼로리 소비량을 확인할 수 있게 해준다. 이 애플리케이션은 목표를 향해 매일 얼마나 전진하고 있는가에 관해 지속적인 피드백(걷기나 달리기의 긍정적 효과, 디저트의 부정적 효과)을 주고 다른 사람들과 이야기를 나눌 수 있는 채팅룸까지 제공한다. 결과적으로 1,000만 명에 달하는 사용자들이 평균 12파운드를 감량하는 데 성공했다. 또한 루즈잇은 다양한 신체 활동이 실적을 낼 수 있는 사후관리 방법도 제시한다. 실현 가능한 목표, 정기적이고도 적절한 피드백, 동료를 통한 강화 작용 등이 그것이다.

영업에서도 이처럼 효과적인 사후관리를 위해 실적 평가와 다음과 같은 사항들을 유기적으로 연결할 필요가 있다.

1. 어카운트 플래닝과의 연결

이론적으로 말하면, 대부분의 영업조직에서 사후관리를 위한 핵심적인 수단은 어카운트 플래닝 프로세스라고 할 수 있다. 그러나 현실적으로 말하면, 그것은 WORN(Write Once, Read Never, 한 번 작성하고는 절대 읽지 않는다) 문서에 지나지 않는다. 논의된 행동을 고객관리 목표와 활동으로 연결시킬 수 있어야 한다.

허브스폿의 마크 로버지는 실적 평가를 통해 고객 유지율이 고객의 세그먼트가 아니라 영업사원마다 다르다는 사실을 발견했다. 그래서 사후관리를 어카운트 플래닝과 보상에 연결했다. 영업수당은 고객 유지와 관련된 지표나 사원들의 실적 4분위에 따라 결정했다. 그러자 고객 이탈률이 6개월 만에 60%나 감소했다.

2. 예정대로 실시하기

기술은 사후관리를 위한 비용을 낮춰준다. 저축을 늘리기 위한 프로그램 관련 연구 결과에 따르면, 사후관리를 위한 문자메시지가 사람들에게 목표 대비 저축률을 알려주는 기능을 할 뿐 아니라 직접 만나는 미팅과 비교할 때 80%에 달하는 효과를 낸다고 한다. 건강관리, 선거, 에너지 사용, 음주 습관에 관한 연구에서도 문자메시지가 행동에 영향을 미치고 실적을 개선시키는 것으로 나타났다. 관리자들도 정기적인 피드백을 제공하는 데 이러한 기술을 사용할 수 있다. 또한 동기를 부여하기 위해 동료들의 압력이나 동료들과의 비교 같은 방법도 활용할 수 있다. 여기서 핵심은 사후관리가 반복적인 프로세스가 되어 영업사원과 기업이 함께 가치를 얻어내는 것이다.

3. 패턴 찾기

정기적인 사후관리는 패턴을 찾고 자금, 시간, 사람을 전략적 요구에 맞게 재할당함으로써 평가와 투자의 선순환 구조를 창출할 기회를 제공한다. 캐리어 IQ(Carrier IQ)는 휴대전화나 태블릿 관련 서비스를 제공하는 이동통신회사를 상대로 제품을 판매한다. 이 회사의 제품은 이동통신회사에 신호의 강도뿐만 아니라 배터리의 수명과 데이터 스트리밍에 관한 문제를 알려준다. 또한 서비스의 질을 향상시키고 문제를 신속하게 해결할 수 있는 방법도 제시한다. 캐리어 IQ는 50가지가 넘는 기능을 가진 복잡한 기술을 판매하는데, 이러한 기술의 판매주기는 대체로 24~30개월에 이른다. 영업 담당 부사장 제프 알트하우스(Jeff Althaus)는 평가를 통해 다음과 같은 패턴을 찾아냈다.

'영업 과제의 실험이나 가능성 판단을 마치는 데만 9~12개월이 걸린다. 이것이 벤처 자본으로 시작한 신생 기업의 현금을 고갈시키는 결과를 초래한다.'

또한 그는 고객들이 공통적으로 원하는 사항도 확인했다. 이를 토대로 캐리어 IQ는 온라인실험시스템을 갖춘 플랫폼을 개발했는데, 이는 영업사원이 아닌 전문 서비스부서와 호스팅부서의 도움을 받을 수 있는 프로세스를 통해 고객을 끌어들이기 위한 것이었다. 결과적으로 판매주기는 12~14개월로 크게 줄어들었고, 한정된 영업 자원을 더 잘 활용할 수 있게 되었다.

효과를 측정하는 몇 가지 지표

실적 평가는 결국 평가와 보상을 위해 사용하는 지표에 의존하게 된다. 대부분의 기업들은 판매량에 집중하는데, 전략과 영업을 일치시키려면 보다 다양하고 구체적인 지표가 있어야 한다.

첫째, 매출액과 손익, 가치의 관계를 살필 수 있어야 한다. 때로 매출액이 경제적 이윤이나 자본비용과 무관한 경우가 있다. 주당순이익(EPS)과 매출증가율은 기업이 외부 사람들, 특히 주식 애널리스트와 커뮤니케이션을 할 때 가장 널리 사용하는 지표다. 그러나 이 지표들이 주주가치를 제대로 반영하고 있다고 볼 수만은 없다. 미국의 투자전략가 마이클 모부신(Michael Mauboussin)이 지적했듯이, 주당순이익의 증가는 투자자본 대비 수익이 많은 기업에는 유리하고, 수익과 자본비용이 같은 기업에는 중립적이고, 수익이 자본비용보다 적은 기업에는 불리하다. 또한 4장에서 설명한 것처럼 매출증가율이 높다고 해서 기업 가치가 반드시 높아지는 것은 아니다.

둘째, 영업 활동을 평가할 때는 효율(일을 적절하게 한다)과 효과(적절한 일을 한다)를 구분하는 것이 중요하다. 전략에 따라 어떤 영업부서는 효율성 평가 지표를 요구하고(대체로 비용 효율성), 어떤 영업부서는 효과성 평가 지표를 요구하기도 한다. 하지만 가장 널리 사용하는 총량 지표는 매출액 대비 영업비용이다. 이것은 영업 활동의 상대적 비용 효율성을 보여주지만, 그 자체만으로는 실체를 알기 어렵다. 이를 제대로 알려면 영업비용, 매출액, 영업 마진뿐만 아니라 영업 활동을 조직하기 위해 취한 조치들을 통해 얻은 고객수 간의 복잡한 관계까지 살펴봐야 한다.

셋째, 관리자들이 평가를 통해 영업사원들이 어제가 아닌 오늘과 내일을 위해 적절한 일을 하도록 지도하고 동기를 부여할 수 있도록 시장 또는 전략의 변화에 따라 실적 지표를 변경할 수 있어야 한다. 앞서가는 항공사는 항공기에 장착되는 엔진이 피스톤엔진에서 제트엔진으로 바뀌자 평가 지표를 비행 시간당 비용에서 여객 마일당 비용으로 변경했다. 항로, 시장 경쟁, 가격 책정, 항공서비스 영업에 대한 경제성 분석 방법도 바꾸었다. 그러나 많은 항공사들은 비행 시간당 비용 지표에만 매달리다가 경쟁력을 잃어갔다. 마찬가지로 기업의 경영자들은 기술을 비롯해서 여러 요인들이 실적의 근본적인 원동력을 변화시키고 있음에도 불구하고 기존의 지표를 유지하려고 한다.

영업을 효과적으로 하고 있는가를 평가하려면 매출액뿐만 아니라 다른 지표들도 살펴봐야 한다. 빅데이터 기법은 우리가 더욱 구체적인 지표를 얻을 수 있도록 해준다. 직원수가 1,000명이 넘는 미국 기업들은 이미

CRM시스템을 통해 국회도서관보다 더 많은 데이터를 확보한 상태인데, 중요한 것은 이러한 데이터를 옳은 선택을 위해 활용하는 것이다. 데이터의 역할은 관리자가 분석적인 사람이라는 인상을 주는 것이 아니라, 전후 사정을 고려하여 더 나은 결정을 하도록 도와주는 것이다.

어디를 바라보고 있는지를 모르면 신호와 소음을 구분할 수 없게 된다. 마찬가지로 관리자는 전략과 영업을 일치시키기 위해 영업 활동을 평가하고 실적에 관한 대화를 나눌 때 간과해서는 안 되는 사항들을 숙지해야 한다.

가격과 서비스 비용

이윤은 고객이 지불하는 가격과 판매자가 고객을 만족시키기 위해 치르는 비용의 차이를 말한다. 고객을 만족시키기 위한 비용은 고객마다 다를 수 있다. 어떤 고객에게는 판촉 전화를 많이 해야 하고, 어떤 고객에게는 직접 발품을 팔아야 한다. 그런가 하면 어떤 고객은 대량으로 주문하여 효율적인 생산이 가능하게 만들어준다. 전체적으로는 더 많은 양을 구매하지만 적기에 공급할 것을 요구하여 준비 시간이나 운송 계획 등에 들어가는 비용을 상승시키는 고객도 있다. 또한 고객들마다 주문 제작과 판매 후 서비스 조건에 차이를 보인다. 표 10-1은 고객을 만족시키기 위한 비용이 많이 드는 요인과 적게 드는 요인을 정리한 것이다.

고객을 만족시키기 위한 비용의 차이가 자본비용을 달라지게 하고, 경제적 이윤을 좌우한다. 따라서 영업의 효과를 측정할 때 이러한 차이를 무시하면 고객관리와 경쟁 전략에 중대한 차질을 초래한다. 영업사원들은 가격 경쟁에 내몰리게 되고, 판매 실적의 압박으로 이윤이 감소하면서

표 10-1 고객을 만족시키기 위한 비용 증감 요인

고객만족을 위한 비용이 많이 드는 요인	고객만족을 위한 비용이 적게 드는 요인
불규칙적으로 들어오는 소량의 맞춤형 제작 주문	규칙적으로 들어오는 대량의 표준제품 주문
마케팅, 생산, 기술, 영업 지원의 형태로 과다하게 요구하는 판매 전 지원	판매 전 지원 요구가 거의 없는 경우 : 표준적인 가격과 주문 조건 적용
설치, 교육, 보증, 현장서비스 지원의 형태로 과다하게 요구하는 판매 후 지원	판매 후 지원 요구가 거의 없는 경우 : 셀프서비스 고객 또는 표준적인 조건 적용
판매자에게 재고 확보를 요구하거나 대금을 제때 지급하지 않는 경우 : 외상매출이 발생하여 유동자산을 추가적으로 보유해야 하는 경우	판매자가 제품 생산과 동시에 납품하고, 대금을 제때 지급받는 경우 : 현금흐름 개선

출처 : 로버트 캐플런, 로빈 쿠퍼(Robert S. Kaplan and Robin Cooper), 1998, 《비용과 효과 : 수익과 성과를 이끌어내는 통합비용시스템의 활용(Cost & Effect : Using Integrated Cost Systems to Drive Profitability and Performance)》, 하버드비즈니스스쿨프레스(Harvard Business School Press)

사업도 어려운 국면에 처할 것이다. 이용 가능한 영업 자원을 적절히 할당할 수 없게 되어 결국에는 (어쩌면 가장 나쁘게는) 비용을 효과적으로 측정할 수 있는 경쟁자의 처분에 따라야 하는 처지로 전락할 수 있다.

포르티스(Fortis, 가명)라는 기업이 있었다. 전 세계를 무대로 제조업에 쓰이는 자동포장기, 도구, 소모품을 판매했다. 이 기업은 번들 솔루션을 판매하면서 판매 전 애플리케이션 제공, 판매 후 기술서비스 지원을 통해 수년 동안 시장을 지배했다. 그러나 고객들이 제품-서비스 패키지를 부분적으로 구매하기를 원하면서 시장점유율과 이윤이 감소하기 시작했다. 그런데도 영업부서는 판매량에 따라 평가하고 보상을 제공하는 정책을 바꾸지 않았다. 결국 포르티스는 고객들이 지불하는 순가격(할인 후 가격 또는 특별 가격)과 고객을 만족시키기 위한 비용(영업비용, 판매 전 애플리케이션 제공 비용, 판매 후 기술서비스 지원 비용 포함)을 조사하게 되었다. 그림 10-2는 그 결과를 보여준다.

가격 책정은 전략적 선택과 영업 활동을 시장에서 시험하는 것과 같다. 어떤 사업에서든 고객이 지불하는 가격과 고객을 만족시키기 위한 비용 사이에는 어느 정도의 가변성이 있게 마련이다. 여러 연구 결과에 비추어 보아도, 그림 10-2는 이례적인 경우가 아니다.

당신 회사에서 고객이 지불하는 가격과 고객을 만족시키기 위한 비용을 표시하고 어떤 결과가 나오는지 살펴보라. 포르티스와 같은 결과라면 그 의미를 생각해보라. 오른쪽 상단과 왼쪽 하단에 있는 고객은 판매자에게 지급해야 하는 비용보다 더 많이 또는 더 적게 지급한다. 오른쪽 하단에 있는 고객은 경제적 이윤이 마이너스가 되게 하는 고객들로, 그들을 대상으로 영업하면 회사가 문을 닫아야 한다. 왼쪽 상단에 있는 고객

그림 10-2 고객이 지불하는 가격과 고객을 만족시키기 위한 비용 분석

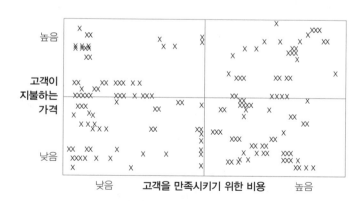

출처 : 롤랜드 모리어티, 데이비드 메이, 고든 스워츠(Rowland T. Moriarty Jr., David May, and Gordon Swartz), 2010, 《포티스 인더스트리(Fortis Industries, Inc. (A)》, 하버드비즈니스(Harvard Business Publishing), 사례번호 (Case) 9-511-079

은 수익을 올려주지만, 실제로는 고객 리스트상의 다른 고객들에게 보조금을 지급하는 것이나 다름없기 때문에 취약성을 안고 있다. 얼마 안 가 경쟁사나 재무 컨설턴트가 이 고객에게 사실을 알려주고 비용을 줄이는 방법을 귀띔해줄 것이다.

이러한 상황에서 기업이 할 수 있는 것은 무엇인가? 평가가 효과적으로 이루어지려면, 고객을 만족시키기 위한 비용을 반영한 가격 조정, 기술 지원의 감축 또는 생략, 고객 지원 담당 부서의 변경(캐리어 IQ가 했던 것처럼), 주문과 배송 옵션의 변화, 재판매자를 위해 비용의 일부를 낮추는 유통채널 전략(재판매자의 경우 '범위의 경제economies of scope'가 문제를 더 효율적으로 처리할 수 있게 해준다)에 이르기까지 다양한 옵션을 살펴봐야 한다. 때로는 전략과 영업의 일치라는 면에서 판매자가 아무리 노력해도 수익에 도움이 되지 않는 고객이라면 그를 '잘라버릴' 수 있어야 한다.

현금흐름과 판매주기

신생 기업과 차입매수(Leveraged Buy-Out. 해당 기업의 자산이나 향후 현금흐름을 담보로 은행 등 금융기관에서 돈을 빌려 기업을 인수하는 M&A 기법의 하나. 옮긴이)의 경우에는 현금흐름이 항상 중요하다. 현금흐름은 금융위기 이후로 금융기관이 점점 인색한 대출기관으로 변해가는 상황에서 다른 기업들에도 더욱 중요해지고 있다.

현금흐름은 판매주기와도 밀접한 관계가 있다. 그럼에도 불구하고 영업 사원들은 완고한 낙관주의자가 되곤 한다. 하지만 공식적인 조달 프로세스를 가진 고객이라면 제품을 살펴보고도 구매하지 않을 수 있다.

스카이훅(Skyhook)의 사례를 생각해보자. 이 회사는 와이파이(Wi-Fi)를 이용하여 사용자의 위치를 알려주는 소프트웨어를 판매한다. 고객들 중에는 스마트폰이나 랩톱컴퓨터를 비롯한 각종 모바일장치 제조업체가 포함되어 있다. 그런 스카이훅이 노키아(Nokia)와는 60회가 넘는 미팅을 하고도 판매에 성공하지 못했다. 노키아에는 생산라인별 그룹, 핵심 기술 결정에 책임을 지는 그룹, 애플리케이션서비스 그룹, 위치정보서비스를 위한 그룹, 80억 달러를 들여 인수한 나브텍(Navteq)이 있었다. 게다가 나브텍은 위치 데이터를 제공하는 기업이었다. 퀄컴(Qualcomm)과 같은 잠재고객들은 정교한 현장 실험을 요구하면서도 새로운 기술을 채택하기 위한 동기는 약했다. 그러나 애플과는 당시 CEO였던 스티브 잡스가 아이폰에 사용자의 위치를 알려주는 기능을 추가하는 데 관심이 있었기 때문에 몇 차례 계약을 성사시켰다.

고객은 영업사원에게 헛다리를 짚고 있다는 사실을 말해줄 책임이 없다. 상황을 판단하고 적절하게 행동하는 것은 오로지 영업사원의 책임이다. 많은 연구 결과가 타깃고객에 대한 대응 방식이 수익성과 현금흐름에 어떤 영향을 미치는지를 보여준다. 또한 판매주기나 필요한 고객 접근의 수준은 영업 기회의 성격(신제품 구매, 재구매, 크로스셀 등)에 따라 다를 수 있다. 이러한 차이를 관리하는 것이 고객 조사의 관심사이고 영업사원 배치를 결정하는 요인이다.

구매 패턴이나 영업사원이 적절한 의사결정자에게 접근하고 있는가에 대한 정보는 실적 평가를 통해 얻는 것이 최상이다. 왜냐하면 이러한 정보는 본질적으로 고객 고유의 것이기 때문이다. 고객에게 제대로 접근하고 있는가는 현금흐름과 판매주기에 영향을 미치는 중요 평가 지표다. 따라서 이러한 접근은 영업사원이 영업조직에 쏟아붓는 노력으로 간주되어야 한다. B2B영업을 하는 기업이라면 판매량도 많고 판매주기도 긴 대기업보다 판매량은 적지만 의사결정자를 직접 만날 가능성이 더 높은 중소기업에 접근할 수 있을 것이다. 어떤 기업에는 이것이 활용 가능한 영업자원에 대한 집중과 레버리지 보상시스템의 강화를 의미할 수 있다. 미국에서 소수 민족을 대상으로 판매하는 것이 좋은 예다. 아시아 출신 미국인들 중 거의 40%가 로스앤젤레스, 샌프란시스코, 뉴욕, 시카고 등지에 살고 있다고 한다. 당신이 이러한 고객 집단을 대상으로 식품이나 다른 상품을 판매한다면 국적을 보고 영업사원을 뽑지 말아야 할 이유가 어디 있겠는가. 마찬가지로 의료장비회사와 그 밖의 헬스케어회사에서도 영업자원을 얼마나 잘 활용하는가에 따라 다양한 유형의 질병과 관련한 입원율이 지역별로 다르게 나타날 수 있다.

영업 과제의 이원성

시장은 혼란스럽다. 6장에서 설명했던 거래 구매자와 관계 구매자의 차이가 지닌 의미를 생각해보라. 고객관리는 일종의 선택이지만, 단순히 '예' 또는 '아니오' 식의 이원적인 선택은 아니다. 고객관리는 구매자의 차이를 이해하고, 이를 바탕으로 영업 활동과 자원을 적절하게 관리할 것을 요구한다.

신흥 시장에서 소매점들을 상대하는 제조업자들은 2가지 유형의 고객을 모두 다루어야 한다. 그곳에는 가게나 간이매점 주인, 노점상, 소규모 자영업자 등 고유의 전통 소매업자들이 있다. 그들은 이웃 고객들에게 식료품에서 전자제품에 이르기까지 거의 모든 제품을 판매한다. 이들 소매업자 외에 까르푸(Carrefour), 테스코(Tesco), 월마트처럼 다국적 소매 유통업체도 있고, 중국의 CR뱅가드(CR Vanguard), 브라질의 파웅지아수카르 (Grupo Pao de Acucar), 터키의 미그로스(Migros)처럼 자국의 유통업체도 있다. 이러한 상황에서는 널리 적용할 수 있는 방법이 통하지 않는다. 효과적인 영업을 하려면 고객의 차이를 감안한 세그먼트별 실적 평가와 지표를 마련해야 한다.

신흥 시장에서 대규모 소매 유통업체들은 대체로 높은 입점비를 요구하고, 재고품의 회전율을 추적하여 회전이 더딘 품목은 취급하지 않는다. 이들은 판촉 활동, 디스플레이, 자동화된 배송 프로세스뿐만 아니라 이를 관리하는 영업사원의 능력에 많은 관심을 갖는다. 또한 다양한 미디어를 통해 판촉 활동을 펼쳐나가기 위한 데이터를 제공하는 매장시스템을 보유하고 있다. 한 예로 미그로스는 매장별로 제조업자들의 판촉 활동을 지원하기 위해 고객카드 데이터를 활용하는 것으로 유명하다. 이에 반해 전통적인 소매업자들의 판매 데이터는 입수할 수 없거나 신뢰하기 어렵다. 그들의 중요 영업 과제는 거래업체나 기관과의 관계를 유지하고 지역적 특징과 같은 기준에 따라 가능한 판매량과 필요한 재고량을 추정하는 것이다. 그들은 자신을 알리기 위해 장비나 간판을 사용하기도 한다. 일부 제조업자들은 소매점에 페인트칠을 해주거나 전기요금을 대신 납부해주는 것이 다른 판촉 활동을 전개하는 것보다 효과적이라는 사실을 잘 알고 있다. 실적 평가와 지표는 영업사원들이 이처럼 각기 다른 영업 과제에도 집중할 수 있도록 해야 한다.

팀 영업

영업은 개인에게만 주어지는 과제가 아니다. 생산라인 전체의 노력(대체로 제품을 만드는 부서와 판매하는 부서가 다르다)을 여러 곳에 존재하는 고객들에게 맞게 조정하고 전달하는 팀을 필요로 한다. 이때 고객은 통합된 접근 방식을 요구한다. 특히 글로벌고객과 대형 단골고객이 그렇다. 판매 주기가 긴 편이고, 판매량은 기업이 내외적으로 판매에 영향을 미치는 자원을 효과적으로 활용하는 능력에 좌우된다. 이러한 상황에서 조정 업무는 영업비와 일반관리비, 가격 책정뿐만 아니라 생산부서의 능력과 영업부서의 사기에 영향을 미친다.

공동으로 접근해야 하는 고객을 대상으로 펼치는 영업 활동은 시간도 오래 걸리고 복잡하다는 특징이 있다. 그래서 별다른 조치를 취하지 않거나 심지어 무시해버리는 식으로 일관하는 기업도 있다. 그러나 이는 잘못된 것이다. 지속적인 관심과 조정이 요구되는 영업 활동을 위한 조치가 중요하다. 이러한 조치가 없으면 영업 자원은 단기고객에게 쏠리게 된다. 따라서 보상과 실적 평가에서 팀 영업 활동을 반영하는 확실한 지표가 있어야 한다.

영업 활동에서 팀워크가 중요하다면 개인의 실적보다 전체 매출액, 마진, 수익성에 근거하여 보너스를 지급하는 것이 타당하다. 그리고 실적 평가에서 질적, 양적 지표 모두를 감안할 필요가 있다. 일부 투자은행과 IT 서비스 기업들은 영업사원을 평가할 때 동료들의 평가도 반영한다. 고객 담당과 제품 담당이 영업, 서비스, 고객관리 측면에서 상대방의 공헌도를 평가할 수도 있다. 한 인사관리자가 말했듯이, 이러한 평가가 영업의 효과를 측정하고 실적을 평가하기 위한 자료가 된다는 사실을 안다는 것만으로도 영업사원들은 조정 업무에 관심을 갖게 되고, 영업관리자는 잠재적인 문제와 기회를 인식하게 된다.

유통채널을 통한 영업

공급업자와 재판매자는 상대방이 필요로 하는 것을 가지고 있다. 서로가 제품과 영업의 수익성이 극대화되기를 바란다. 이런 이유 때문에 거래가 이루어지는 것이다. 다른 한편으로는 유통채널을 둘러싸고 더 많은 파이를 차지하기 위해, 그리고 제품이나 서비스를 통제하기 위해 명시적이든 암시적이든 다툼을 벌이기도 한다. 공급업자(생산자)와 재판매자의 목표와 업무 방식이 달라 갈등을 일으키기도 한다. 이처럼 서로에게 이익이 되기도 하지만 갈등의 씨앗도 내재되어 있어 줄다리기와 같은 관계의 흐름을 이어가게 된다. 영업의 효과를 측정하는 데 염두에 두어야 할 사항이다.

당신이 제3의 유통채널을 이용하고자 한다면 다음과 같은 질문에 대한 대답이 적절한 지표를 만들어내는 데 도움이 될 것이다.

- 당신의 전략과 영업 활동에서 중개자의 역할은 무엇인가? 비용 효율성인가(재판매자가 특정 과제를 효율적으로 처리하는가), 아니면 창고 보관이나 판매 후 서비스와 같은 영역에서 부족한 부분을 보충하는 것인가? 중개자의 역할을 분명히 하면 중간 할인(distributor discount. 중개자에게만 제시되는 소매가격에 대한 에누리. 옮긴이)의 폭부터 영업사원이 중개자와 함께 수행하는 과제까지 실질적 차이를 만들어낼 수 있을 것이다.
- 유통채널 부문에서 요구하는 품질관리 수준은 어느 정도인가? 영업 관리자들은 유통을 하나의 범주로 생각하는 경향이 있다. 그러나 유통은 특정 고객을 위한 주문 제작부터 수요 창출, 물적 유통, 판매

후 서비스, 신용 위험의 흡수에 이르기까지 다양한 활동을 포괄한다. 유통채널에 따라 서로 다른 품질관리 수준이 요구되기도 한다. 평가 지표와 유통채널 약관에서 이러한 차이를 고려해야 한다.

- 어떤 기능을 유통채널에서 별개의 영역으로 옮기려고 할 때 이용 가능한 옵션은 무엇인가? 실적 평가와 평가 지표의 목적은 패턴을 분석하여 영업 생산성을 증진하는 것이다. 제품이 성숙기에 접어들었거나 기술이 표준화되었을 때 판매 후 서비스는 제3의 서비스업체에 의해 더 효율적이고 효과적으로 제공될 수도 있다. 때로는 B2B 고객(사)이 사용 제품에 익숙해지면서 제조업자나 유통업자가 처리하던 기능을 수행할 내부 인력을 개발하기도 한다.

기업이 활성화해야 할 2가지 기능

실적 평가와 평가 지표는 이제까지 이야기했던 범주를 뛰어넘어 영업관리자를 위한 무형자산과도 관련된다. 영업관리자는 기본적으로 원활한 커뮤니케이션 능력을 갖추어야 한다. 영업사원의 이해관계에 관심을 가지고 영업 효과를 측정하기 위한 적절한 지표를 사용하여 신뢰할 만한 실적 평가를 하고 있음을 보여야 한다. 또한 자신이 해야 할 결정을 하고 그것을 알려야 한다.

기업 차원에서는 영업관리자의 실적 평가와 피드백 스킬에 도움을 주기 위해 적어도 2가지 기능을 활성화해야 한다.

첫 번째 기능은 인사 기능이다. 연구자들이 지적하듯, "인사관리자는 전략, 문화, 개인의 행동 간의 조준선을 창출할 수 있어야 한다." 그렇게 함으로써 다른 어떤 인사 업무보다 기업에 더 많은 영향을 미치게 된다. 이를 위해서는 인사관리자가 기업의 전략과 영업 과제에 대한 실용적인 지식을 갖춰야 한다. 한편으로 영업관리자도 실적평가시스템 구축과 같은 핵심적인 인사 업무에서 인사관리자와 협력할 수 있는 능력과 의지를 가져야 한다.

두 번째 기능은 재무 기능이다. 적절한 지표를 설정하려면 영업 현실이 말해주는 데이터와 지속적인 분석이 필요하다. 재무부서는 영업부서가 앞을 내다보는 데 파트너 역할을 해야 한다. 단지 사후적으로 점수만 기록하는 부서가 되어서는 안 된다. 그러나 이런 파트너십은 영업부서가 재무부서를 바라보는 방식과 재무부서가 자신을 바라보는 방식의 변화를 요구한다. 누군가가 말했듯이, CFO는 내부적인 일에만 신경을 쓰고 기업의 고객과 영업 활동에 관심을 두지 않는다. 그런데 이베이가 그 반대의 경우를 훌륭하게 보여준다. 이베이에서는 재무부서 직원이 전문적 네트워크를 확장할 수 있도록 2년 동안 전 부서에 걸쳐 순환근무를 하도록 한다. 그다음에는 업무의 한 부분으로 영업과 배송 업무를 경험하도록 한다. 이베이에서 재무부서 직원으로 여러 해 동안 근무했던 디네시 라티(Dinesh Lathi)는 이제는 고객에만 집중하는 것이 자연스레 몸에 배게 되었다고 말한다.

한 가지 좋은 소식은 이 장에서 논의했던 모든 내용들이 통제하기 힘든 외부 환경에 있는 것이 아니라 관리자와 기업의 영향권 안에 있다는 것이다. 그러나 이러한 영향력을 행사하려면 영업관리자가 전략적 선택을 적절한 영업 활동으로 전환하고, 다른 부서 사람들과 협력하고, 실적 평가를 효과적으로 할 수 있어야 한다.

그러나 이는 이 책의 4부에서 논의하는 전략 실행의 토대에 관한 문제를 제기한다. 4부에서는 영업사원에서 영업관리자로의 승진, 조직 전반에 걸친 인적 네트워크의 형성, 전략주기와 영업 실적관리에 관한 쟁점을 다룰 것이다.

PART 4

새로운 시작을
위하여

"일을 너무 벌려 놓고는 끝맺음을 하지 않았어요."

뉴욕의 라트너즈 레스토랑(Ratner's Restaurant)에서 일하는 웨이터가 경쟁 레스토랑이 폐업하게 된 이유를 설명한 말이다. 제프리 스타인가튼(Jeffrey Steingarten)의 책 《모든 것을 먹어본 남자(The Man Who Ate Everything)》에서 인용

11장 성장의 공유는 어떻게 가능한가

이 장에서는 많은 기업에서 중요한 토대이자 항시 아킬레스건이 되어왔던 주제를 다룬다. 그것은 전략적 선택을 실적 향상 행동으로 전환하고 영업뿐만 아니라 관리자로서의 역량을 갖춘 영업관리자를 육성하는 일을 말한다. 지금 당신이 영업관리자이거나 영업관리자가 되는 꿈을 가지고 있다면, 이 장에서 다루는 경력 개발을 위한 정보, 영업관리자를 선발하기 위한 평가 방식이 많은 도움이 될 것이다. 영업사원이 영업관리자와 바람직한 유대관계를 형성하는 데도 시사점을 제공할 것이다.

12장 조정하고 연결하라

마지막 장에서는 영업부서와 다른 부서들 간의 조정 문제를 살펴볼 것이다. 조정은 영업의 성공에 반드시 필요한 요소이다. 또한 조직에서 팀 효과를 증진시키기 위한 실질적 방법을 제공한다. 마지막 결론 부분에서는 영업관리자에게 영업 생산성을 증진하기 위한 몇 가지 조언을 제시하고, 전략가에게는 이러한 증진이 어떻게 그리고 왜 수익을 실현하고 주주가치를 창출하는 데 중요하게 작용하는지를 설명한다.

Chapter 11

성장의 공유는 어떻게 가능한가

개인과 조직의 역량 강화를 위한 조언

경영자들은 "문화는 전략을 아침식사로 먹어치운다"고 주장한다. 이 말은 전략 실행에서 나타나는 현실을 지적한다. 그림 11-1에 나오는 첫 번째 경우를 생각해보자. 훌륭하지만 실행할 수 없는 전략을 가진 기업이다. 숲 속에서 나무가 쓰러졌는데 그 소리를 들은 사람이 아무도 없다면, 정말 소리가 난 것인가? 이 문제는 오랫동안 사상가들을 괴롭혀왔다. 그러나 실적만이 중요한 비즈니스에서 대답은 분명하다. 소리는 나지 않았고 비즈니스는 실패한 것이다. 매출이 있기 전까지 아무 일도 일어나지 않은 것이다. 반면에 평균적인 전략, 즉 목표, 범위, 경쟁우위에서 일관성이 있지만 〈하버드 비즈니스 리뷰(Harvard Business Review)〉에 실릴 것 같지도 않고 테드 콘퍼런스(TED conferences)에서 발표될 것 같지도 않은 전략인데 이를 잘 실천하는 조직을 갖춘 회사의 비즈니스는 성공하게 되어 있다.

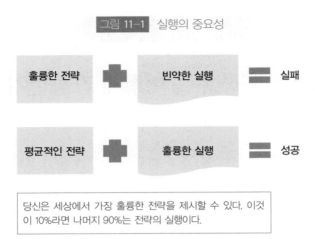

그림 11-1 실행의 중요성

훌륭한 전략 ➕ 빈약한 실행 🟰 실패

평균적인 전략 ➕ 훌륭한 실행 🟰 성공

당신은 세상에서 가장 훌륭한 전략을 제시할 수 있다. 이것이 10%라면 나머지 90%는 전략의 실행이다.

전략은 사람이 실행하고, 기업문화는 관리자가 채용 기준, 실적에 대한 기대, 인력 개발을 통한 조직의 환경을 어떻게 형성하는가에 따라 결정된다. 이는 영업부서나 그 밖의 부서에서도 마찬가지로 적용된다.

이 장에서는 전략적 선택을 적절한 영업 과제와 활동으로 전환하는 역할을 하는 영업관리자의 선발, 육성과 관련한 쟁점과 대안을 살펴볼 것이다. 이어서 12장에서는 효과적인 영업 활동에 중요한 조정의 유형을 알아볼 것이다. 여기서 말하는 조정은 제품과 가격을 포함하여 성공적인 영업을 위한 그 밖의 요소에 영향을 미치는 재무, 서비스, 마케팅을 비롯한 여러 부문과 영업 부문의 상호작용을 조율하는 것이다.

뛰어난 영업관리자는 어떤 사람인가

영업관리자들은 영업사원의 채용과 교육에 영향을 미친다. 그들은 시장 전반에 걸친 영업 활동을 조직하고 직원들의 인센티브를 할당한다. 또한 실적 평가를 수행하고 바람직한 활동을 강화한다. 그리고 다른 부서나 임원실에서 영업에 관해 무엇인가를 요구할 때 그에 대응한다. 대부분의 기업에서 영업관리자들은 전략과 영업 인력, 관리시스템, 영업부서의 환경을 일치시키는 데 핵심적 역할을 한다.

영업관리자의 역할에 대해서는 복합적인 견해가 존재한다. 어느 연구 결과에 따르면, '단기적으로는 평균적인 관리자와 함께 일하는 뛰어난 영업사원이 뛰어난 관리자와 함께 일하는 평균적인 영업사원보다 더 나은 실적을 보여주는 것'으로 나타난다. 그러나 시간이 지나면서 실적이 감소하는 경향을 보인다. 왜냐하면 뛰어난 영업사원은 승진하거나 퇴사해서 다른 곳으로 떠나고, 남아 있더라도 평균적인 관리자가 그를 평균적인 영업사원으로 대체하는 경우가 많기 때문이다. '일류는 일류를 뽑고, 이류는 삼류를 뽑는다'고 했다. 게다가 뛰어난 영업사원은 자기 담당 구역이나 고객에게만 훌륭할 수 있다. 하지만 영업관리자는 다양한 구역과 고객에게 더 많은 영향을 미쳐야 한다.

한편 수십 년에 걸친 연구 결과들에 따르면, 영업부서를 포함한 모든 부서의 관리자들이 격무에 시달릴 뿐만 아니라 교체도 심한 것으로 나타났다. 실무자가 관리자로 승진하는 것은 쉽지 않은 일이지만, 뛰어난 실적을 보여주면 관리자로 승진할 수 있다. 문제는 그다음이다. 관리자로서는 아무것도 모르는 사람이 되어 서열의 맨 아래에 있게 된다. 게다가 10장에서 살펴보았듯이, 영업관리자는 자신이 관리해야 할 사람들을 파악하고, 그들의 장점과 단점을 판단하고, 조직 내 다른 사람들과 상호작용하고, 행정적인 업무를 수행하고, 목표를 달성해야 한다. 그래서 영업사원으로는 성공했지만 관리자로서는 실패하는 사람이 적지 않다. 이유는 관리자로 변신하지 못하고 영업사원의 모습을 계속 유지하기 때문이다. 영업만 잘해서는 훌륭한 관리자가 될 수 없다. 그런데도 기업들은 영업 실적이 뛰어난 사원을 관리자로 뽑는다. 그래서 컨설턴트들은 더 나은 영업 조직을 만들고 싶다면 관리자 선발 기준을 바꾸라고 권고한다.

"기존의 방식은 많은 조직에서 실패한 영업관리자가 속출하는 가장 큰 이유입니다."

그러나 실적이 뛰어난 영업사원을 관리자로 뽑는 것은 어리석은 선택도 아니고, 컨설턴트들의 권고를 일부러 무시하려는 처사도 아니다. 그것은 조직과 개인의 현실을 반영한 것이다.

영업관리자의 가장 중요한 역할은 영업사원에게 고객과 담당 구역을 지정하고 할당량을 정해줌으로써 기회를 제공하는 것이다. 이러한 지정과 할당량은 영업사원들의 일상적 업무, 실적 기준, 보상에 영향을 미친다. 즉, 그들에 대한 평가 방식과 그들의 생활수준에 영향을 미친다는 뜻이다. 조직적으로 보면, 이러한 역할은 적절한 영업 활동에 대해 잘 알고 있는 사람이 가장 잘 수행할 수 있다. 인간적으로 보면, 새로운 영업관리자가 뛰어난 실적을 보여주지 않았을 경우에는 공정한 실적 평가, 고객 재할당, 보상 결정을 비롯하여 그 밖의 중요 문제에 대한 믿음을 갖기가 어렵다. 일선 현장에서 관리자들이 겪는 시련의 비망록, 미팅 도중에 복도에서 나누는 대화, 관리자에 대한 연구 보고서들은 하나같이 이러한 역할을 맡은 새로운 사람에 대해 시험하는 일이 도처에서 이루어지고 있음을 보여준다. 마찬가지로 다른 상황에서도 사람들은 타인에 대해 엄격한 판단을 내린다. 어떤 신임 영업관리자가 두 영업사원이 나누는 대화를 엿듣고 그 내용을 공개한 적이 있다.

"그들은 저를 점검하고 있었습니다. 그리고 제가 대단한 연출가는 아니지만, 나름 괜찮은 연출가라는 사실을 확인했습니다. 그런데 그들은 제 결정이 실제 경험으로 뒷받침되고 있는지에 대해서는 확신을 갖지 않았습니다. (…) 사실 그들은 저의 자격을 의심하고 있었습니다."

실적이 뛰어난 영업사원을 영업관리자로 승진시키는 것은 일반적인 현상이다. 물론 그 효과는 승진 이전과 이후의 결과가 말해줄 것이다.

영업관리자가 된다는 것

영업관리자가 되는 것은 과거의 실적에 대한 보상이고, 기업 입장에서는 관리자들로 이루어진 위계서열에 기여할 잠재적 능력에 대한 일종의 도박이라고 할 수 있다(아무리 자유로운 분위기의 회사라고 하더라도 조직에는 항상 위계서열이 있다). 물론 이러한 승진은 영업 부문에서만 있는 일은 아니다. 어느 부서든 실무자에서 행정적인 책임을 지는 위치로 이동이 이루어진다. 하지만 그러한 변화에 성공적으로 적응하는 경우는 많지 않다. 예전에 존 마이너(John Miner)라는 사람이 '관리자가 되려는 동기'를 측정하기 위한 평가 기법을 개발한 적이 있다. 그는 가장 중요한 부분이 '관리상 일상적으로 발생하는 수많은 업무를 책임감을 가지고 처리하려는 마음가짐'이라고 했다. 그는 이렇게 설명한다.

"관리자는 실무에서 빠져나와 직원들의 일상적인 욕구를 훤히 꿰고 있어야 한다. 해야 할 일을 실제로 하게 만들어야 한다. 이러한 일에는 예산 수립, 위원회 운영, (…) 직원평가서 작성, 급여 변동에 관한 의견 제시에 이르기까지 다양하다. 모든 관리 업무에는 행정적인 요구사항이 있다.

(…) 관리자가 이러한 요구사항을 충족시키기 위해서는 적어도 일상적인 업무에 직면하려는 의지가 있어야 한다."

책임감에 대한 판단 기준은 지겨운 일을 좋아하는가에 있다. 대부분의 영업사원들은 관리자가 되기 전에 외부 고객의 요구에만 집중하고 조직 내부의 행정적인 업무를 기피한다(때로는 이러한 업무를 거부하기도 한다). 하지만 관리자가 되면 기꺼이 감수해야 한다.

영업관리자의 또 다른 역할은 영업 깔때기를 생산적으로 유지하고, 그렇게 함으로써 트레이드오프 관계가 기업에 도움이 되도록 만드는 것이다. 영업관리자는 개인 교사, 평가자, 행정가일 뿐만 아니라 기업 전략의 매개자다. 문제는 역할을 맡은 영업관리자에게 비즈니스 전체를 자신의 것처럼 이끌어갈 능력이 부족하다는 것이다. 오라클 북미영업본부를 담당하는 키스 블록(Keith Block)은 기업의 전략에 헌신하는 영업관리자라는 말에 단호한 태도를 보인다.

"저는 영업관리자를 원하지 않습니다. 영업 담당 중역을 원합니다. 오로지 영업만 생각하는 사람은 원하지 않습니다. 저는 한쪽 눈으로는 영업 실적을 보지만, 다른 쪽 눈으로는 시장의 요구를 충족시키고 고객을 만족시키는 방법을 찾는 사람, 즉 회사를 대표하려는 사람을 원합니다."

썬마이크로시스템(Sun Microsystems)과 마이크로소프트(Microsoft)에서 일한 적이 있는 헬무트 윌키(Helmut Wilke)는 "최고의 영업관리자가 되려면 영업인이 아니라 회사의 주인처럼 생각해야 한다"고 말한다. 훌륭한 영업사원은 거래를 매듭짓고, 수당을 챙기고, 다음 거래처를 찾기 위해 움직인다. 반면에 훌륭한 영업관리자는 큰 그림을 보고 자원을 가장 잘 활용할 수 있는 방법을 생각한다. 많은 사람들이 이런 말을 하는데 실행에 옮기기는 왜 그리 어려울까?

린다 힐(Linda Hill)은 영업사원에서 영업관리자로의 승진과 관련된 문제를 연구하는 사람이다. 그녀는 영업관리자를 채용하거나 영업관리자가 되는 것에 대한 실질적 조언을 제공할 뿐만 아니라 영업의 범위를 뛰어넘어 사람들 사이에서 일어나는 일들을 연구하는데, 신임 관리자들은 자신의 영업 실적에만 책임을 지던 그간의 태도와 습관을 버려야 한다고 말한다. 그들은 쟁점을 전체적으로 바라보는 방법을 배워야 한다. 즉, 성공을 위한 새로운 방법을 발견하여 활용해야 하고, 개인의 동기와 만족을 위한 새로운 원천을 찾아야 한다. 관리자가 된다는 것은 새로운 차원의 직업적 정체성을 확립하고, 새로운 임무를 익히고, 마인드를 바꾸고, 자신을 변화시키는 것을 의미한다.

그러나 현실의 기업과 경영대학은 과제 중심의 학습에만 몰두하고 있다. 힐의 연구에 따르면, 신임 관리자의 대다수가 자신의 새로운 지위에 맞는 새로운 태도, 사고방식, 가치관을 개발해야 한다는 요구(자기 자신을 변화시켜야 한다는 예상치 못했던 요구)에 당혹감을 느끼는 것으로 나타났다. 그들은 영업사원의 역할에서 자산이 되었던 행동(고객과의 관계를 맺기 위해 접근하는 것)이 영업관리자의 역할에서는 부채가 된다는 사실을 깨닫게 된다.

결국 블록과 월키를 비롯한 여러 사람들이 했던 말의 의미를 일찍 깨닫고 관리자의 역할에 맞게 자신을 변화시키는 관리자가 살아남는다. 보상 시스템은 이런 관리자가 할당량을 정하고 고객만족을 제공하는 것을 보상하게 한다. 그러나 신임 관리자들은 그들의 상사가 실적 평가에서 할당량이 아닌 다른 사안, 즉 회사의 전략을 수행하기 위해 무엇을 하고 있는가, 영업부서와 인력 개발을 위해 어떤 계획을 가지고 있는가, 조직 내의 다른 사람들과는 잘 지내고 있는가에 지나칠 정도로 많은 관심을 보인다고 말한다.

힐은 영업관리자들이 경험을 통해 배운다는 사실을 확인했다. 그러나 그들이 항상 경험을 통해서만 배우는 것은 아니다. 직장에서의 배움을 '삶의 역경을 통한 배움'이라고 말하는 것이 우연이 아니다. 따라서 직장에서 배운 것을 최대한 활용하도록 하는 것이 중요하다. 첫 번째 단계에서는 이러한 필요성과 기대를 솔직하게 표명하고, 그다음에는 영업을 비롯한 회사의 전 부문에서 인력 개발에 관한 공감대를 형성하도록 한다. 이러한 공감대가 관리자에게는 실적에 대한 기대를 분명히 나타내게 하고, 사원들에게는 회사가 자신에게 무엇을 기대하는지를 이해하고 자신의 능력 개발에 더욱 적극적으로 임하도록 하는 데 도움이 된다. 또한 회사가 사후 평가보다 사원들의 능력 개발을 실질적으로 지원하고, 사원들이 승진에 요구되는 것이 무엇인지를 인식하고 개념적, 실천적, 인간적 변화에 대한 책임을 지도록 하는 데도 도움이 된다.

영업관리자 육성 프로세스

경력 개발에는 다양한 모델이 있다. 그러나 신입사원을 위한 '성공을 부르는 옷차림'이나 '최선의 근무태도' 등의 단계를 지나면 대부분의 경력 개발 모델이 심리적 측면을 강조한다. 개인의 동기(성취와 소속감)와 삶의 반(半)정신적 측면에 집중한다.

다른 사람들과 마찬가지로 나 역시 직장에서 정치, 종교 또는 라이프스타일에 근거하여 평가하는 사람을 싫어한다. 그런 사람이 회사 오너이거나 CEO라고 하더라도 말이다. 나는 인생과 직장을 똑같이 보지 않는다. 정신적 양식은 사무실을 벗어난 다른 공간에서 얻을 수 있다. 조직에서는 경력 개발 모델이 직업인으로서 조직에 기여할 수 있는 실천적 문제를 해결하는 데 집중해야 한다. 승진에 필요한 능력을 개발하고 관리자로 성장하여 더 광범위한 업무를 처리할 수 있도록 해야 한다.

미국의 조직행동 전문가인 진 돌턴(Gene Dalton)과 폴 톰슨(Paul Thompson)이 처음 개발한 모델은 '4단계 모델'로 불리기도 하는데, 두 사람은 1970년대부터 지식노동자의 생산성을 관찰하고 다음과 같은 의문을 제기했다.

'지식노동자 중에서 일부는 자신의 전성기가 지나서도 높은 평가를 받는데, 그렇지 못한 사람도 있다. 그 이유는 무엇인가?'

그들은 직업인으로 성공하기 위한 특효약이나 성공한 직장인의 특징을 구체적으로 제시하지는 못했지만 그보다 더 흥미로운 패턴을 확인했다. 그것은 바로 실적이 뛰어난 사람들은 자신의 경력에서 각 단계를 거치면서 조직에 더 많이 기여한다는 것이다. 과거에 자신에게 성공을 가져온 행동을 온전히 자기 것으로 만들었을 뿐만 아니라 그다음 단계에서 실적을 내는 데 필요한 새로운 기술과 비전을 갖추어 조직에 기여했다.

돌턴과 톰슨의 모델은 다음과 같다.

1. 도움을 받고 배워가는 단계
2. 독자적으로 기여하는 단계
3. 다른 사람을 통해 기여하는 단계

4. 조직의 방향을 제시하는 단계

이 모델의 장점은 개인-기여자-관리자로 넘어가는 과정에서 나타나는 특징을 아주 잘 설명하고 있다는 것이다. 또한 영업관리자로서 더 많은 책임을 지고 더 높은 목표를 달성하는 데 필요한 조정 업무를 명시하고 있다.

1단계 : 도움을 받고 배워가는 단계

조직에 들어가면 조직이 구성원들에게 요구하는 지식을 익혀야 하고 적절한 능력과 배우려는 의지를 보여주어야 한다. 또한 직무설명서에 적혀 있는 내용과는 별도로 일의 우선순위를 알아야 한다. 조직도에 나와 있는 공식적인 경로뿐만 아니라 조직 고유의 관행적이고 비공식적인 경로에 따라 일을 처리하는 방법도 배워야 한다. 또 관리자의 지도하에 자신의 능력과 잠재력에 대한 평가를 받으면서 맡은 일을 처리해야 한다.

이 단계에 있는 사람은 무엇보다 다음과 같은 행동을 배우고 보여주어야 한다.

- 관리자의 지도하에 자기가 맡은 일을 창의적이고 주도적으로 처리하면서도 해당 분야에서 경험을 쌓은 사람의 감독을 기꺼이 받아들인다(예를 들어 회사의 가치 제안, 범위 선택, 방문 과제를 준수하면서 자신의 성향에 가장 잘 맞는 방식으로 영업을 한다).
- 때로는 대형 프로젝트의 일부를 맡는다. 정해진 목표에 따라 업무를 제때에 능숙하게 처리할 수 있는 능력을 보여준다(예를 들어 팀별로 할

당된 담당 구역이나 고객 집단에서 한 부분을 맡는다. 방문보고서를 작성하고 CRM과 관련하여 유익한 정보를 정리해둔다).

- 시간과 예산의 허용 범위 내에서 자신이 맡은 일을 처리한다. 조직의 구성원으로서 일을 처리하는 방법을 적극적으로 배운다.

1단계는 견습 기간이라고 할 수 있다. 그런데 돌턴과 톰슨이 지적했듯이, 많은 사람들이 이 단계에 머물러 있다. 당신에게 보고하는 사람들 중에서 같은 일을 수년 동안 해왔지만 여전히 직접적인 관리가 필요한 이들을 떠올려보라. 그가 사원인가 관리자인가는 별개의 문제다. 여전히 1단계에 머물러 있다는 것이 문제다. 그런가 하면 1년 안에 20년 경력자에 못지않은 능력을 갖추는 사람도 있다.

새로 들어온 사람은 자신이 맡은 일에 재빨리 적응해야 한다. 다른 곳에서 얼마나 일을 잘했는지는 중요하지 않다. 중요한 것은 이곳, 즉 현재의 시장, 고객, 조직에서의 기여다. 8장에서 설명했듯이, 실적은 대부분 기업 고유의 자질과 자원에서 나온다. 따라서 새로 들어온 사람은 자신의 실적에 영향을 미칠 수 있는 조직 내의 다른 사람들과 신뢰관계를 형성하면서 조직의 요구를 알기 위해 적극 노력해야 한다. 또한 더 중요한 일을 독자적으로 할 수 있는 기회를 얻기 위해 진취적인 모습도 보여야 한다. 그렇지 않으면 1단계에서 벗어날 수 없다.

1단계에 있는 사람은 해당 분야에서 경험을 쌓은 사람의 감독을 기꺼이 받아들이고, 진취적인 모습을 보이고, 조직에 대해 배우고, 핵심 과제를 수행해야 할 책임이 있다. 이에 대한 기대를 분명히 표현하는 것은 조직의 몫이다.

2단계 : 독자적으로 기여하는 단계

2단계로 넘어가는 사람은 감독을 받지 않고도 상당한 실적을 낼 수 있다는 평판과 실적이 있어야 한다. 실적은 특정 분야에 대한 깊이 있는 지식(지리적 시장, 수직시장, 제품 또는 애플리케이션 유형 등)에 바탕을 두기도 하고, 실적을 낼 수 있는 능력을 보여주고 좋은 평판을 얻기 위한 노력에 바탕을 두기도 한다. 이 단계는 전문 직업인의 정체성을 확립하고 행동으로 채워가는 과정으로, 대부분의 기업에서 전체 직원의 40~50%를 차지할 정도로 두터운 층을 형성한다. 그들은 다음과 같은 책임을 갖는다.

- 특정한 프로젝트에 대해 처음부터 끝까지 책임을 진다(예를 들어 새로운 시장이나 고객을 대상으로 신사업을 개발하여 필요한 사람과 함께 프로젝트를 수행한다. 그리고 결과가 노력 외의 다른 요인에 영향을 받았더라도 그에 대한 책임의식을 보여준다).
- 스스로 관리하는 시간과 업무가 더 많아지며, 문제를 해결하여 난관을 극복하는 능력을 보여준다. 또한 실적을 향상시키기 위한 방법을 제시함으로써 명시적이든 암시적이든 관리자와의 관계를 재조정해야 한다.
- 실적이 뛰어나고 책임감이 강한 사람이라는 평판이 중요하다. 동료들과 신뢰관계를 형성해야 한다.

2단계에서는 기술적인 능력도 필요하다. 1단계의 사람은 자신만의 기술로 족할 수 있지만, 2단계의 사람은 책임 범위를 넓힐 수 있는 기술 수준을 알고, 그 수준에서 업무를 수행해야 한다. 애널리스트가 분석을 하듯, 영업사원은 적절한 판매를 통해 수익을 창출할 수 있어야 한다. 이것이 전문성이다. 2단계에서의 성공은 능력을 갖추는 것뿐만 아니라 그런 능력을 인정받는 것을 의미한다. 평판이 중요하다. 평판은 더 많은 책임을 지기 위한 기회와 직위를 얻게 해준다. 바로 이런 이유 때문에 동료, 관리자, 같은 팀 또는 다른 부서 사람들과의 관계가 중요하다.

2단계에서 성공한 사람들의 순위에 따라 영업관리자가 정해진다. 많은 영업사원들이 2단계에 머물러 있다. 그들은 가치를 인정받고 때로 대단한 보상을 받지만, 그것은 개인적으로 달성할 수 있는 정도를 넘지 못한다. 그들이 계속해서 실적을 내려면 자신이 닿을 수 있는 범위를 넓혀야 한다. 기술, 시장, 구매 행위의 변화에 따라 중요 영업 과제가 바뀐다 해도 자신의 능력을 유지, 강화해야 한다. 그렇지 않으면 지속적인 발전을 기대할 수 없다.

인력 개발에 대한 공감대가 적절한 기대와 책임을 정하는 데 도움이 된다. 2단계에 남는 것의 혜택, 위험, 요건을 인식하는 것은 개인의 책임이고, 기대를 분명히 하고 적절한 지원(2단계에 남는 사람에게는 더 많은 영업 스킬을 지원하고, 영업관리자 후보에게는 교육, 멘토링을 제공한다)을 하는 것은 조직의 책임이다.

3단계 : 다른 사람을 통해 기여하는 단계

지금까지 우리는 개인의 기여에 대해 살펴보았다. 그러나 개인의 기여가 갖는 한계를 뛰어넘어 다른 사람의 기여를 최대한 활용할 수 있어야 한다. 이것이 관리자가 해야 하는 일이다. 훌륭한 관리자가 되려면 사람들이 적절한 행동 방식을 선택하고 그들의 다양한 활동이 하나의 목표를 향하도록 지원하고 영향력을 발휘해야 한다. 고객에게 문을 열어주기 위해, 의사결정자에게 다가가기 위해, 거래를 매듭짓기 위해 직접 나설 필요는 없다. 영업사원으로 쌓아온 경험과 신뢰 위에서 중요 영업 과제를 이해시키고 수행하도록 하면 된다. 보다 큰 기업의 목표와 관련한 팀의 실적에 대한 책임을 져야 하기 때문이다.

3단계에 있는 사람이 성취하고 보여주어야 할 과제와 행동은 다음과 같다.

- 업무 영역과 조직에 대해 더 많이 알아야 한다. 3단계에 있는 사람은 전문성에 만족해서는 안 되며, 자신의 전문성을 효과적으로 연결하는 방법을 터득해야 한다(한마디로 말해서 통합하는 사람이 되어야 한다).
- 비즈니스에 대한 폭넓은 안목을 가져야 한다. 그리고 사람들이 더 큰 맥락과 요구, 다른 집단과의 관계, 전략적 선택을 이해할 수 있도록 도와야 한다.
- 관리자, 멘토, 아이디어 개발과 실천의 모범이 되어 다른 사람의 실적을 강화하고 중요한 사안에 대해서는 자신의 팀을 대표해야 한다.

3단계에서 유능한 영업관리자라는 소리를 들으려면, 다음의 2가지 활동에서 자신의 능력을 보여주어야 한다.

첫째, 자신이 이끄는 팀의 실적을 결정짓는 상호의존 관계를 적절히 조율할 줄 알아야 한다. 그다음에는 자기가 맡은 부서를 뛰어넘어 네트워크 확충에 적극 노력함으로써 다른 부서의 자원을 활용하고 협력을 이끌어낼 수 있어야 한다. 이러한 노력은 자기가 맡은 부서의 실적을 증진하는 데 반드시 필요하다. 예를 들어 영업과 마케팅 사이의 업무 조정과 협력이 영업관리자의 직무에서 매우 중요한 부분을 차지한다.

둘째, 영업사원들의 능력 개발을 도와야 한다. 2단계의 사람은 자기 자신을 개발하고 돌보기 위해 배우지만, 3단계의 관리자는 다른 사람들을 돌보고 팀의 행동에 대한 책임을 지기 위해 배워야 한다. 이는 관리자가 친절한 사람이라서가 아니라 조직과 업무가 그렇게 해줄 것을 요구하기 때문이다. 3단계에서 실적을 강화하기 위한 유일한 방법은 사원들의 능력 개발을 지원하는 것이다. 그러면 관리자는 또 다른 기회를 향해 움직일 수 있고 자신의 영향력을 키우고 조직에 더 많은 기여를 할 수 있다.

그러나 여기에는 언제나 긴장이 도사린다. 관리자가 능력 개발에 투자하면 사원이 가치 있는 존재가 되어 다른 곳으로 옮겨갈 수 있다. 그러면 그 빈자리를 채우기 위해 다른 사람을 찾아야 한다. 그래서 관리자들은 이러한 긴장관계를 경험하며 인재를 육성하기보다 비축하는 사람이 되려고 한다. 자신이 키운 인재를 놓치고 싶지 않기 때문이다. 하지만 뛰어난 영업사원은 대개 야심을 갖고 있기 마련이다. 그는 더 높은 지위와 더 많은 연봉을 위해 떠나려고 한다. 이는 기업에 큰 문제를 야기하고 조직의 재편을 요구한다. 인력 개발에 대한 공감대 형성이 중요한 이유가 여기에 있다. 다시 말하지만, 인력 개발에 대한 공감대는 영업사원의 경력 개발에 관한 공동의 책임과 기대를 처음부터 분명히 밝힘으로써 형성될 수 있으며, 이는 자신의 상사를 통해 실적 평가를 받는 관리자들에게도 똑같이 적용된다. 리더를 키울 줄 아는 사람이 훌륭한 관리자다. 그는 인재의 발전을 가로막지 않고 육성할 것이라는 평판 때문에 잠재력이 뛰어난 인재들을 끌어들인다.

4단계 : 조직의 방향을 제시하는 단계

대부분의 영업관리자는 3단계에 있다. 이 단계에서 더 이상 나아가지 않아도 직장인으로서는 성공할 수 있다. 하지만 이 단계에서의 기여는 관리자가 아는 사람들과 하는 일에 한정된다. 여기서 관리자들은 자신의 카드를 최적화한다. 그에 비해 4단계는 카드를 다시 섞어 새로운 최적화를 모색하는 것을 말한다. 이때에는 잘 모르는 사람이나 한 번도 대화를 나눠본 적이 없는 사람에게도 영향력을 미치는 방법을 찾아야 한다. 한마디로 조직의 방향을 제시하는 단계로, 조직 전체에 권한과 영향력을 행사하는 안목과 변화하는 조직의 요구에 대해 올바른 정보에 기초한 대응력을 가질 것을 요구한다.

4단계에 있는 사람은 무엇보다 다음과 같은 과제에 책임을 져야 한다.

- 전략적 이슈에 대해 외부 집단(회사뿐 아니라 회사 외부의 집단)을 상대로 자기 부서의 의견을 대표한다.
- 작업시스템, 프로세스, 실행, 방향의 변화를 통해 조직의 실적과 역량을 강화한다.
- 조직의 더 큰 이익을 위해 어려운 결정을 내리고 권한을 행사한다.

3단계의 사람들이 자기 팀과 그 주변 환경 속에서 성공을 이루어낸다면, 4단계의 사람들은 자신이 속한 산업과 변화하는 고객, 경쟁적 환경 속에서 성공을 이루어낸다. 영업 부문에서 그들은 목표, 범위, 경쟁우위,

그리고 이러한 요소들을 최선으로 처리하는 조직의 방식에 대해 사실에 기반한 관점을 가지고 있다. 또 문제를 진단할 뿐만 아니라 그것을 해결하는 실현 가능한 옵션을 보유하고 있다. 이와 관련하여 어느 영업 담당 임원은 이렇게 말했다.

"저는 이 회사에서 가장 똑똑한 사람은 아닙니다. 그러나 회사의 자산과 기회의 관계, 이 둘 사이의 거리를 좁힐 방법에 관한 분명한 시각을 가지고 있습니다. 제가 하는 일은 우리 회사가 시장에서 자리 잡은 곳과 앞으로 자리 잡기를 원하는 곳의 거리, 그곳으로 가기 위해 요구되는 변화에 대해 현실적으로 생각하도록 하는 것입니다."

조직에서 권력의 사용은 변화를 위한 중요 요소다. 4단계에 있는 사람들은 조직이 부여하는 힘을 활용하는 방법을 안다. 여기에는 공식적인 권한에 의존하는 방법뿐만 아니라 인적 네트워크를 형성하여 교차기능적 연대의 원칙을 확립하는 방법(12장에서 설명할 것이다)이 있다. 그들은 이러한 방법을 활용함으로써 권력을 행사하고 장기 목표와 단기 목표의 균형을 유지한다. 또한 그들은 권력이란 시간이 지나면 가치가 떨어지는 감가자산으로, 남용해서는 안 되지만 회사의 이익이 걸려 있을 때에는 단호하게 사용해야 한다는 사실도 알고 있다. 인력 개발에서 자신의 역할을 확대하는 경향을 보이고, 후임자 문제에 적극적인 관심을 나타낸다. 자신의 후임자일 경우에는 더욱 그렇다. 바로 4단계에 있는 사람들 가운데서 미래의 임원이 나오기 때문이다.

인력 개발에 대한 공감대 : 시사점

표 11-1은 4가지 발전 단계를 요약한 것이다. 이 모델은 달라지는 역할, 역할 조정, 조직에서의 인간관계뿐만 아니라 개별적으로 기여하는 사람에서 효과적인 관리자로 넘어가는 과정에서 뛰어난 사람이 계속 뛰어난 사람으로 남게 해주는 실적에 대한 기여를 강조한다.

돌턴과 톰슨은 각 단계에서 나타나는 발전과 상관관계가 높은 요인을 살펴보았다. 그 결과, 누가 계속 발전하여 조직에 기여할 것인가는 출신 학교나 전공 분야, 근속연수, 학위와 상관관계가 거의 없었다. 일례로 MBA 출신이 높은 실적을 올리는 것은 아니었다. 주어진 과제와 능력 개발 기회를 어떻게 관리하고 활용했는가가 중요한 요인으로 작용했으며, 지능, 호기심, 인맥, 야심, 대인관계 스킬 등도 플러스 요인으로 파악되었다. 하지만 역시 가장 중요한 발전의 동인은 조직적 요인이었다. 이러한 결과는 영업관리자를 육성하는 데 중요한 시사점을 제공한다.

표 11-1 발전 단계별 개요

	1단계	2단계	3단계	4단계
역할	조력자, 배우는 사람	독자적으로 기여하는 사람	다른 사람을 통해 기여하는 사람	조직의 방향을 제시하는 사람
조직과의 관계	견습생	동료, 전문가	관리자, 팀장	후원자, 전략가
역할 조정	의존적	독립적	다른 사람에 대해 책임을 진다	권한을 행사한다
실적에 대한 기여	맡은 업무 처리 타인의 업무 지원	기술적 전문가	타 집단과의 상호 의존 관계와 최선의 실행을 위한 리더	조직을 발전시키고 경영을 변화시킨다

교육과 능력 개발을 위한 시사점

교육의 첫째 과제는 적합한 능력을 개발하는 것이다. 8장에서 영업사원을 위한 교육 원칙을 설명했는데, 다시 한 번 요약하면, 회사의 목표와 영업 과제에 맞는 교육을 실시하고, 실천 학습을 통해 연습 기회를 반복적으로 제공하고, 교육과 실적에 대한 사후관리를 철저히 하는 것이다.

영업사원을 영업관리자로 육성하기 위한 과제는 다음 단계에서 져야할 책임을 미리 숙지하도록 준비하는 것이다. 영업사원 교육이 회사의 전략을 수행하기 위한 일에 집중하는 것이라면, 다음 단계를 향한 교육은 관리자가 되려는 사람이 내부가 아닌 외부로 눈을 돌려 능력을 개발하도록 하는 것이다. 이렇게 하면 영업조직에서 반복적으로 발생하는 문제, 즉 관리자 교육에 많은 시간과 돈을 들이면서도 별다른 성과를 거두지 못하는 병폐를 줄일 수 있다. 계속해서 영업사원으로 남아 있을 사람에게 투자하면 수익률이 저하될 수밖에 없다. 현재와 미래의 영업관리자들이 조직의 내부와 외부에서 새로운 사실과 아이디어를 인식하고 흡수하도록 해야 한다. 그들이야말로 영업의 효과를 증진하고 지속적 발전에 필수적인 모델을 정립하기 위해 새로운 개념과 도구를 만들고 활용하는 주체이기 때문이다.

직무 설계와 인원 배치를 위한 시사점

영업을 비롯해서 모든 직무에는 암묵적으로 요구되는 활동이 있다. 그런데 이러한 활동이 암묵적으로만 남아 있는 경우가 많다. 대부분의 회사들에서 제시하는 내용은 모호하고 불투명하다. 채용된 사람들이 회사로부터 "당신은 직무설명서에 나오는 설명을 읽고 무엇을 해야 하는지를 이해해야 합니다"라는 말을 듣지만 대부분 이해하지 못한다.

실적에 대한 공감대가 있으면 구성원들이 무엇을 해야 하는지를 분명하게 알 수 있다. 또한 사람에 따라 다음 단계로 빨리 올라가는 사람과 그렇지 못한 사람이 있다는 사실을 인정하게 된다. 영업사원과 영업관리자는 역할이 변하면서 기대와 과제에 대한 합의를 바꿀 수 있다. 왜냐하면 양당사자가 공감대를 바탕으로 다음 단계에서 실적을 유지하고 쌓아가기 위해 다르게 해야 하는 것이 무엇인지를 이해하기 때문이다.

다음으로, 인력 개발에 대한 공감대는 인원 배치를 위한 시사점을 제공한다. 예를 들어 여러 지역에 존재하는 고객 또는 글로벌 고객을 상대로 팀 영업을 해야 하는 상황이 발생했다고 하자. 한 가지 쟁점은 9장에서 설명했듯이 어떻게 보상할 것인가이고, 또 다른 쟁점은 10장에서 설명했듯이 영업의 효과를 측정하는 지표에 있다. 그러나 때로는 영업팀에 누구를 배치할 것인가가 효과를 좌우하는 가장 중요한 요인이 되기도 한다.

많은 회사들이 다음의 원칙을 채택한다.

큰 고객 = 큰 매출(매출 가능성) = 각 지역에서 가장 뛰어난 영업사원을 배치하여 함께 일하도록 한다.

그러나 뛰어난 영업사원들은 개별적으로 기여하는 2단계의 사람으로 팀 과제에는 적절하지 않을 수 있다. 결국 아래의 결과가 나올 수 있다.

큰 고객 = 전체적으로 조화롭지 않은 개별적 노력 = 협력과 동료애에 대한 재교육으로 시간을 허비한다(더 나쁘게는 실적을 놓고 내분 발생).

결국 3단계로 넘어가는 사람은 팀 영업 상황에서 뛰어난 실적을 보여주는 사원이다. 그는 내부 네트워크를 자연스럽게 구축하여 미래의 관리자로 성장하는 데 큰 도움이 되는, 조직 전반에 걸친 폭넓은 지식을 갖추고 있다. 이처럼 인력 개발에 대한 공감대는 관리자가 영업사원을 배치할 때뿐만 아니라 영업사원들이 경력 개발을 위해 요구되는 행동과 시사점을 이해하는 데도 도움을 준다.

실적 평가를 위한 시사점

영업부서에서 나타나는 실적 피드백의 기능은 10장에서 설명했다. 이에 대한 공감대 위에서 4단계 모델은 실적 평가 이전과 도중, 평가 이후에 필요한 행동을 하는 데 도움을 준다.

먼저 실적 평가 이전에는 영업관리자가 더욱 집중적으로 관찰하고 계획을 세울 수 있게 해준다.

실적 평가 도중에는 영업관리자와 영업사원이 솔직한 대화를 나눌 수 있게 해준다. 예를 들어 관리자는 1단계에 있는 사람에게 이렇게 말할 수 있다.

"당신은 맡은 역할을 훌륭하게 수행해왔습니다. 회사생활에 잘 적응하고 있습니다. 이제부터 당신은 독자적으로 기여하는 단계로 넘어가야 합니다. 저는 신입사원을 관리해야 합니다. 따라서 문제가 발생하더라도 당신이 맡은 과제에 제가 개입해서 지도해줄 시간이 많지 않을 것입니다. 저는 당신이 과제를 스스로 처리해주기를 바랍니다. 도움이 절실하다고 판단될 경우에만 저를 찾아주세요. 다음 평가에서는 이러한 점을 반영하겠습니다."

그러면 영업사원은 자신의 단계를 이해하고 이렇게 대답할 것이다.

"네, 잘 알겠습니다. 하지만 부탁드릴 것이 있습니다. 앞으로 몇 개월간 특정 분야에 대한 교육 기회를 약속해주시면 고맙겠습니다. 그리고 계속 관여하실 고객과 저 스스로 관리해야 할 고객에 대한 판단을 분명히 하는 데 도움을 주셨으면 합니다."

그다음부터는 영업관리자와 영업사원이 일치된 행동을 하는 관계로 발전할 수 있다.

실적에 대한 공감대는 평가 이후 결과에 관한 대화를 나누는 데 큰 도움을 준다. 영업관리자는 이렇게 말할 수 있다.

"당신은 더 많은 책임을 지고 적절한 시점에서 제가 개입할 수 있게 해주었습니다. 당신의 발전을 축하합니다. 그런데 한 가지 해주고 싶은 말이 있습니다. 업무 영역에서 인간관계에 좀 더 신경을 써주었으면 합니다. 이제는 제가 개입할 일이 거의 없기 때문에 더 이상 당신을 엄호하지 않을 것입니다. 서비스관리자나 제품관리자로부터 신속한 답변을 얻고자 한다면 X나 Y를 통해 협조를 구하기 바랍니다."

대화는 또 다른 방향으로 진행될 수도 있다. 영업관리자가 이렇게 말할 수도 있다.

"저는 다음 단계로의 발전에서 더 많은 향상을 기대했습니다. 그런데 당신은 아직도 저에게 너무 많은 것을 의존합니다. 당신은 잠재력이 충분하지만, 이번 업무에서 저는 2단계에 있는 사람을 원합니다."

어떤 경우이건 영업관리자와 영업사원은 공통의 기준점이 있다. 강점과 요구에서 나타난 사실을 다루고, 행동에 기반한 실적을 논의한다는 것이다. 이러한 논의를 통해 영업사원은 자신의 경력 개발을 위해 더 주도적으로 행동하게 된다.

경력 개발에 관한 논의를 위한 시사점

직장인들은 경력 개발에 관한 논의를 환영한다. 돌턴과 톰슨이 100곳 이상의 기업에서 일하는 직장인 20만 명을 상대로 설문조사한 결과에 따르면, 응답자들은 기업이 사원의 경력 개발을 지원하는 방식을 개선해주기를 강력히 원하는 것으로 나타났다. 이후 20년이 지나서 갤럽(Gallup)도 같은 사실을 확인했다. 베스트셀러 중에도 언제나 경력 개발에 관한 책이 포함되어 있다(아마존amazon.com에서 '경력 개발career development'을 검색하면 49,000권이 넘는 책이 나온다). 또한 경력 개발은 양성 평등이나 그 밖의 사회적 쟁점들 가운데서 중심을 차지한다. 그리고 사람들의 기본적 요구, 즉 돈, 사회적 지위, 거주지, 교육 수준 등과도 관련이 있다. 그럼에도 불구하고 기업, 특히 영업 부문에서는 경력 개발이라는 주제를 가지고 논의하는 경우가 드물다. 왜 그럴까?

관리자들은 사원들의 기대치가 높아지는 것을 기피한다. 기업은 아래가 넓고 위가 좁은 위계조직이다. 그래서 관리자들은 경력 개발에 관한 논의 자체가 사원들의 기대만 높이고 결국 실망감만 안겨줄 것이라고 생각한다. 일리가 있지만 짧은 생각이다. 경력 개발에 관한 논의가 없어도 결국엔 사원들이 실망하게 된다. 자기만의 방식으로 온갖 상상을 할 것이고(개별적인 기여 부분을 과대평가할 것이다) 승진에서 누락된 현실 앞에서 믿을 수 없다는 표정을 지을 것이다. 그러면서 경력 개발에 관한 논의는 더더욱 힘들어지게 될 것이다.

한편 실적이 뛰어난 사원을 자기 부서에 계속 붙잡아두기 위해 논의를 기피하는 관리자들도 있다. 그들은 속으로 다른 부서의 관리자가 싫어하는 사람을 받게 되지 않을까 걱정한다.

마지막으로, 관리자에게 경력 개발에 대한 의미 있는 논의를 위한 근거가 부족하기 때문이다. 일을 잘한다고 해도 실제로 잘했을 때나 그렇다는 식으로 대응할 뿐이다.

경력 개발에 관한 논의가 부족하면 영업부서의 발전을 기대하기 어렵다. 시간이 지나면서 영업부서 전체가 인재 기근에 시달리게 된다. 관리자와 사원들이 공유하는 경력 개발 모델이 있어야 한다. 이 모델은 경력 개발에 필요한 논의의 공간을 마련해주고, 역량 개발에서 중요한 측면을 조명해준다. 사원의 경우 자신을 붙잡아두기 위해 1단계와 2단계에만 머물러 있게 만드는 관리자를 만나면 경력 개발이 정체될 수밖에 없다. 경력 개발 모델을 통해 관리자가 이를 깨닫게 해야 한다. 자신이 우수한 인재를 독점할 수 없다는 사실, 인재는 기업의 자산이며 관리자는 일정 기간 동안만 그를 빌려 쓰고 있는 것이라는 점을 인식하게 해야 한다. 조직적 측면에서는 이 모델이 실적에 관한 논의에서 심도와 명료성을 더해주고, 관리자와 사원의 기대를 일치시키고, 인사 관련 역량과 영업 실적 간의 연결고리를 만들어줄 수 있다.

기대와 행동의 조정

개인과 조직의 능력을 개발하고 유지하기 위한 노력과 접근 방식은 기업이나 부서의 모든(또는 대부분의) 구성원들이 4단계에 있어야 한다는 것을 의미하지 않는다. 8장에서 설명했듯이, 조직은 각 단계에서 각자의 역할을 효과적으로 수행하는 인재들의 포트폴리오를 필요로 한다. 이를 위해서는 변화하는 시장 여건에 맞추어 각 단계의 인재들이 높은 실적을 유지하도록 해주는 요인에 대한 공감대를 형성하는 것이 중요하다. 그리고 이러한 공감대를 형성하는 것은 공동의 책임이다. 이와 관련하여 돌턴과 톰슨은 다음과 같이 강조한다.

"사원 자신의 경력과 역량의 개발은 기본적으로 개인의 책임이다. 어떤 조직, 어떤 관리자도 개인을 위해 그 일을 대신해줄 수 없다. (…) 그러나 관리자는 미래에도 조직이 지속적으로 발전할 수 있도록 조직을 설계해야 할 책임이 있다."

결국 영업관리자의 양성은 그림 11-2에 나오는 길을 따라가며 회사를 위해 더 많은 기여를 해줄 사람을 키우는 것을 의미한다.

전략과 영업의 일치는 경력 개발의 과정에서 나타나는 고유의 과제를 구성원들에게 이해시키는 것이기도 하다. 또한 그것은 더 많이 기여하고 승진하기 위한 핵심 요건에 대한 커뮤니케이션이기도 하다. 그 과정에서 조정자로서의 역할이 점점 더 중요해진다. 개별적 기여자에서 관리자를

그림 11-2 단계에 따른 초점의 이동

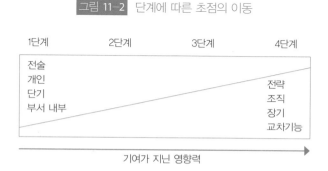

거쳐 조직의 방향을 제시하는 존재로 성장하는 동안 직면하는 과제들을 해결하기 위해서는 부서 내부는 물론 조직 전체에 걸친 인적 네트워크의 조정에 더 많이 의존하게 되기 때문이다.

12장에서는 이러한 인적 네트워크에 대해 설명한다. 이는 전략 주기와 실적관리에도 꼭 필요한 부분이다.

조정하고 연결하라

성공 영업을 보장하는 '팀 효과'

임원들은 전략회의나 관리자회의에서 팀워크를 강조한다. 그러나 가장 중요하게 생각해야 할 팀 효과에는 주목하지 않는다. 여기서 팀 효과는 고객 유치와 유지를 위한 교차기능적 상호작용을 말한다. 이에 필요한 조정 능력을 향상시키는 실질적 방법이 있다. 이 방법은 성공적 영업을 보장할 뿐만 아니라 기업의 발전을 촉진한다.

업무 조정은 왜 중요한가

다양한 사업(특히 선진국의 경제활동에 대해 많은 것을 설명해주는 B2B사업)들의 주문주기를 생각해보자. 주문은 기업의 여러 부서를 움직이게 만든다. 고객의 제품사양서(또는 견적서) 요구에서부터 구매 주문을 거쳐 품질보증과 판매 후 서비스에 이르기까지 주문에 따른 일련의 판매 활동이 부서별로 전개된다(그림 12-1 참조).

영업은 거의 모든 활동과 연관된다. 고객의 질문과 불만사항을 처리해야 하고, 고객의 요구에 부응하기 위해 다른 부서들과도 연락을 취해야 한다. 이러한 상호작용 속에서 사원들은 자기 부서의 상사에게 보고하고 업무 절차와 평가 지표에 따라 움직인다. 이때 업무의 우선순위는 각 부서나 사람마다 다를 수 있다. 영업사원의 입장에서는 고객의 주문이 수당으로 연결되기 때문에 고객을 가장 중시하고 어떠한 요구라도 보장해주려고 한다. 그러나 제품관리자나 재무관리자에게 그것은 수많은 주문 중 하나에 불과하며, 특정 고객의 요구에 맞추는 일이 그다지 중요하게 여겨지지 않는다. 바로 이런 이유 때문에 '고객 중심'이라는 말이 슬로건에 그칠 뿐 실천으로 이어지지 않는 것이다.

영업 활동에서는 교차기능적인 조정(반대말은 정렬 불량)이 광범위하게 이루어진다. IBM은 한때 SRA라는 자회사를 둔 적이 있었다. SRA는 IT

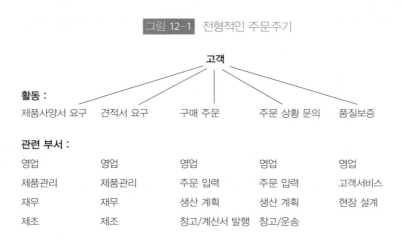

그림 12-1 전형적인 주문주기

고객

활동 :
제품사양서 요구　견적서 요구　구매 주문　주문 상황 문의　품질보증

관련 부서 :

영업	영업	영업	영업	영업
제품관리	제품관리	주문 입력	주문 입력	고객서비스
재무	재무	생산 계획	생산 계획	현장 설계
제조	제조	창고/계산서 발행	창고/운송	

담당 직원들에게 IBM시스템 사용법을 알려주는 셀프스터디 프로그램을 제작, 판매하는 회사로, 프로그램은 업계 최고라는 평가를 받았다. 그러나 SRA의 매출은 다른 회사의 8분의 1 수준에 불과했다. SRA는 교육 담당자들을 타깃으로 영업과 마케팅 활동을 펼쳤는데, 그들 가운데 사내 시스템 프로그래머의 요청으로 SRA 프로그램을 구매했다고 대답한 사람이 80%가 넘었다. 게다가 영업사원이 회사를 떠나도 그의 담당 구역을 넘겨받는 사람이 없었다. 그런데도 회사 매출에는 변화가 없었다. 알고 보니 SRA 프로그램의 판매는 고객사의 시스템 프로그래머와 긴밀하게 협력하는 IBM 서비스 엔지니어가 SRA 프로그램을 추천하는 방식으로 이루어지고 있었다. 이런 상황에서도 영업부서와 고객서비스부서의 커뮤니케이션은 좀처럼 일어나지 않았다. 한 임원은 이런 말을 하기도 했다.

"우리 영업부서는 영업을 이끌어가지 않습니다. 그들은 드러나지 않은 영업부서에 의해 무작정 끌려다닙니다."

이 문제는 해결하기가 쉽지 않다. 거의 모든 기업에서 영업과 서비스는 다른 유형의 전문성을 요하는 별개의 직무로 기능한다. 영업조직 내에서도 8장에서 살펴본 것처럼 어떤 유형의 상호작용은 장려하지만 다른 유형의 상호작용은 억제한다. 금전적 인센티브를 포함한 보상시스템 역시 9장에서 설명한 것처럼 행동에 영향을 미치기는 하지만 바람직한 행동을 위한 필요조건일 뿐 충분조건은 아니다. 모든 부서에 똑같은 방식으로 보상을 지급할 수도 없고, 스톡옵션이나 이익배분제로 격차를 해소할 수 있다는 가정도 합리적이지 못하다.

조직 내 업무와 부서 간 상호작용의 문제는 점점 더 확대되고 복잡해지고 있다. 일례로 1980년대 이후 미국 기업에서 CEO에게 직접 보고하는 중역진이 2배로 늘어났다. 그 이유는 사업 단위의 업무를 총괄하는 일반 관리자가 아니라 고유의 업무(IT, 생산, 법률 등)를 담당하는 기능별 관리자가 증가했기 때문이다. 이는 비즈니스가 더욱 복잡해지고 그에 따른 필요 지식이 늘어나면서 기능별로 첨단 지식을 갖춘 전문가가 더 많이 요구되었기 때문이다. 이와 관련하여 나는 전에 집필한 책에서 다음과 같이 주장한 적이 있다.

"팀워크라는 획일적 개념을 위해 전문성을 버리면 새로운 시장 여건에서 지속적으로 요구되는 조직 학습을 포기하게 되고, 부지불식간에 최소 공통분모에 입각한 시장 접근을 하게 된다."

여기서 필요한 것은 영업조직과 인센티브에 의한 조정 활동이다. 이러한 조정 활동은 전략의 실행을 위해 각 부서가 기여해야 한다는 원칙에 대한 공동의 이해를 낳는다. 또한 전략과 영업 과제에 내재된 교차기능적 연대의 원칙을 명확히 하고, 내가 '전략→ 영업 실적주기(strategy → sales performance cycle)'라고 부르는 반복적 프로세스를 관리할 능력을 갖추게 한다.

이 장에서는 각각의 쟁점들을 차례대로 살펴볼 것이다. 먼저, 영업과 마케팅. 이 2가지 기능은 상호의존적이지만 관심사나 절차가 서로 다르다. 이어서 영업의 기능과 그 밖의 기능 간 연대의 원칙을 어떻게 확립할 것인가를 알아볼 것이다. 마지막으로, '전략→ 영업 실적주기'를 살펴보고, 전략가와 영업관리자에게 전하는 전략과 영업의 일치에 관한 몇 가지 조언으로 결론을 맺을 것이다.

영업과 마케팅의 조정

연구 결과에 따르면, 영업부서와 마케팅부서가 고객의 요구에 맞게 정렬되어 있다고 믿는 기업은 40%도 안 되는 것으로 나타났다. 이는 마케팅과 관련한 부가사항이 영업사원과 고객에게 의미가 없으며, CRM과 빅데이터에 대한 투자에도 불구하고 영업과 마케팅에서는 리드 제너레이션 업무가 여전히 불만의 원천으로 남아 있음을 시사한다. 각종 문헌에서 이러한 문제가 지적되고, B2B 임원들을 대상으로 한 조사에서 이것이 첫 번째 의제로 등장하는 현상은 전혀 놀라운 일이 아니다.

팀워크에 반대하는 관리자는 거의 없다. 그러나 조정은 돈과 시간을 요하고, 의사결정을 지연시킨다. 따라서 조정이 중요한 영역에서의 활동과 조정이 필요한 집단에 영향을 미치는 쟁점을 분리할 필요가 있다. 그림 12-2는 마케팅과 영업에 관련된 활동을 개괄적으로 보여준다. 조직도에서는 이러한 활동이 제품관리나 유통이라는 이름으로 분류되기도 한다. 그러나 그림에서 알 수 있듯이, 이러한 활동은 하나의 연속체를 이룬다. 마치 이어달리기 경주처럼 각 단위에서 다루는 과제의 실적이 다른 단위의 계획과 활동에 좌우된다. 예를 들면 시장조사는 영업부서와 논의하여 타깃고객을 중심으로 실시해야 하고, 가격 계획은 영업채널 담당자가 맡아야 한다.

그림의 연속체는 영업부서의 투입이 없는 마케팅 계획, 마케팅 계획이 없는 영업 활동은 불완전하거나 모순되며, 그럴 경우 회사의 시간과 돈을 낭비하고 직원들의 의욕을 떨어뜨릴 것임을 보여준다.

그림 12-2 활동의 연속체

이 과제를 다루어야 할 부서는
마케팅 · · · · · · · · · · · · · · · **영업**

시장조사
　경쟁 분석
　　상품 개발
　　　상품 포지셔닝
　　　　광고/커뮤니케이션
　　　　　리드 제너레이션(lead generation)
　　　　　판촉 활동
　　　　　가격 책정
　　　　　고객 선택
　　　　　　대인 직접 판매
　　　　　　채널관리
　　　　　　고객관리
　　　　　　　판매 전 또는 판매 후 서비스

상호의존과 차이, 결국 이 2가지만 남는다

　마케팅과 영업의 조정이 중요하지만, 대부분의 기업에서 이 2가지 활동은 일정한 차이를 나타낸다. 따라서 각 영역에서 다루는 과제에 대해 전문성과 책임을 인정한다. 그러나 그러한 과제에도 서로 관리해야 할 상호의존성이 내재되어 있다. 그래서 조정이 중요하고 어려운 것이다.

　그림 12-3은 상호의존성을 보여준다. 마케팅부서는 영업부서에 매출 예상, 제품 성능에 관한 고객의 피드백, 구매 행위와 경쟁 활동에 관한 시장 정보를 포함하여 특정한 지원을 요구한다. 영업부서는 마케팅부서에 전략을 고객의 유형에 따른 실천 계획으로 전환해주고 제품과 서비스 제공, 가격 책정에 관한 자료를 만들어줄 것을 요구한다. 이 과정에서 불가피하게 차이가 드러난다. 두 부서는 시장을 바라보는 방향, 시계, 실적 기

그림 12-3 영업과 마케팅의 대표적인 상호의존성

마케팅에서 영업으로 → …

- 전체적인 시장 전략과 계획
- 프로그램/상품 정보와 교육
- 시장조사 데이터와 분석
- 가격 책정과 판촉 활동에 대한 분석, 안내, 프로그램
- 계약, 제안, 프레젠테이션 지원
- 주문 제작 지원, 리소스 제공
-

← 영업에서 마케팅으로…

- 판매 예측과 결과
- 관련 정보 : 구매 활동, 경쟁
- 고객 접근과 피드백 : 현재 제품/새로운 제품
- 제품 판매, 가격 책정, 판촉 활동 실시
- 고객관리
- 고객서비스 정보 : 요구와 기회
-

준과 평가 지표, 요구되는 정보의 우선순위에서 서로 다른 생각을 갖고 있기 때문이다(표 12-1 참조).

대부분의 기업에서 마케팅관리자들은 특정 제품이나 시장을 담당한다. 그들의 시계는 연구개발, 제품 도입, 예산주기를 따르는 경향이 있다. 그들은 고객이 아니라 시장을 관리하기 때문에 연구개발비의 상환을 쉽게 생각하고 고객 집단에 대한 제품의 적용 가능성을 확대 해석하려 한다. 이에 반해 영업관리자와 영업사원은 담당 구역이나 고객을 상대로 움직인다. 자연히 그들의 시계는 특정 고객들에 대한 판매주기를 따른다. 이는 예산주기와는 무관하다. 그들은 시장이 아니라 고객을 관리하기 때문에 고객의 요구에 맞추어 제품과 서비스를 제공하려는 경향이 있다. 영

표 12-1 마케팅과 영업의 차이

마케팅	영업
조직과 방향	
• 지역의 특정 제품 또는 시장 담당	• 구역 또는 고객 담당
시계	
• 연구개발, 제품 도입주기	• 다양한 고객에 대한 판매주기
• 내부의 예산편성 과정	• 외부의 구매 프로세스
• 경력 개발 : 제품의 수시 순환 강조	• 경력 개발 : 고객과의 지속적 관계 강조
평가 지표와 정보의 우선순위	
• 손익과 자산수익률	• 판매량
• 제품/시장/세그먼트 정보	• 고객 정보
• 병합 강조 : 제품 개발, 비용, 가격 책정에 대한 총량적 접근	• 세분 강조 : 영업관리와 고객관리를 세분하여 접근

업과 마케팅은 경력 개발과 평가 지표(업무 평가와 승진 기준)에서도 차이를 보인다. 마케팅부서는 경력 개발로 제품, 브랜드, 시장에서의 순환을 강조하지만, 주요 평가 지표로는 손익이나 자산수익률을 사용한다. 영업부서에서는 경력 개발로 고객과의 지속적 관계를 강조한다. 그러나 평가 지표로는 판매량을 주로 사용한다.

이러한 차이는 관료적인 절차가 아닌 전문성에 대한 요구에서 비롯된 것이다. 여기까지는 별 문제가 되지 않는다. 문제는 상충되는 우선순위나 서로 다른 표현 방식에서 발생한다. 각 부서는 일상적인 업무를 처리하는 과정에서 한정된 자원과 노력을 할당하게 되고 중요 사안과 임의 사안을 구분한다. 시간이 지나면서 이러한 구분은 서로에 대해 "우리는 이렇게 합니다"라는 식의 주장으로 나타난다. 마케팅과 영업에서 이러한 현상이 벌어지면 거기서 그치지 않고 고객 유치와 유지에 관여하는 다른 부서들 간의 상호작용에도 영향을 미치게 된다.

효과적인 영업의 결정 요인을 관리하려면 그것의 근원과 요건을 이해해야 한다. 여기서 대안은 차이를 없애는 것도 아니고 "모두가 고객만족에 책임을 진다"는 식의 추상적인 주장을 펼치는 것도 아니다. '모든 사람의 일'은 실제로는 어느 누구의 일도 아니게 된다. 책임지는 사람이 없기 때문이다. 현실적인 대안은 기업의 여러 부서에 퍼져 있는 지식, 역량, 운영상의 지원을 어떻게 효과적으로 연결할 수 있는가에 있다.

효과적인 연결을 위한 연대의 원칙

효과적인 연결을 위해서는 상호작용이 관건이다. 원활한 상호작용을 위해서는 서로의 차이를 넘어서야 한다. 이 차이를 톨게이트에 비유해보자. 모든 부서는 속도를 줄이고 통행료를 내야 한다. 여기서 통행료는 상호작용에 드는 시간과 돈을 의미한다. 그런데 상호작용에 많은 시간이 들거나 어려울 때 영업사원들은 통행료를 내지 않아도 되는 다른 길을 찾거나 상호작용을 최소화하여 팔 수 있는 방법에 집중할 것이다. 노력 대비 실적을 극대화하려는 것이다. 그러나 이는 전략에 맞게 비즈니스를 전개할 수 없게 만드는 확실한 방법이기도 하다. IBM의 CEO를 역임한 루이스 거스너(Louis Gerstner)는 1990년대 IBM에서의 경험을 기억하면서 모두가 새겨들을 만한 이야기를 전한다.

"IBM 시절, 저는 조직문화란 게임의 한 가지 측면만을 의미하지 않는다는 사실을 배웠습니다. 조직문화는 게임 그 자체입니다. 결국 조직은 가치를 창출하기 위해 모인 사람들의 집단 역량을 말합니다."

기업은 어떻게 이러한 상호작용을 증진시킬 수 있는가? 톨게이트를 효율적으로 통과할 수 있는 '하이 패스' 같은 것은 없을까? 제일 먼저 해야할 것은 맡은 일을 처리하기 위해 도움을 받아야 할 사람들이 누구인지를 확인하고 그들과 함께 연대의 원칙을 확립하는 것이다. 원칙을 정해두면 상호작용을 증진하는 데 도움이 된다. 그림 12-4는 다른 부서와 연결된 주요 활동을 확인하기 위한 양식이다. 영업과 마케팅의 경우에는 전략의 목표와 범위, 경쟁우위에 따라 그림 12-3에 나오는 과제 모두가 포함될 수 있다.

그다음으로 해야 할 일은 당신의 부서가 일을 효율적으로 처리하기 위해 다른 부서로부터 받아야 할 것과 다른 부서가 그것을 가장 효율적으

그림 12-4 연대의 원칙 확립

주요 활동 : _____   부서 : _____

당신의 부서와 다른 부서 간의 중요 상호작용은 당신 부서의 실적에 어떠한 영향을 미치는가? 당신의 부서는 다른 부서에 무엇을 **제공하고** 다른 부서로부터 무엇을 **받는가**?	
제공하는 것	제공받는 것

로 일할 수 있도록 당신 부서가 제공해야 할 것을 분명히 나타내는 대차
대조표를 작성하는 것이다.

이러한 상호작용의 중심에는 호혜주의가 있다. 《설득의 심리학》을 쓴
로버트 치알디니(Robert Cialdini)는 설득과 영향력에 관한 연구에서 '보답
의 원칙(rule of reciprocation. 이는 치알디니가 '대등한 거래the old give and take'
를 자기 방식으로 표현한 것이다)'이 영향력을 발휘한다는 사실을 밝혔다. 그
는 수많은 증거를 제시하면서 거의 모든 인간 사회가 이 원칙을 수용한다
는 사실을 뒷받침했다. 그의 말이다.

"모든 사회에 이 원칙이 널리 퍼져 있다. 모든 거래에 이 원칙이 스며들
어 있다. (…) 그리고 상호의존 관계는 개인들을 한데 묶어 훨씬 더 효율적
으로 움직이는 팀을 만든다."

영업사원들이 고객의 비서나 고객사의 건물 관리인에게, 사내에서 자
신의 주문을 처리해주는 서비스 담당 직원에게 선물을 주는 것은 그만한
이유가 있다. 이처럼 보답의 원칙은 모든 인간관계와 비즈니스에서 강력
하게 작용한다. 만약 리더가 보답의 원칙에 관심이 없다면 전략과 영업을
일치시키는 데 큰 어려움을 겪을 것이다.

한 회사의 예를 보자. 넵튠(Neptune. 가명)은 미국을 비롯한 여러 나라
의 지방자치단체로부터 외주를 받아 물 공급을 관리해주는 회사다. 먼저
투자를 해야 하고, 계약 기간이 10년 이상인 경우도 적지 않다. 따라서 넵
튠은 매번 위험성을 충분히 검토하고 계약을 따내기 위해 경쟁력 있는 입
찰 가격을 제시해야 한다. 판매주기가 길고(18~24개월 또는 그 이상) 선거
로 뽑힌 공직자와 그 밖의 의사결정자들로 복잡하게 구성된 집단을 상대
해야 한다. 따라서 상당한 주의가 요구되고, 영업부서(넵튠에서는 사업개

발부서라고 부른다)는 다른 부서들과 함께 위험 요소를 파악하고, 협상 조건을 제시하고, 상대 측의 의사결정자가 교체되는 상황도 대비해야 한다. 이를 위해 넵튠에서는 교차기능적인 집단이 여러 계약 조건들을 검토한다. 은행의 신용위원회와 마찬가지로 이 집단에는 재무부서, 법무부서, 기술서비스부서가 포함된다. 이러한 부서들을 통해 사업을 관리해나간다.

그런데 시간이 지나면서 이러한 프로세스가 혼선을 일으켰다. 여전히 고객에게 각종 혜택을 제공하며 물 공급도 효율적으로 관리하고 있었지만, 애초에 맺은 계약이 적자를 낳는 것으로 드러났다. 예상 외의 위험이 있었던 것이다. 넵튠은 고민에 빠졌고, 각 부서는 다른 부서(특히 계약을 따내면 보너스를 받게 되어 있는 사업개발부서)의 주장에 회의적인 입장으로 돌아섰다. 정액청부 계약에 따라 문제를 처리해야 했기 때문에 사업비가 생각보다 더 많이 들었고, 설상가상으로 고객 측의 불만을 일으켰다(아웃소싱 기업이나 소프트웨어 라이선스를 판매하는 기업들은 이러한 상황에 익숙하다). 결국 넵튠은 사업개발부서와 관련 부서 간 연대의 원칙을 확실히 정립하기로 결정했다. 표 12-2는 주요 내용을 발췌한 것으로, 자세히 살펴볼 가치가 있다. 연대의 원칙은 조직에 가치를 더해주고 조직 역량을 좌우하는 행동을 알려주기 때문이다.

사업개발부서가 재무부서에 검토위원회의 승인 또는 반대를 결정할 기준을 요구하는 이유는 무엇인가? 사업개발부서의 상황과 활동을 생각해보자. 사업개발부서는 고객(사)과 관계를 맺기 위해 18~24개월에 걸친 노력을 기울이고 여러 차례에 걸쳐 제안서를 작성하고 나서 재무부서로부터 X라는 기준에 부합되지 않는다는 이유로 제안서를 거절당할 때가 있다. 그러면 재무부서에 이렇게 말한다.

표 12-2 연대의 원칙 : 넵튠의 사례

재무부서 : 사업개발부서에 제공하는 것	재무부서: 사업개발부서로부터 받는 것
위험이나 수익에 관한 복잡한 리스트 대신 승인 또는 반대를 결정할 기준을 제시하고 재무평가가 제때 이루어지도록 한다. 목표를 분명히 밝힌다. 자산수익률 요건을 알려주고, 구체적인 영업 관련 요인을 고려한다.	재무부서를 영업 과정의 처음부터 개입시켜서 재무부서의 요구사항을 분명히 파악한다. 재무부서에 고객수, 고객 비율 같은 주요 가치 창출 인자(key value driver)와 관련한 데이터를 제공한다.
법무부서 : 사업개발부서에 제공하는 것	법무부서 : 사업개발부서로부터 받는 것
옵션과 대안을 갖춘 해결 중심의 법무서비스를 제공한다. 잠재고객을 다룰 때 고객관계에서 사업상의 이해관계와 법적인 의무 간의 균형을 추구한다.	영업주기의 초반부터 법무부서를 개입시킨다. 모든 위험과 우려 사항을 포함한 완전한 사업 계획서를 제공한다. 필수적으로 갖추어야 할 대상과 갖추면 좋은 대상을 구별한다. 고객 유치 계획에서 법률적 질의/쟁점을 명시한다.
기술서비스부서 : 사업개발부서에 제공하는 것	기술서비스부서 : 사업개발부서로부터 받는 것
기회, 위험, 위험을 경감시킬 수 있는 옵션, 가격 책정/입찰에 미치는 영향을 평가하는 데 필요한 기술 지원을 조기에 제공한다. 고객의 구매 과정에서 빚어지는 예측 불가능한 변화와 요구를 감안하고 기술적 지원을 한다.	기술서비스 인력을 동원하기 전에 기업이 정한 기준에 따라 기회를 선별한다. 그렇게 해야만 기술서비스부서가 사업개발부서는 해당 프로젝트를 탐색만 하는 게 아니라 면밀히 검토하고 있으며, 그것을 성공시키고자 하는 결연한 의지를 갖고 있다는 믿음을 가질 수 있다.

"우리는 거의 2년 동안 이번 거래를 위해 노력해왔습니다. 중요한 기준을 미리 말씀해주셨어야죠! 지금 이야기하면 어떡합니까?"

그러면 재무부서는 이렇게 대꾸한다.

"우리가 입찰 마감에 임박해서가 아니라 처음부터 개입했으면 이런 일이 일어나지 않았잖아요!"

연대의 원칙이 분명히 제시되지 않는 기업에서 불가피하게 발생하는 언쟁은 늘 이런 식이다. 영업관리자는 "여기 5,000만 달러 내지 1억 달러짜리 계약이 있습니다. 내일까지 입찰에 나서야 합니다. 지금 그 프로젝트를

따낼 생각이 없는 겁니까?"라고 말하고 재무관리자는 "그런 식으로 최후
통첩을 하지 마세요. 재무 평가가 제때 이루어지려면 우리가 신속하고도
확실하게 개입해야 할 필요가 있습니다"라는 식으로 대응한다.

또한 영업부서는 '해결 중심의 법무서비스'도 요구한다.

"우리는 법을 위반할 생각이 없습니다. 하지만 법무부서에서는 하지 말
라는 것이 너무 많습니다. 법규를 준수하면서 사업을 할 수 있는 다른 옵
션을 찾는 데 도움을 주세요."

이에 대해 법무부서는 이렇게 말한다.

"그렇게 하려면 모든 위험을 포함한 사업계획서를 우리에게 보내주셔야
합니다. 같은 회사 일을 하면서 우리를 같이 일하는 동료로 생각해주시
고, 제품을 팔아야 할 대상으로 생각하지 말아주세요. 이번 고객에 대해
서는 제대로 알고 일을 함께 해봅시다."

한편 기술서비스부서에 대해서 영업부서는 기술서비스 평가가 판매주
기의 초반에 이루어지기를 원한다. 늦게 위탁판매를 하는 것보다 일찍 하
는 것이 더 낫고, 그러면 다른 고객들을 대상으로 자원을 집중시킬 수가
있기 때문이다. 역으로 기술서비스부서는 영업부서가 한정된 서비스 인력
을 요청하기 전에 7장에서 설명한 고객의 프로필을 작성하도록 요구할 수
있다.

연대의 원칙은 상호의존적인 집단이 성장과 전략 목표를 위해 상호작
용하는 방법에 대해 서로 이해할 수 있게 해준다. 또한 직원들이 서로서
로 책임감을 가지고 도움을 주게 만든다. 이런 면에서 연대의 원칙은 기업
의 웹사이트와 사무실 벽을 장식하는 추상적인 가치 선언보다 더 실천적
이고 현실적이다.

연대의 원칙을 분명히 밝힌 다음에는 이를 행동으로 뒷받침하기 위해 조직 구조와 보상시스템을 활용할 수 있다. 거스너가 IBM을 맡을 당시 IBM은 부서 간 연대의 원칙이 전혀 확립되어 있지 않았고 모든 부서가 따로 떨어져 자기 일만 처리하고 있었다. 거스너는 사람들의 예상과 달리 조직을 크게 개편하지 않았다. 대신에 그는 수직시장의 고객 요구에 맞추어 제품/서비스의 통합 패키지를 제공하는 전략을 추진했다. 우선 1단계에서는 전략에 따라 부서들 간에 요구되는 행동 원칙을 분명히 밝혔다. 2단계에서는 산업군에 따라 사업을 조정하고, 보답의 원칙에 따라 제품 전문가와 글로벌 산업팀의 협력관계를 공식적으로 지정했다. 3단계에서는 보상시스템을 개편하여 사업 단위의 실적보다 기업 전체의 실적에 가중치를 더 많이 두었다. 과연 거스너의 생각은 옳았다

기업의 역사는 경영 실적과 수익을 낳는 것은 문화, 즉 사람의 행동 원칙이라는 사실을 알려준다. 행동이 모든 것을 말해준다. 고객들은 연대의 원칙에 관심이 없지만, 이러한 행동 원칙이 거래를 성사시킨다. 물론 그것은 때로 고객의 칭찬이 아닌 불만을 이끌어낼 수도 있고, 전략을 올바른 영업 활동으로 전환하는 데 도움이 아닌 방해가 될 수도 있다.

'전략 → 영업 실적주기' 관리 프로세스

어떤 기업이든 실적과 진행 중인 프로세스 측면에서 전략과 영업의 일치를 해석할 수 있다. 실적 면에서의 일치는 외부 현실과 목표에 맞게 기업 활동을 조정하는 것이다. 그러나 일치된 상태를 오랫동안 유지할 수는 없다. 나날이 변하는 시장 여건에서 모든 전략은 유효 기간이 있기 때

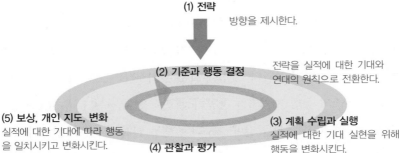

그림 12-5 전략 → 영업 실적주기

(1) 전략
방향을 제시한다.

(2) 기준과 행동 결정
전략을 실적에 대한 기대와 연대의 원칙으로 전환한다.

(5) 보상, 개인 지도, 변화
실적에 대한 기대에 따라 행동을 일치시키고 변화시킨다.

(3) 계획 수립과 실행
실적에 대한 기대 실현을 위해 행동을 변화시킨다.

(4) 관찰과 평가
진행 상황을 관찰하고, 기대 실현을 위해 효과를 측정한다.

문이다. 프로세스 면에서의 일치는 한 번의 결정이나 행동이 아닌 일련의 반복적 활동을 의미한다. 그림 12-5는 '전략→ 영업 실적주기'를 관리하기 위한 프로세스를 나타낸다.

첫 번째 단계에 나오는 전략은 4장에서 설명했듯이, 방향을 제시하려면 일관성 있는 전략이 필요하다. 그리고 5장에서 강조했듯이, 이 전략은 조직의 모든 구성원들에게 명료하면서도 일관성 있게 전달되어야 한다.

두 번째 단계에서는 6장에서 설명한 것처럼 전략이 실천 가능한 영업 과제와 실적에 대한 기대로 전환되어야 한다. 바로 이 지점에서 실적과 관련한 연대의 원칙을 논의하고 명시해야 한다.

세 번째 단계에서는 과제를 수행하기 위한 계획이 수립되어야 한다. 계획은 체크리스트 이상의 의미를 갖는 것으로, 행동에 영향을 미쳐 실적에 대한 기대를 실현하기 위한 과정이다. 미군의 사후검토 매뉴얼(U.S. Army After-Action-Review manual)의 표현처럼 '행동이 바뀌지 않는다면 아무런 교훈도 얻지 못한 것이다'. 영업에서도 행동으로 뒷받침될 수 있는 실천 계획이 중요하다. 7장과 8장에서 다루었듯이, 그 계획에는 고객 선택, 채용, 교육, 조직 구조의 선택에 관한 지침이 포함되어야 한다.

네 번째 단계에서는 실적에 대한 기대 실현을 위한 효과를 측정해야 한다. 이 단계를 거치지 않으면 매몰비용 오류를 범할 가능성이 높다. 잘못된 투자를 하고 나서도 계속해서 현금을 쏟아붓는 것이다. 10장에서 설명했듯이, 적절한 측정 지표로는 매출액 외에 여러 가지가 있다. 가격 대비 고객서비스 비용, 전략에 따른 현금흐름과 판매주기, 팀 영업 또는 유통채널 영업의 가능성 요건 등이 사용되기도 한다.

마지막 다섯 번째 단계에서는 전략과 영업을 일치시키는 프로세스로 영업 실적주기를 관리한다. 실적 평가를 어떻게 할 것인가, 영업관리자와 영업사원에 대한 보상을 얼마나 할 것인가(9장에서 설명)는 지표에 따른다. 효과적인 실적 평가와 코칭, 교육 계획은 모두 '전략→ 영업 실적주기' 관리에서 나오는 것이다(보상과 교육의 목적을 모른다면 어떻게 그것을 효과적으로 제공할 수 있겠는가). 그리고 궁극적으로 '전략→ 영업 실적주기'를 돌아가게 하고 11장에서 설명한 3단계와 4단계의 행동을 할 수 있게 하는 것은 인간 수행(human performance. 실험심리학 용어로, 주어진 과제나 시스템에 대한 인간의 반응을 의미한다. 옮긴이)이다.

이 프로세스가 그림 12-5의 원 모양처럼 반복되어야 한다. 시장 여건은 항상 변하므로 기업은 종종 영업 활동을 다른 방향으로 끌어당기는 2가지 요구에 직면하기도 한다. 첫째 요구는 현재의 매출과 수익의 원천을 위해 경쟁하는 데 필요한 스킬, 관심, 동기를 유지하는 것이다. 둘째 요구는 새로운 시장에서 경쟁하거나 구매자의 행동 변화에 대응하기 위해 스킬과 역량을 개발하는 것이다. 영업관리자들은 이 2가지 요구를 '관리의 원숭이 이론(monkey theory of management)'으로 부르기도 한다. 똑똑한 원숭이는 경쟁적인 정글에서 다른 손을 그다음 나뭇가지에 안전하게 고정시켜 놓기 전에는 한쪽 손에 쥐고 있는 나뭇가지(매출을 발생시키는 기존의 수단)를 절대 놓지 않는다. 문제는 이러한 방식이 변화에 대한 적응과 혁신이라기보다는 타성을 낳는 처방이라는 것이다. 하지만 실제로 나뭇가지들 사이를 통과하는 원숭이의 모습을 보면 다음 나뭇가지를 꽉 잡기도 전에 먼저 쥐고 있던 나뭇가지를 놓아버리기도 한다. 다음 나뭇가지를 향해 가려면 얼마만큼 뛰어올라야 하는지를 헤아린다는 것이다.

좀 더 딱딱하게 표현하면, 이 2가지 요구는 '필수 다양성(requisite variety)의 문제'라고 할 수 있다. 환경의 복잡성이나 다양성이 그것을 관리해야 할 사람의 능력을 뛰어넘을 경우에는 타성이나 오류가 발생한다는 것이다. 연구 결과들이 말해주듯, 인간과 환경 간의 바람직한 조화는 2가지 방식, 즉 시스템이 덜 복잡해지거나 인간이 더 복잡해지는 방식 중 하나에서 일어날 수 있다. 그런데도 지난 수십 년간 전문가들은 기업에 후자, 즉 관리보다는 리더십을, 전략적 선택보다는 중요한 목적을, 개별 역량의 관리보다는 스타 선별을 통해 인간이 더 복잡해지는 쪽을 강조해왔다. 그에 반해 이 책은 전자, 즉 개인이 개별적으로가 아닌 집단적으로 더 많은 능력을 발휘할 수 있도록 해주는 프로세스 속에서 흩어진 역량을 결집시키는 방식을 강조하며, 이것이 더 실천적인 대안이라고 말한다. 조직이론의 대가인 제임스 마치(James March)가 지적했듯이 "리더십에는 시뿐만 아니라 배관 작업도 포함된다." 이 말은 전략가와 영업관리자에게 시사하는 바가 크다.

영업 리더를 위한 마지막 조언

하버드대의 최고경영자 프로그램에 참여한 사람들을 보면 대체로 성미가 급하다. 그들은 전략과 영업의 일치에서처럼 상호작용하는 변수가 많은 쟁점에 대해서도 짧게 요약해놓은 것을 선호한다. 그런데 나는 전체 내용을 축약한 이 같은 요약본도 큰 가치를 전달할 수 있다는 사실을 알게 되었다. 그런 차원에서 마지막으로 몇 가지 조언을 간략하게 전하려고 한다.

영업 리더, 전략가, 경영진의 주요 관심사인 영업의 생산성을 생각해보자. 회사가 수익 문제를 고민하고 있을 때 영업 파이프라인이 얼마나 증가했다는 보고는 충분한 대답이 될 수 없다. 영업 파이프라인이 어떻게 증가하게 되었는가? 수익, 고객 생애 가치(Customer Lifetime Value)가 증가했는가, 감소했는가? 판매주기가 길어졌는가, 짧아졌는가? 다른 부서를 위한 영업 활동이 전략적 측면에서 시사하는 바는 무엇인가? 이러한 부분들을 함께 살펴야 한다.

그림 12-6은 영업의 생산성에 대한 사고방식과 함께 영업 리더들을 위한 중요 내용을 정리해놓은 것이다. 영업모델에서 생산성은 역량(영업부서가 다양한 고객 집단에 다가가기 위한 방문 역량, 부서 구성원들의 역량), 거래 성사율(영업부서가 잠재고객을 대상으로 판매에 성공하는 비율), 매출 대비 수익(무엇을 얼마에 팔았는가)의 함수다.

그림 12-6 영업 생산성 분석

영업 생산성 = 역량(a) × 거래성사율(b) × 매출 대비 수익(c)

a. 다음의 방법으로 역량을 증진시킬 수 있다.
- 일을 더 열심히 한다. 방문을 더 많이 하고, 리드 제너레이션 업무를 잘 처리한다.
- 영향력이 큰 영업 과제에 집중한다.

b. 다음의 방법으로 거래성사율을 높일 수 있다.
- 더 나은 고객 기회를 찾고, 고객 선별 기준을 정한다.
- 고객관리와 채널파트너 관리를 효과적으로 한다.

c. 다음의 방법으로 매출 대비 수익을 높일 수 있다.
- 가격 책정, 제품 믹스, 고객 1인당 매출을 효과적으로 관리한다.
- 영업비용을 낮추고 내부 프로세스의 효율성을 증진한다.

영업사원은 일을 더 열심히 함으로써 영업 역량을 증진시킬 수 있다. 방문을 더 많이 하거나 영업 파이프라인상에서 리드 제너레이션 업무를 잘 처리하면 된다. 7장에서 우리는 BPI가 전보다 더 적은 수의 영업사원으로 더 많은 매출을 올린 비결이 이상적 고객의 프로필을 작성하면서 리드 제너레이션 업무를 개선하고 방문 활동을 더욱 생산적으로 했기 때문이라는 사실을 확인했다. 또한 일을 더 똑똑하게 함으로써 영업 역량을 증진시킬 수 있는데, 이와 관련한 교훈은 6장에서 전략적으로 영향력이 큰 영업 과제에 주목하라는 주문과 10장에서 실적 평가를 위해 적절한 지표를 개발하는 데 집중하라는 주문을 통해 얻을 수 있었다.

거래성사율을 높이고 판매주기를 앞당기려면 영업 기회의 스펙트럼을 따라 잠재적 거래(처)를 확인하고 선별하는 데 뛰어나야 한다. 상당한 자원이 소요되는 시장에서 솔루션고객은 누구이고, 영업비용이 쟁점이 되는 시장에서 거래고객은 누구인가? 고객관리와 영업모델의 채널−파트너 부분에서 이러한 차이를 어떻게 구현할 수 있는가? 이에 대해 우리는 8

장, 9장, 10장을 통해 영업에서는 자원을 얼마만큼 투입하는가보다 가용 자원을 어떻게 할당하는가가 때로 더 중요하다는 교훈을 얻었다.

매출 대비 수익을 높이려면 수익성에 영향을 주는 다른 요소들, 즉 가격 책정, 제품 믹스, 고객 1인당 매출을 꾸준히 관리해야 한다. 매출 대비 수익은 꾸준히 증가시킬 필요가 있으며, 그렇게 되면 기업이 전략에 더 많은 신경을 쓸 수 있게 된다. 한 가지 방법은 영업비용을 낮춤으로써 매출 대비 수익을 높이는 것이다. 이 책의 2부에서 전하는 메시지 중 하나가 그것이다. 전략 선택과 고객 선택의 의미를 분명히 하면 영업 실적에 피해가 가지 않도록 하면서 영업비용을 낮출 수 있다는 것이다. 그렇게 하면 영업 리더가 자원 투입을 줄여야 할 곳과 줄이지 말아야 할 곳을 알게 되고 중요 과제에 더 많은 자원을 투입할 수 있다. 4부에서는 내부 활동과 외부 활동 간의 연관관계를 이해하고 나면 적절한 인적 네트워크를 형성하고 영업부서와 다른 부서 간의 연대의 원칙을 확립할 필요성을 인식하게 된다는 메시지를 읽을 수 있었다.

결론은 모든 고객이 같지 않다는 것이다. 경영 전략에 중요한 고객, 오랜 기간 제품과 서비스를 구매해온 고객, 유지비용이 덜 드는 고객, 수익 없이 시간과 돈만 들어가는 고객이 있다. 이와 관련하여 기업마다 영업의 생산성 방정식을 갖고 있다. 6장에서 소개한 유레카포브스를 떠올려보라. 이 2가지 유형의 영업에서 사용하는 영업의 생산성 방정식은 최선의 실천 방안을 찾고, 채용, 교육, 실적관리를 개선하는 데 도움을 줄 수 있다.

전략가를 위한 마지막 조언

첫째, 자신이 이해하지 못하는 것은 실천하기 어렵다. 4장에서 말하는 한 가지 교훈은 전략을 목표, 비전, 가치와 혼돈하지 말라는 것이다. 5장에서는 그 차이를 분명히 보여주는 것이 전략을 입안하는 사람의 몫이라고 했다. 그다음에는 전략이 목표, 범위, 경쟁우위를 위한 중요한 선택에서 무엇을 의미하는지를 알려야 한다. 그런데 기업의 교육 프로그램을 보면 전략에 관한 내용이 포함되어 있는 경우가 드물다. 그 이유는 기업의 전략이 분명하지 않거나, 전략에 관한 정보가 경쟁사에 알려지는 것을 두려워하기 때문이다. 전자의 경우라면 전략을 분명히 하면 된다. 이는 '전략→ 영업 실적주기'의 관리에서 반드시 필요하다. 후자의 경우라면 1부에서 설명했듯이, 경쟁사가 전략을 아는 것보다 더 큰 문제를 안고 있는 셈이다. 왜냐하면 그것은 반드시 필요한 대화를 가로막는 꼴이기 때문이다.

둘째, 전략의 목표는 수익의 증가다. 이는 기업의 자본비용보다 경제적 가치가 더 크다는 뜻이다. 그림 12-7에서 알 수 있듯이, 주주가치를 창출하는 데는 4가지 방법이 있다.

① 자본비용보다 더 많이 벌어들일 수 있는 프로젝트에 투자하라. ② 기존의 자본 투자에서 수익을 증가시켜라. ③ 자본비용보다 덜 벌어들이는 활동에 투입된 자산을 줄여라. ④ 자본비용 자체를 줄여라.

CEO, CFO를 비롯하여 전략을 수립하는 과정에 참여하는 사람들은 대체로 이 4가지 방법을 알고 있다. 그러나 이 방법들에 영향을 미치는 핵심 고객과 영업 요인을 이해하고 다룰 수 있는 사람은 거의 없다. 그림 12-7 옆에 그림 12-6을 놓고 비교하면 이러한 연관성을 더 잘 이해할 수 있다.

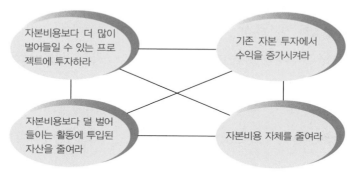

그림 12-7 고객 가치와 수익 증가의 연관성

목표는 고객관계의 금전적 가치를 극대화하는 것이다. 고객과의 거래를
통해 발생하는 총매출에서 현재와 미래에 발생하는 총비용을 뺀다. 기업
이 주주가치를 증진하는 데는 4가지 방법이 있다.

자본비용보다 더 많이
벌어들일 수 있는 프로
젝트에 투자하라

기존 자본 투자에서
수익을 증가시켜라

자본비용보다 덜 벌어
들이는 활동에 투입된
자산을 줄여라

자본비용 자체를 줄여라

- 기업의 프로젝트와 계획은 고객을 상대로 수익을 추구하는 활동에
  집중되는데, 영업부서에서 사용하는 고객 선택 기준은 4가지 가치 창
  출 방법 중 첫 번째 방법에 직접적인 영향을 미친다(어떤 프로젝트에
  투자할 것인가?).

- 기존 투자에서 수익을 증가시키기 위해서는 영업의 생산성을 구성하
  는 모든 요소가 중요하지만, 특히 영업부서와 다른 부서들 간의 상호
  작용이 중요하다. 이러한 상호작용으로 조직 내 비용, 시간, 자산의
  사용 패턴이 일체화된다.

- 세 번째 가치 창출 수단인 자본비용보다 덜 벌어들이는 활동에 투입
  된 자산을 줄이는 것은 변화하는 고객 현실과 이 책의 2부에서 설명
  한 실적관리와 관련된 쟁점에 대한 이해를 필요로 한다. 채용, 인력

개발, 조직, 인센티브, 실적 지표가 현장에서의 영업 활동에 어떤 영향을 미치는가에 대한 이해가 없으면 자산의 재배치는 학술적 연구 대상이 될 뿐이다. 자산을 비생산적으로 이용하는 것을 개선시키지도 못할뿐더러 2장에서 설명했듯이, 수익성이 좋은 영업 활동에 반드시 필요한 자산을 활용할 수 없게 된다.

- 영업은 자본비용을 줄이는 데 영향을 주지 못하는 것처럼 보일 수 있다. 이는 재무관리 교과서에 나오는 부채 대 자본 비율(debt-to-equity ratio. 자본의 구성을 타인자본과 자기자본으로 나누어 분석하는 것으로, 타인자본을 자기자본으로 나누어 구한다. 옮긴이)과 가중평균자본비용 (weighted average cost of capital. 총자본에서 자본비용이 차지하는 비중을 나타낸 것으로, 투자 결정의 기준이 된다. 옮긴이)이라는 지표 때문일 수 있다(부채 대 자본 비율에 대해서는 투자은행에 물어보라. 투자은행은 지렛대 효과leverage를 활용하는 데 탁월한 능력을 발휘해왔다). 이와 관련하여 미국 경영컨설팅회사 스턴 스튜어트(Stern Stewart)가 자본비용을 계산하는 데 160개가 넘는 조정 방식을 확인한 적이 있으며, 경영학 강의에서 자본비용의 조정에 관한 주제를 다룰 때 영업은 거의 이야기되지 않는다. 그러나 기본으로 돌아가 생각해보자. 재정적 필요는 대부분 현재 보유 중인 현금과 자본, 그리고 사업을 유지하고 발전시키는 데 필요한 운전자본에 의해 발생하며, 현금 유입과 유출의 가장 큰 변수는 판매주기다. 보통은 판매가 이루어지는 동안 외상매입금이 쌓이고, 외상매출금은 무엇을 팔았는가, 얼마나 빨리 팔았는가, 얼마를 받고 팔았는가에 의해 결정된다. 바로 이런 이유 때문에 거래성사율을 높이고 판매주기를 앞당기는 것이 중요한 영업 과제이

자 전략적 쟁점이 된다.

고객과의 상호작용은 주주가치를 창출하는 모든 수단에 영향을 미친다. 그리고 그러한 상호작용이 이루어지는 주무대는 영업부서다. 이러한 사실을 인식하지 못한 채 전략과 성장, 주식 가격 인상을 논하는 것은 효과가 한정될 수밖에 없으며, 최악의 경우 나쁜 길로 빠지게 된다.

마지막으로, 기업의 전략가들에게 존 르 카레(John Le Carré)의 소설에 등장하는 어떤 인물이 한 말을 들려주고 싶다.

"책상은 세상을 바라보기에는 위험한 곳이다."

전략가는 누구보다 시장이 전해주는 사실을 직시해야 한다. 바로 그곳에서 가치가 창출되기도 하고 사라지기도 하기 때문이다. 따라서 조직에서 성직자처럼 다른 세상을 이야기하는 사람이 되고 싶지 않다면 현장의 고객들과 지속적으로 접촉해야 한다. 그런데도 기업의 현실은 여전히 비관적이다. 설문조사에 따르면, 경영진의 80% 정도가 자기 회사 제품이 크게 차별화되어 있다고 생각하는데, 고객들은 8%만 이에 동의하는 것으로 나타났다. 그런가 하면 실적이 좋은 기업의 경우 관리자들이 근무시간의 3분의 1 이상을 고객들과 함께 보낸다고 한다. 우리는 월마트 창업자 샘 월튼(Samuel Walton)이 중역진에게 했던 말을 기억할 필요가 있다.

"본사에는 고객이 별로 없습니다."

오늘날 더욱 빨라진 영업 환경의 변화 속에서 고객과의 관계는 더더욱 중요해지고 있다. 기업들이 직면하고 있는 모든 도전이 여기서 시작되고 끝난다고 해도 과언이 아니다. 기회도 마찬가지다. 고객만이 성장의 기회를 가져다줄 수 있다. 그렇다면 우리는 다음의 질문에 자신 있게 답할 수 있어야 한다.

빅데이터 기법을 어떻게 활용할 것인가? 구매 프로세스를 변화시키는 온라인채널에 어떻게 반응할 것인가? 라이프사이클은 짧아졌지만 더 복잡해진 영업 과제를 어떻게 처리할 것인가? 유연하면서도 일관성 있게 반응할 수 있는 영업 인재를 어떻게 육성할 것인가? 어떻게 필요한 전문성과 책임감을 유지하면서 교차기능적 활동을 장려할 것인가?

전략과 영업의 일치는 이러한 질문들의 답을 찾아가는 데 기본이 되는 핵심 요소다. 이 책이 영업인들이 답을 찾는 데 도움이 되기를 바란다.

찾아보기